八坂神社文書
編纂委員会　編

新編
八坂神社文書

第一部

臨川書店刊

三　室町幕府御教書

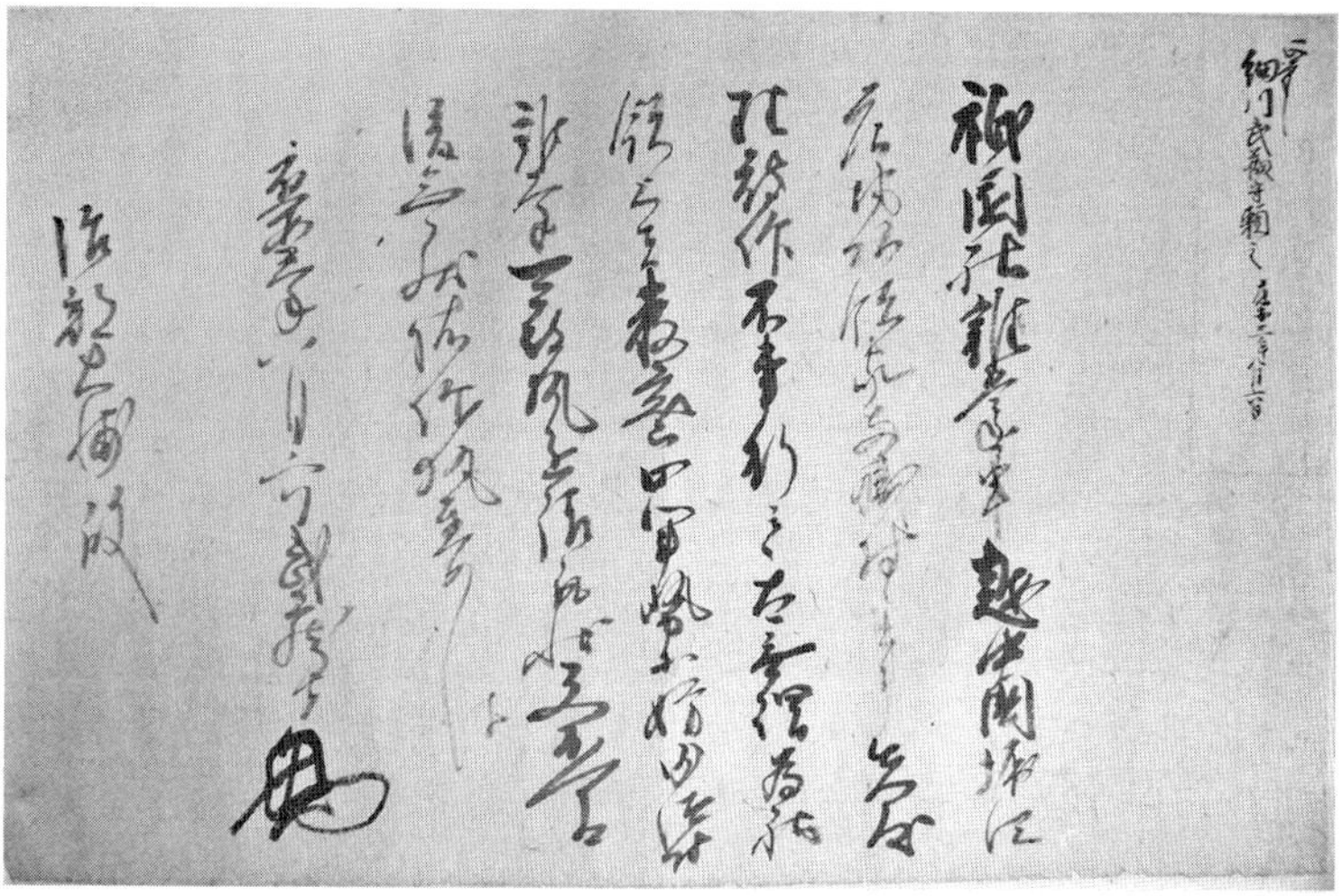

一三　宝寿院顕宥言上状案

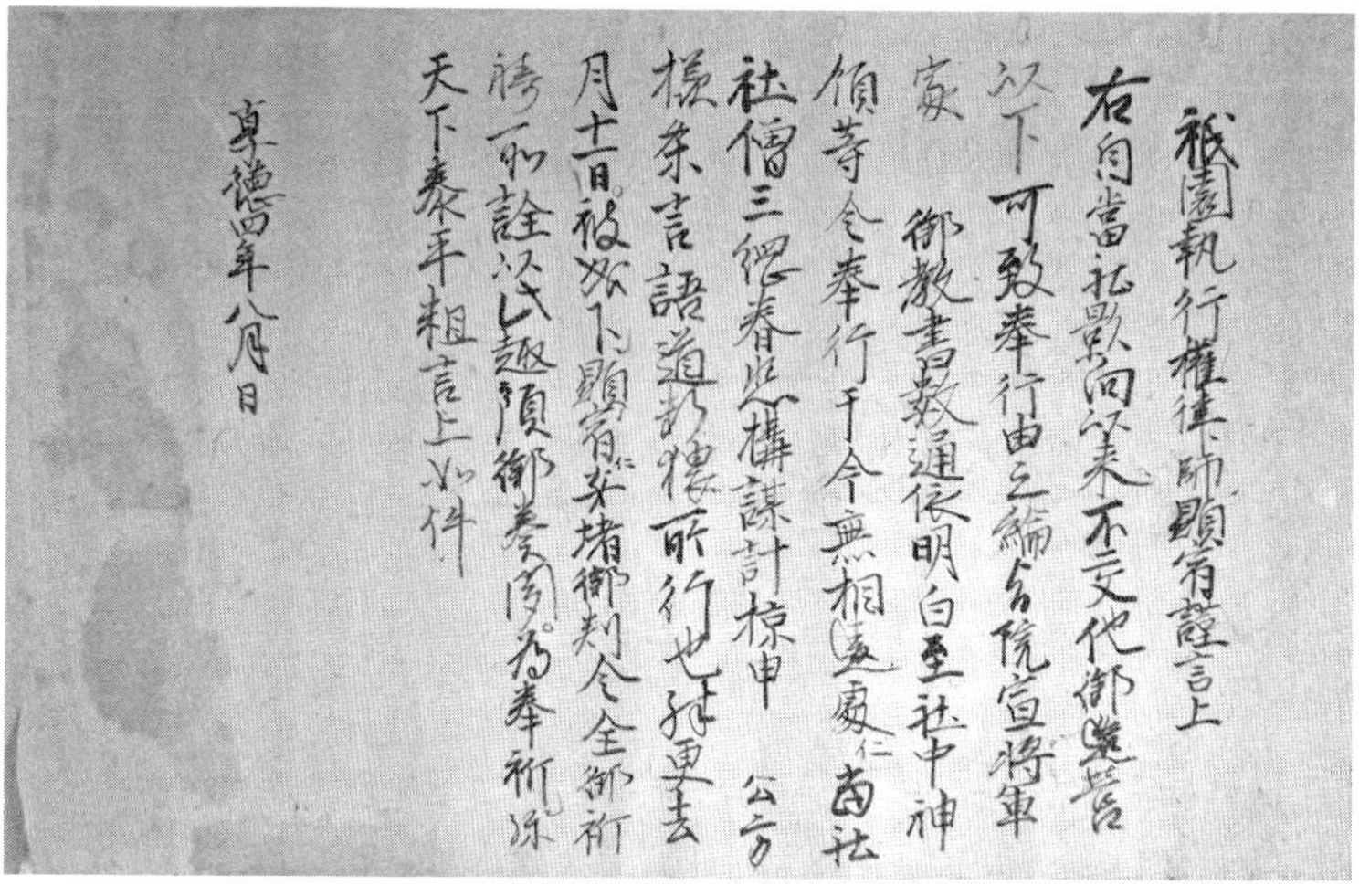

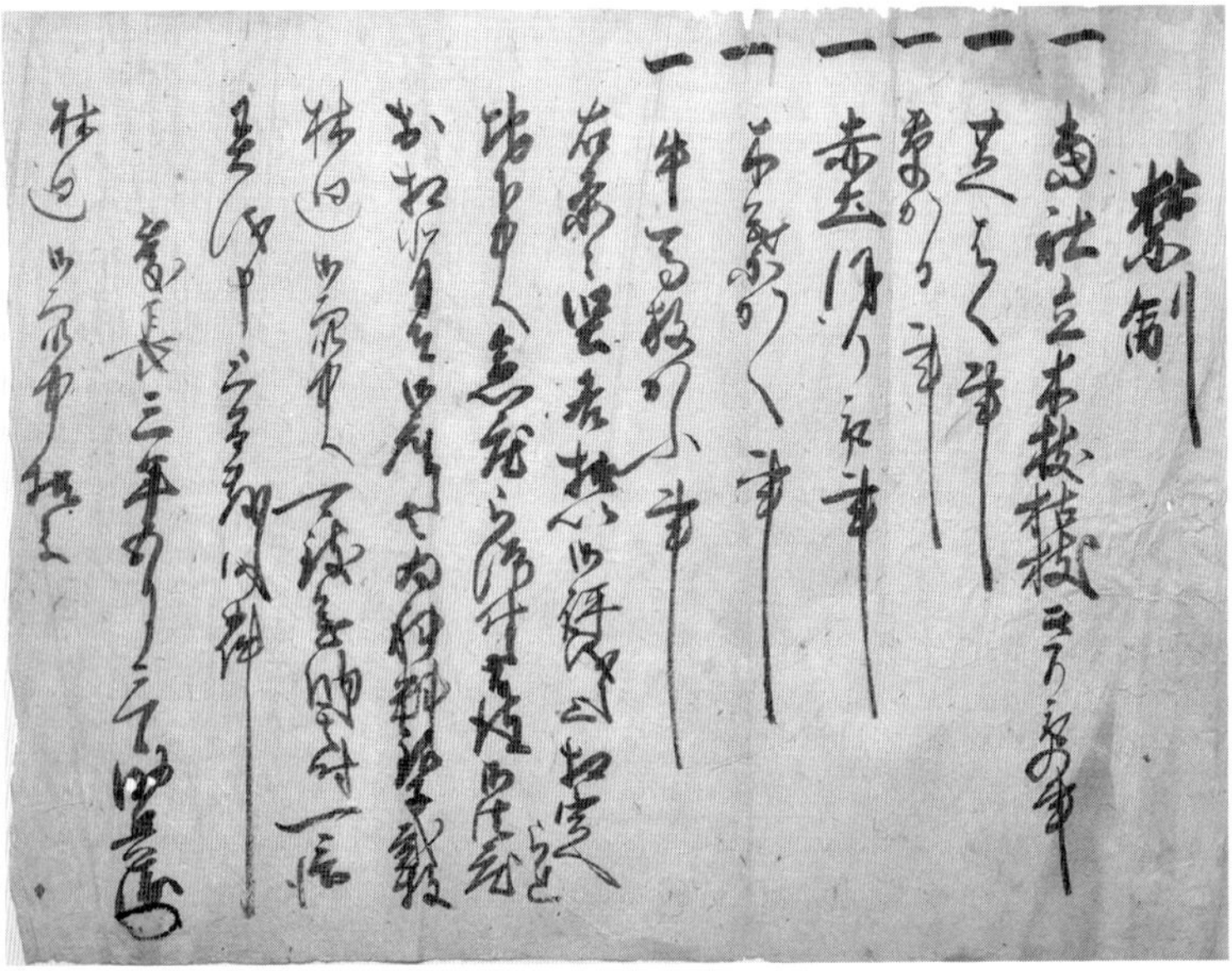

四三 助兵衛禁制請文

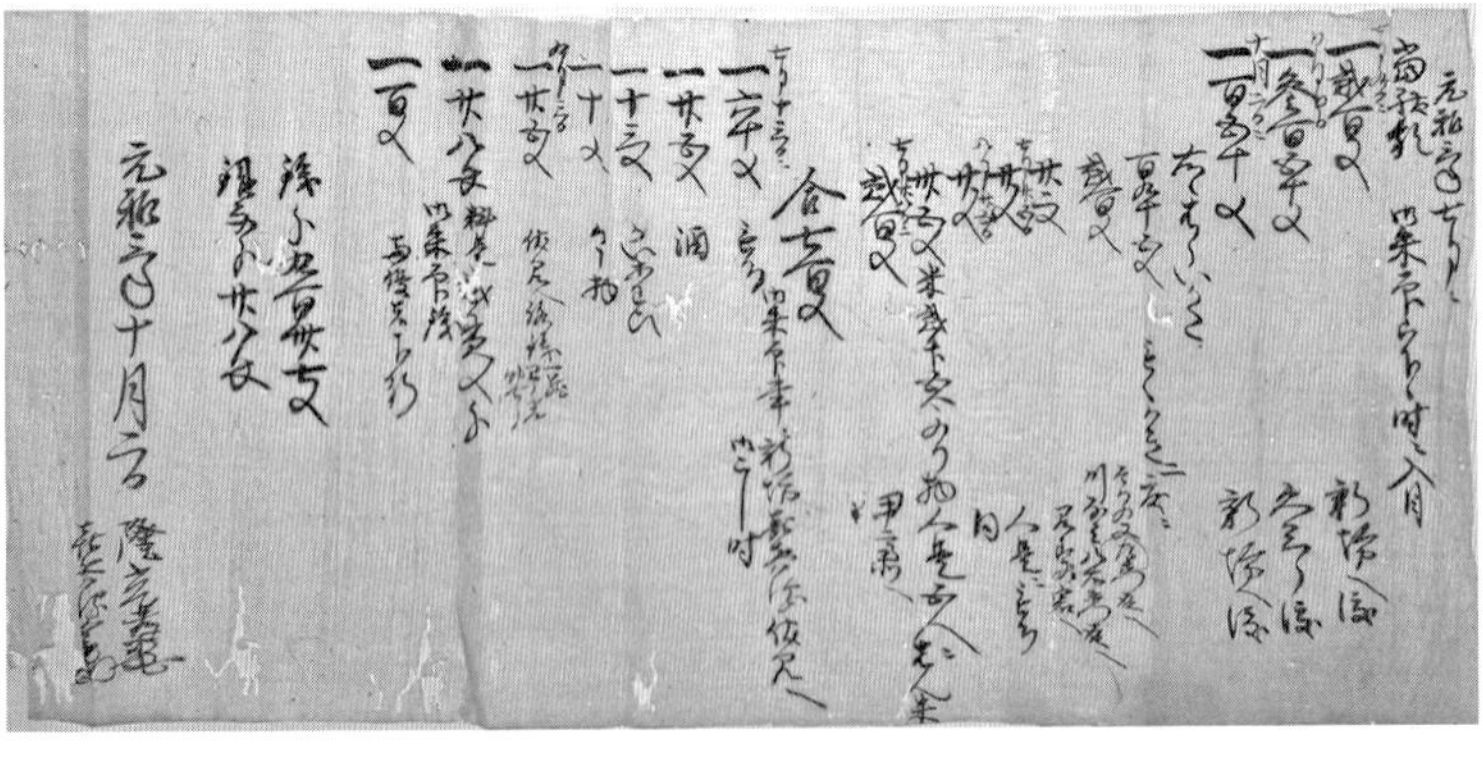

一一三 仰木隆光等御朱印下入目日記

一五〇　意林庵素心伴天連吉利支丹宗旨法度請書

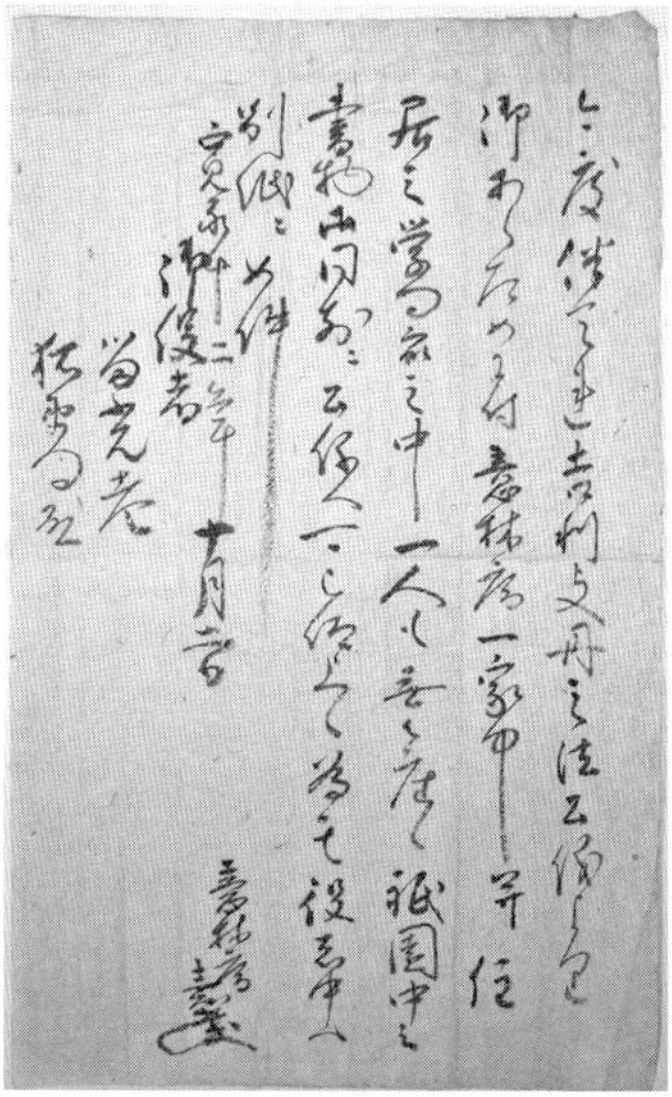

二五五　林評議座中定

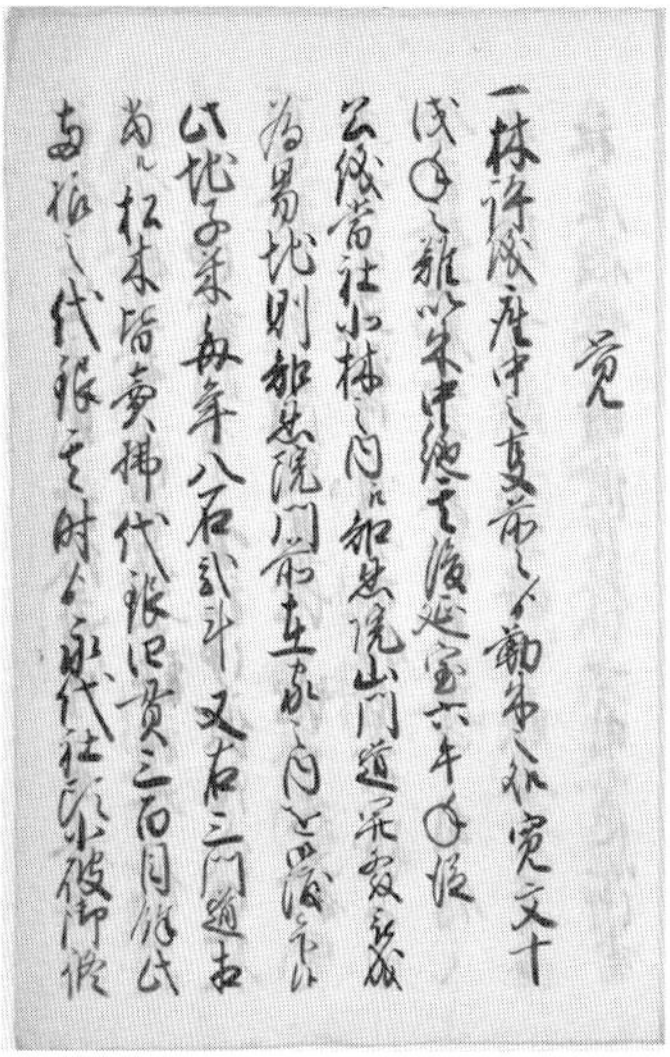

五五七　大政所敷地一件訴状断簡

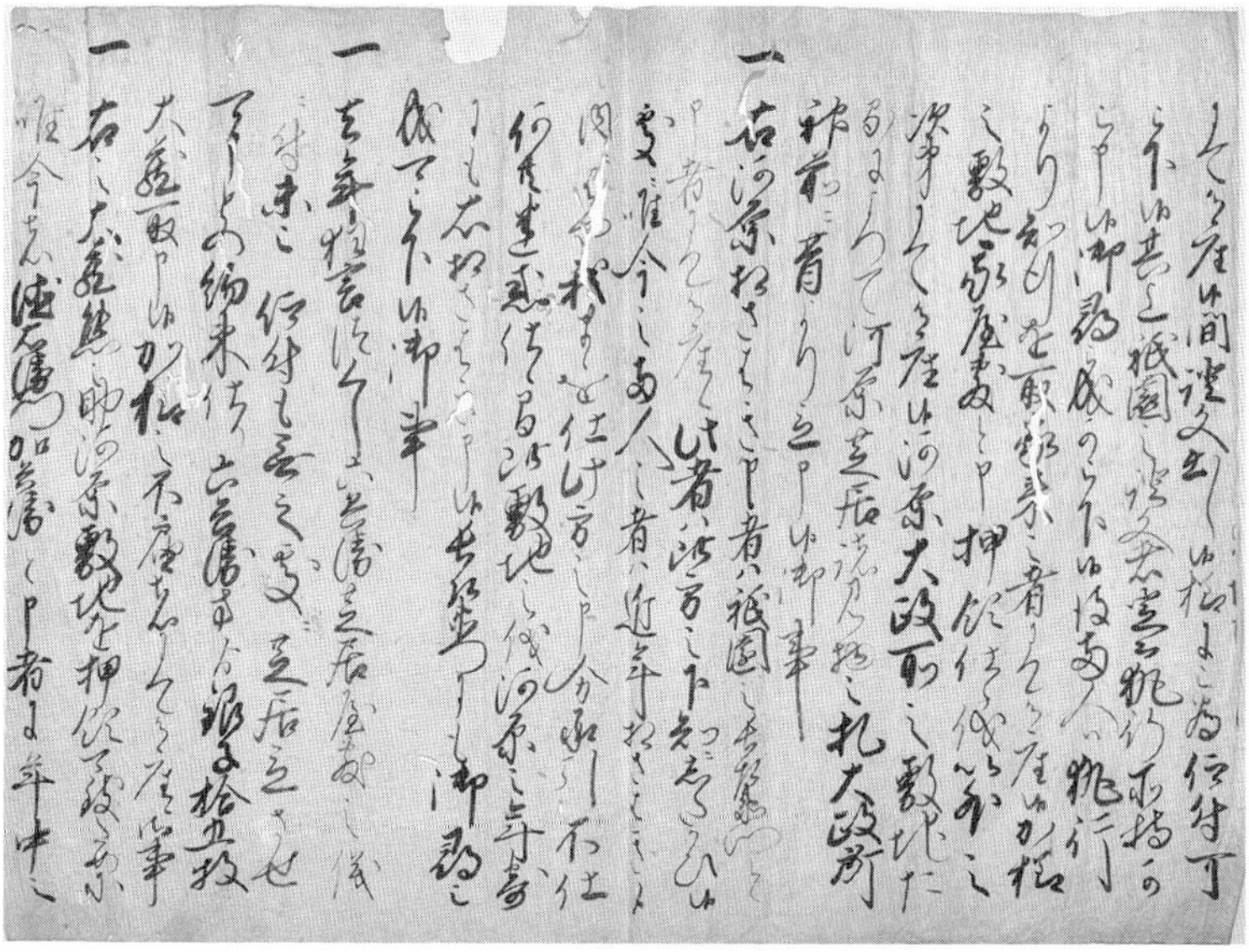

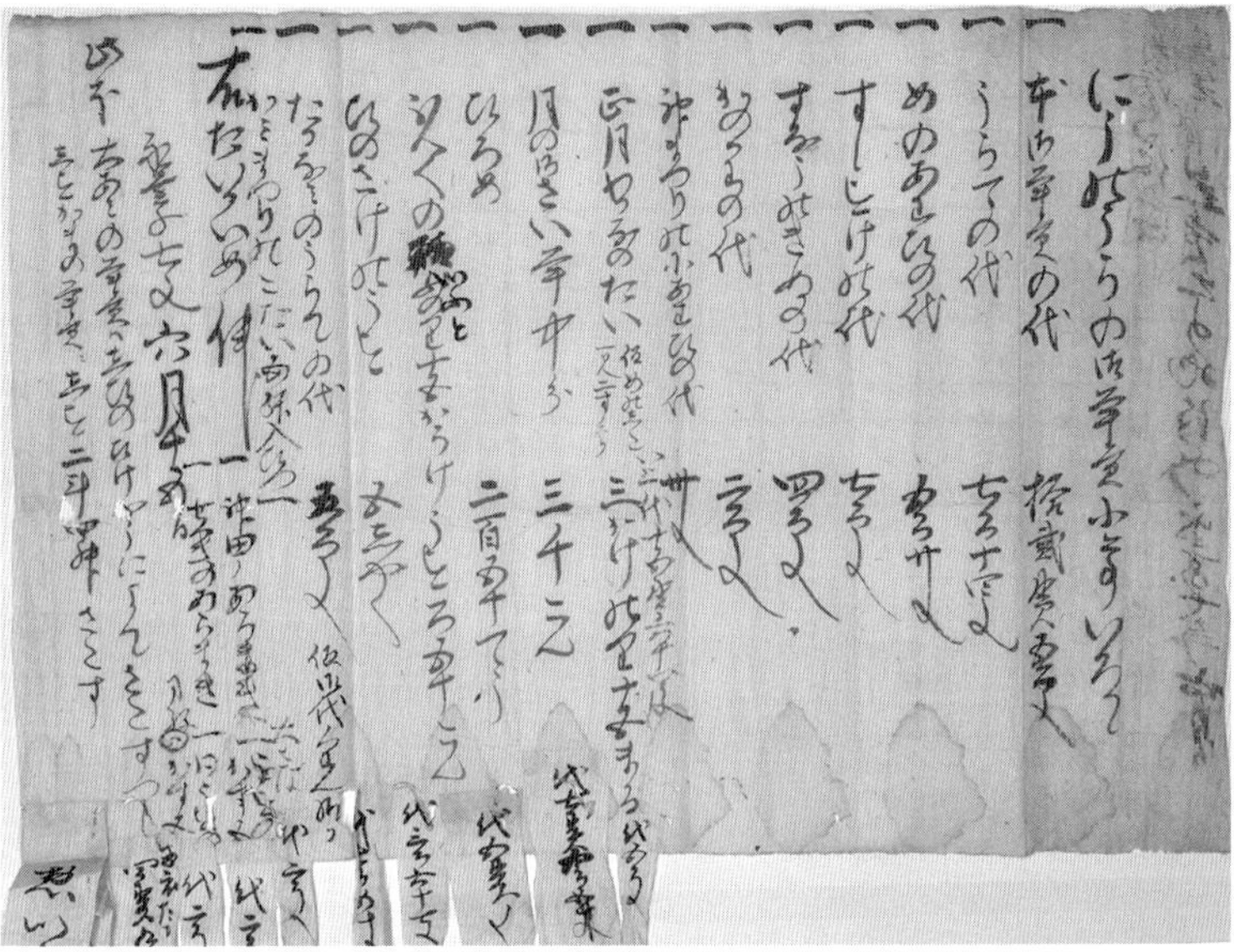

鴨脚家文書一二　若狭国丹生浦刀禰年貢公事物注文

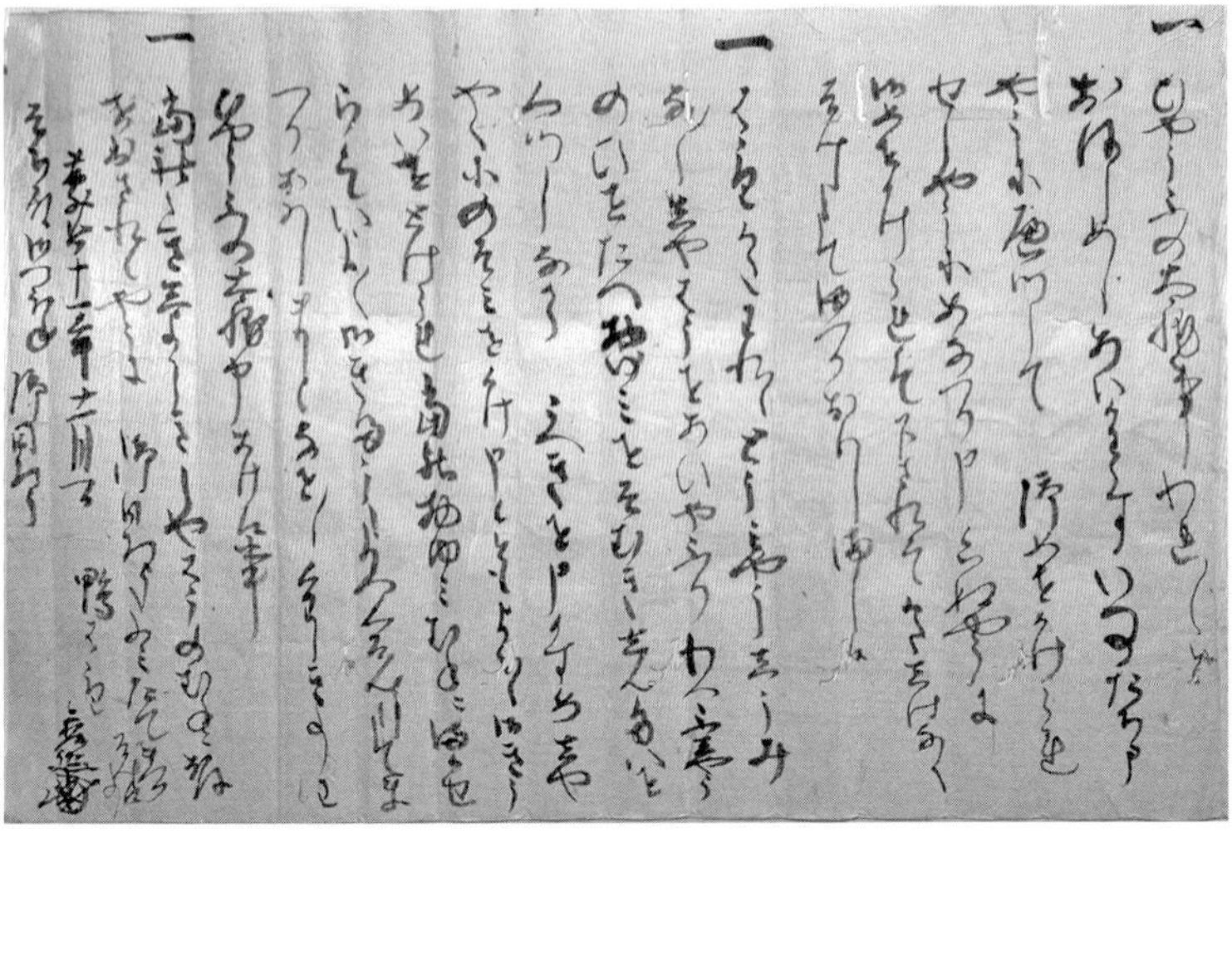

鴨脚家文書一三　鴨脚秀延申状

序

前回の中世編を発刊した奉賛会は、現在八坂神社崇敬会と名を改めてその活動も定着し、本年度で設立十周年を迎えた。

この佳節にあたり、先ずは古文書類を『新編八坂神社文書』として刊行できることは、大いなる慶びとするところである。

さて、本編収録の文書の中でも当社として特に注目するのは、社代・社僧たちを構成員として、近世において神社運営の核となっていた評議組織である「林廻衆中」に関わる文書であろう。これらの史料が伝えるのは神社内のことにとどまらず、神社のお膝元である祇園町などの形成・統治の様子にまで及んでいる。門前町の発展と八坂神社（祇園社）の関係について、今後の更なる研究の進展に期待したい。

引き続き古記録類の刊行を予定しているが、ご多忙の中を長期にわたり本書の編纂、併せて所蔵文書全ての写真撮影と整理に携わっていただいた、下坂守先生を始め、源城政好先生、河内将芳先生、吉住恭子先生、澁谷一成先生、安田歩先生に唯々厚く御礼申上げる次第である。

平成二十六年三月吉日

八坂神社　宮司　森　壽　雄

凡例

一、本書は、既刊の『八坂神社文書』（上・下二冊、昭和十四・十五年刊）、『増補八坂神社文書』（上巻一冊・下巻二冊、平成六年刊）、『新修八坂神社文書』（一冊、平成十四年刊）のあとをうけ、未刊行の八坂神社伝来の中近世の文書を翻刻したものである。八坂神社には昭和十七年に下鴨神社（賀茂御祖神社、鴨御祖神社）の社家鴨脚家より購入した「鴨脚家文書」が収蔵されるが、そのなかから中近世の文書（元和年間以前）を選びあわせ翻刻した。

なお、前回刊行した『新修八坂神社文書』では、左の六点の「鴨脚家文書」を誤って「八坂神社文書」として収録した。ここに訂正する。

一七五　天正十四年正月廿一日　祇園社替地請状案
一七六（天正十六年二月　日）　後陽成天皇捧物折紙
一八〇（天正十九年六月廿日）　後陽成天皇捧物
一八二（天正廿年正月廿五日）　境内指出案
一八三（天正廿年七月十一日）　後陽成天皇捧物
一八六（文禄四年十一月十一日）　後陽成天皇捧物

このうち一七五・一八二号の文書は、文書名をそれぞれ「下鴨社一社連署替地請文写」（九四号）、「鴨社境内指出断簡」（一一四号）と改め、「鴨脚家文書」として本書に再録した。

一、史料は原則として編年順で収録した。

一、字体ならびに文書名、読点、注記などの翻刻に関わる表記は、原則として既刊の『八坂神社文書』等の史料集に準拠した。

一、史料の翻刻は、河内将芳・源城政好・澁谷一成・下坂守・吉住恭子（五十音順）の八坂神社文書編纂委員会の会員がこれにあたり、一部、安田歩氏の協力を得た。また、絵図のトレース図・花押・印章一覧の作成は下坂が担当した。

平成二十六年三月

八坂神社文書編纂委員会

目次

九　応永十八年七月十二日　一色持範書状……八
一〇　応永廿七年六月廿三日　宝寿院顕縁目安案……九
一一　応永卅一年十一月廿八日　大間井郎書状……九
一二　応永卅二年十月十四日　宝寿院顕縁田畠宛文……一〇
一三　享徳四年八月　宝寿院顕宥言上状案……一一
一四　寛正五年正月二日　室町幕府政所執事署判奉書……一二
一五　寛正五年五月廿七日　淵喬書状……一二
一六　長享元年十月十二日　有良請書……一三
一七　延徳三年十月十七日　宝寿院顕重要脚借用状案……一四
一八　延徳四年四月廿三日　宝寿院顕重言上状案……一四
一九　永禄六年五月廿日　祇園社申状案……一五
二〇　天正十六年七月廿二日　山本甚太郎等連署起請文……一六
二一　(年未詳)正月十三日　地蔵院寿宝書状……一七
二二　(年未詳)正月十六日　本阿書状……一八
二三　(年未詳)三月十四日　円明坊兼慶書状……一九

五四　慶長三年五月三日　与三五郎禁制請文……四四
五五　慶長三年五月三日　与三衛門尉禁制請文……四五
五六　慶長三年五月三日　三郎左衛門尉禁制請文……四六
五七　慶長三年五月三日　満五郎禁制請文……四七
五八　慶長三年五月三日　二郎四郎禁制請文……四八
五九　慶長三年五月三日　甚三郎禁制請文……四九
六〇　慶長三年五月三日　助大郎禁制請文……五〇
六一　慶長三年五月三日　三郎衛門禁制請文……五一
六二　慶長三年五月三日　三郎二郎禁制請文……五二
六三　慶長三年五月三日　与衛門尉禁制請文……五三
六四　慶長三年五月三日　甚介禁制請文……五四
六五　慶長三年五月三日　浄さい禁制請文……五五
六六　慶長三年五月三日　甚左衛門尉禁制請文……五六
六七　慶長三年五月三日　新衛門禁制請文……五七
六八　慶長三年五月三日　久衛門禁制請文……五八

六九　慶長三年五月　山本勘左衛門禁制請文……五九
七〇　慶長三年五月　正庵禁制請文……六〇
七一　慶長三年五月　意玉禁制請文……六一
七二　慶長八年十月十八日　にしきの喜右衛門尉等銀子借用証文……六一
七三　慶長八年～慶長九年　慶長八年銀借結日記……六三
七四　慶長九年正月五日　きおん四郎次郎銀子借用証文……六六
七五　慶長九年八月五日　鳥居小路経孝銀子借用証文……六七
七六　慶長九年十二月廿九日　きおん五郎左衛門銀子借用証文……六八
七七　慶長十年十月廿六日　板倉勝重下知状……六八
七八　慶長十年十一月廿七日　今江本音祇園社林法度起請文……六九
七九　慶長十年十一月廿七日　法橋備中祇園林法度起請文……七〇
八〇　慶長十年十一月廿七日　本願代若狭祇園林法度起請文……七一
八一　慶長十年十一月廿七日　上川原寿等祇園林法度起請文……七二
八二　慶長十年十一月廿七日　仰木隆光祇園林法度起請文……七三
八三　慶長十年十一月廿七日　山本安意祇園林法度起請文……七四

八四　慶長十年十一月廿七日　かたはい座中祇園林法度起請文……七五
八五　慶長十年十一月廿七日　狛忠久祇園林法度起請文……七六
八六　慶長十年十二月六日　梅坊順秀祇園林法度起請文……七七
八七　慶長十二年二月十七日　五郎左衛門借米しわけ注文……七九
八八　慶長十二年三月十四日　きおん惣兵衛銭借用証文……八〇
八九　慶長十二年四月六日　円山連阿弥祇園林折枝配分願書……八〇
九〇　慶長十三年三月廿三日　白川のはた等年貢算用状断簡……八一
九一　慶長十四年二月二日　今江本音御礼大坂下入目算用状……八二
九二　慶長十四年十一月晦日　年貢算用状断簡……八三
九三　慶長十四年　年貢算用状断簡……八四
九四　慶長十五年閏二月二日　年頭御礼大坂下入目算用状……八六
九五　慶長十五年　御礼大坂下入目算用状……八七
九六　慶長十六年正月　年頭御礼大坂下入目算用状……八八
九七　慶長十六年四月十二日　御所様御礼入目日記……九〇
九八　慶長十六年十一月二日　仰木隆光大御所様御礼入目小日記……九一

九九 慶長十六年正月廿八日 年頭御礼大坂下入日記 …… 九二
一〇〇 慶長十七年二月六日 今江本音等御礼大坂下入目算用状 …… 九三
一〇一 慶長十八年正月 兵庫等銀子借用証文 …… 九五
一〇二 慶長十八年二月廿日 惣中銀子借用証文 …… 九六
一〇三 慶長十九年二月二日 仰木隆光大坂下之遣日記 …… 九七
一〇四 慶長十九年八月十三日 祇園地下惣中詫状 …… 九九
一〇五 慶長廿年三月十九日 祇園地下惣中触請書 …… 一〇二
一〇六 元和元年五月四日 板倉勝重等連署下知状案 …… 一〇三
一〇七 元和元年七月廿七日 徳川家康朱印状 …… 一〇四
一〇八 元和元年十二月廿七日 二條室町御池之町中家組請書写 …… 一〇四
一〇九 元和三年二月二日 祇園北側家並覚 …… 一一〇
一一〇 元和三年二月廿日 理衛門子勘当状 …… 一一一
一一一 元和三年五月廿三日 二衛門等宗兵衛十人組入請書 …… 一一二
一一二 元和三年七月廿一日 徳川秀忠朱印状 …… 一一三
一一三 元和三年十月二日 仰木隆光等御朱印下入目日記 …… 一一四

一一四　元和三年十月二日　仰木隆光等将軍御礼入目日記……一一六
一一五　元和三年十二月晦日　板倉勝重下知状……一一七
一一六　元和四年閏三月二日　祇園一社中与一家一件請書案……一一八
一一七　元和八年十一月十二日　八右衛門借屋者請書……一一九
一一八　元和八年十一月十二日　道喜等宿貸請書……一二〇
一一九　元和八年十一月十二日　勝左衛門等宿貸請書……一二一
一二〇　元和八年十一月十二日　九右衛門等宿貸請書……一二二
一二一　元和八年十一月十二日　徳右衛門宿貸請書……一二三
一二二　元和八年十一月十二日　ふるかね屋七衛門宿貸請書……一二三
一二三　元和八年十一月十二日　八左衛門等宿貸請書……一二四
一二四　元和八年十一月十二日　久右衛門等宿貸請書……一二五
一二五　元和八年十一月十八日　又右衛門宿貸請書……一二六
一二六　元和八年十一月十八日　茂左衛門宿貸請書……一二六
一二七　元和八年十一月十八日　又右衛門宿貸請書……一二七
一二八　元和八年十一月十八日　喜四郎等宿貸請書……一二八

一五九　慶安二年十一月二日　甚四郎河原茶屋新開年貢請書……一七二
一六〇　慶安四年正月十六日　社家納所御湯立壱釜配分銀子算用状……一七三
一六一　慶安四年三月五日　社家納所御湯立壱釜配分銀子算用状……一七三
一六二　慶安四年三月十六日　社家納所御湯立壱釜配分銀子算用状……一七四
一六三　承応三年十一月廿一日　承応年間神殿再興棟札写……一七四
一六四　明暦三年三月廿一日　地蔵講年寄目疾地蔵堂東方明地一件請書……一七六
一六五　万治二年二月五日　伊勢河崎西迎庵受伝本願繁栄身元請書……一七八
一六六　寛文五年七月十一日　徳川家綱朱印状……一七九
一六七　寛文十年八月四日　御旅所宮仕道益祇園会以後万入用之覚……一八〇
一六八　寛文十年八月四日　御旅所改記録……一八三
一六九　寛文十年十二月廿五日　山本宇右衛門等納銀算用状……一八四
一七〇　寛文十二年正月廿一日　平手又四郎御旅所神主職預願書……一八五
一七一　寛文十二年正月廿一日　宝寿院祐円御旅所宮守身元家筋返答書写……一八六
一七二　延宝六年十二月十二日　八郎七郎等祇園林松木入札請書……一八八
一七三　延宝六年十二月十六日　大仏小松谷八郎右衛門松木入札請書……一八九

一七四　天和二年七月廿九日　祇園社制札入用覚……一九〇
一七五　貞享元年七月八日　かみや七兵衛社用銀子借用証文……一九二
一七六　貞享二年六月十一日　徳川綱吉朱印状……一九三
一七七　貞享三年九月　執行御用蝋燭通……一九四
一七八　貞享四年四月二日　林衆中箱之有銭覚……一九六
一七九　元禄四年十二月九日　林衆議座中後日覚帳……一九七
一八〇　元禄十二年閏九月　八坂下町・祇園南町家屋敷年貢絵図添状案……一九八
一八一　元禄十五年六月廿九日　某祇園旧大政所地所由緒届書写……二〇六
一八二　元禄十七年三月十六日　藤井修理御旅所窓付替吟味届書……二〇七
一八三　宝永五年十二月十一日　山本小兵衛銀子借用証文……二〇八
一八四　正徳二年五月一日　嘉兵衛社用銀子借用証文……二〇九
一八五　享保三年七月十一日　徳川吉宗朱印状……二一〇
一八六　享保五年七月　金田要人社用銀子借用証文……二一一
一八七　享保七年四月十六日　藤井主膳御旅所神主由緒届書……二一二
一八八　享保九年正月廿八日　藤井主膳祇園社御旅所間数不記載詫状案……二一五

一八九　享保十二年三月四日　藤井主膳祇園社御旅所普請届書……二一七
一九〇　享保十二年七月九日　松本源之助社用銀子借用証文……二二三
一九一　享保十二年七月十日　山本大蔵悪王子額上由緒届書案……二二四
一九二　享保十二年十二月廿七日　江戸備中社用銀子借用証文……二二四
一九三　享保十三年十二月十一日　江戸備中社用銀子借用証文……二二五
一九四　享保十七年七月　金田要人社用銀子借用証文……二二七
一九五　享保十七年十二月　金田要人社用銀子借用証文……二二七
一九六　享保十八年七月十四日　金田要人社用銀子借用証文……二二八
一九七　享保十八年十二月　金田要人社用銀子借用証文……二二八
一九八　享保十九年七月　金田要人社用銀子借用証文……二二九
一九九　享保十九年十二月　金田要人社用銀子借用証文……二三〇
二〇〇　元文元年七月十日　金田要人社用銀子借用証文……二三〇
二〇一　元文元年十一月　金田要人社用銀子借用証文……二三一
二〇二　元文元年十二月廿五日　金田要人銀子借用証文……二三二
二〇三　元文三年四月廿九日　松本求馬等銀子借用証文……二三二

二三四　延享五年七月十三日　長谷川元右衛門銀子借用証文……二五九
二三五　寛延元年九月廿八日　長谷川元右衛門銀子借用証文……二六〇
二三六　寛延元年九月廿八日　長谷川元右衛門銀子借用証文……二六〇
二三七　寛延元年十月晦日　長谷川元右衛門普請料請取状……二六一
二三八　寛延元年十二月十一日　長谷川元右衛門金子借用証文……二六二
二三九　寛延二年三月二日　長谷川元右衛門金子借用証文……二六三
二四〇　宝暦二年七月　嶋田半之丞銀子借用証文……二六四
二四一　宝暦二年七月　嶋田半之丞銀子借用証文……二六四
二四二　宝暦三年十二月　山本隼人願書写……二六五
二四三　宝暦三年四月十一日　宝光院等社家下知遵守約定……二六八
二四四　宝暦四年閏二月　山本隼人隠居願書……二七〇
二四五　宝暦四年七月九日　東梅坊等社代一件請書写……二七一
二四六　宝暦四年十二月十一日　松原町祇園社領年貢米算用覚……二七二
二四七　宝暦五年十二月十日　松原町年貢米算用覚……二七三
二四八　宝暦六年十二月十一日　祇園社領年貢米皆済控……二七四

二九四　天明八年九月十一日　徳川家斉朱印状……三三四
二九五　（天明九年八月）　宝寿院代々役方年月届書写……三三五
二九六　寛政元年十二月　松原町年貢算用覚……三三七
二九七　寛政三年七月　祇園社境内建物建替願書……三三八
二九八　寛政三年九月　宝寿院印形改願書……三三九
二九九　寛政四年十二月十一日　松原町屋地子米皆済状控……三三九
三〇〇　寛政九年十二月十一日　津国屋かち借地料減免願書……三四〇
三〇一　寛政十年十二月　山本采女等借銀返済願書……三四一
三〇二　文化元年十二月十一日　津国屋かち借地料減免願書……三四二
三〇三　文化二年五月　井筒屋吉兵衛金子請取証文……三四三
三〇四　文化七年十二月　東梅坊祠堂銭借用証文幷同添証文写……三四四
三〇五　文化九年二月廿一日　藤井主膳御旅所神役弟鉄之介相続願書……三四六
三〇六　文化九年　多賀大社太々神楽再興願書……三四七
三〇七　文化十三年二月　大久保忠真祇園社大宮駕輿丁等諸役免状写……三五〇
三〇八　文化十三年十二月十四日　平野屋喜兵衛銀子借用証文……三五〇

三〇九　文化十三年十二月　上田左内借用銀返済猶豫願書……三五一
三一〇　文化十三年十二月　宝寿院賢円社用銀返済猶豫願書……三五二
三一一　文化十四年五月　山本大蔵社務代勤方請書……三五二
三一二　文政元年七月十二日　宝寿院名代東梅坊等暇乞覚……三五四
三一三　文政元年八月廿五日　山本大内蔵社務代退役申渡書幷不苛担誓約書……三五五
三一四　文政元年九月七日　祇園社務執行等新道作事再願書幷絵図……三五八
三一五　文政元年十二月廿二日　山本大内蔵等社務代相論内済添状……三六一
三一六　文政二年閏四月　某社地地代猶豫願書……三六二
三一七　文政三年五月廿日　東本願寺家来等新道作事願書幷絵図……三六三
三一八　文政三年五月　粟津出羽介等祇園社地借用証文……三六七
三一九　文政三年十一月　松原町年貢請書……三六八
三二〇　文政四年八月廿日　東梅坊等氏子町小屋掛茶店取払願書……三七〇
三二一　文政四年十二月廿一日　中村左馬出勤差止申渡書……三七一
三二二　文政四年十二月廿一日　江戸丹後出勤差止申渡書……三七二
三二三　文政四年十二月廿一日　山本監物出勤差止申渡書……三七二

三三九　文政九年十二月　狛平治年貢米請取状……三八八
三四〇　文政九年十二月　四坊組年貢米請取状……三八九
三四一　文政九年十二月　宝光院納所年貢米請取状……三八九
三四二　文政九年十二月　宝光院納所年貢米請取状……三九〇
三四三　文政九年十二月　上田左内年貢米請取状……三九〇
三四四　文政九年十二月　上田左内年貢米請取状……三九一
三四五　文政九年十二月　上田左内年貢米請取状……三九一
三四六　文政九年十二月　上田左内年貢米請取状……三九二
三四七　文政九年十二月　山本年貢米請取状……三九二
三四八　文政九年十二月　上田左内年貢米請取状……三九三
三四九　文政九年十二月　上田助之進社用米請取状……三九三
三五〇　文政九年十二月　東九条村戌年年貢米目録……三九四
三五一　文政十年正月　大和勇御旅所相続御尋ニ付返答書……三九六
三五二　文政十年二月三日　大和勇御旅所社役養子相続願書……三九八
三五三　文政十年二月　大和勇御旅所養子相続ニ付請書……三九九

四一三　文政十三年十二月　藤岡年貢米請取状……四六八
四一四　文政十三年十二月　植田喜内社用米請取状……四六八
四一五　文政十三年十二月　上田左内年貢米請取状……四六九
四一六　文政十三年十二月　上田瀬平年貢米請取状……四六九
四一七　文政十三年十二月　宝光院納所年貢米請取状……四七〇
四一八　文政十三年十二月　上田左内年貢米請取状……四七〇
四一九　文政十三年十二月　上田左内年貢米請取状……四七一
四二〇　文政十三年十二月　西梅坊年貢米請取状……四七一
四二一　文政十三年十二月　新坊領年貢米請取状……四七二
四二二　文政十三年十二月　山本年貢米請取状……四七二
四二三　文政十三年十二月　上田年貢米請取状……四七三
四二四　文政十三年十二月　上田左内年貢米請取状……四七三
四二五　文政十三年十二月　西梅坊年貢米請取状……四七四
四二六　文政十三年十二月　西梅坊年貢米請取状……四七四
四二七　文政十三年十二月　上河原社用米請取状……四七五

四四二 天保八年九月廿七日 祇園社役者植田喜内差上物御尋書写 四八七
四四三 天保十年九月十一日 徳川家慶朱印状 四九〇
四四四 天保十二年七月 社代役代植田喜内人足寄場渡世聞届書写 四九〇
四四五 天保十二年十一月 松本将監等銀子借用状 四九二
四四六 天保十三年九月 祇園社衆儀座中掛り東梅坊等粟田御殿年頭八朔出礼願書 四九三
四四七 天保十三年十月廿九日 上田城之進金子借用状 四九五
四四八 天保十三年十月 祇園社衆議座中東梅坊等御用銀借用状写 四九六
四四九 弘化三年五月廿四日 藤井主膳等御旅所仮本殿建立願書 四九七
四五〇 弘化三年十月 藤井主膳等御旅所規定請書 四九九
四五一 弘化三年十一月 社務御旅所宮仕職補任状 五〇三
四五二 弘化三年十一月 大和右京御旅所宮仕役請書 五〇四
四五三 弘化三年十一月 因幡堂薬王院等南御旅所規定請書 五〇四
四五四 弘化三年十一月 藤井吉兼本社内陣拝礼差免条目請書 五〇七
四五五 弘化三年十一月 藤井吉兼等御旅所規定取替書 五一〇

四八三 文久三年二月 牧野忠恭禁制写 …… 五五九
四八四 文久三年二月 牧野忠恭今宮村神人等諸役免除下知状写 …… 五六〇
四八五 文久三年二月 藤井修理御旅所類焼ニ付仮建物作事願書 …… 五六〇
四八六 文久三年八月 元吉町年寄佐兵衛町内家屋敷名前人変更願書 …… 五六二
四八七 文久三年八月 元吉町年寄佐兵衛町内家屋敷譲渡願書 …… 五六三
四八八 文久三年九月 元吉町五人組清助年寄跡役願書 …… 五六四
四八九 文久三年十二月十三日 元吉町年寄佐兵衛町内家屋鋪譲渡願書 …… 五六五
四九〇 文久三年十二月 松平定敬今宮村神人等諸役免除下知状写 …… 五六六
四九一 文久三年十二月 松平定敬禁制写 …… 五六六
四九二 元治元年四月十八日 祇園社役者上田数馬薩州屯所引払届書 …… 五六七
四九三 元治元年四月廿九日 将軍御目見ニ付覚書 …… 五六八
四九四 元治元年五月 清井町納屋彦作家屋鋪売渡願書 …… 五七四
四九五 元治元年五月 宿禰講中惣代井筒屋又兵衛等相撲興行請書 …… 五七六
四九六 元治元年九月 松井出羽守上河原主税義絶差免届書 …… 五七九
四九七 慶応元年五月十日 新門前近江屋新助家屋敷売渡願書 …… 五七九

四九八 慶応元年五月十日 平野屋ゑい家屋敷売渡願書 五八一
四九九 慶応元年五月十日 弁才天町大増屋りう家屋敷売渡願書 五八二
五〇〇 慶応元年五月十日 桝屋庄七家屋敷売渡願書 五八四
五〇一 (慶応元年)閏五月八日 止宿同居人取調書差出触 五八五
五〇二 慶応元年閏五月廿五日 東屋こう家屋敷売渡願書 五八八
五〇三 慶応元年閏五月廿五日 播磨屋うの家屋敷売渡願書 五九〇
五〇四 慶応元年閏五月 元吉町播磨屋うの地屋敷分割願書 五九一
五〇五 慶応元年七月 神吉屋新兵衛代源蔵等人足寄場商売願書 五九三
五〇六 慶応元年八月十二日 門前町年寄喜右衛門等町内家屋敷売渡願書 五九四
五〇七 慶応元年十月十日 門前町南側舛屋九郎次家屋敷売渡願書 五九四
五〇八 慶応元年十一月廿二日 門前町年寄五人組役儀年限満了届願書 五九六
五〇九 慶応元年十二月一日 門前町南側年寄治兵衛等町内家屋敷譲渡願書 五九七
五一〇 慶応元年十二月 高嶋屋多右衛門二軒茶屋借地請書 五九七
五一一 慶応二年正月廿六日 門前町南側年寄治兵衛等町内家屋敷譲渡願書 六〇一
五一二 慶応二年正月廿六日 門前町北側近江屋嘉助家屋敷売渡願書 六〇二

五二八　慶応三年十二月　因幡堂薬王院等少将井御旅所譲渡証書写……六一七
五二九　慶応三年十二月　社務南御旅所宮守職補任状写……六一九
五三〇　慶応三年十二月　宝寿院南御旅所宮守職大和内蔵允補任届書……六二〇
五三一　慶応三年十二月　大和筑前介少将井南御旅所附属願書……六二一
五三二　慶応三年十二月　因幡堂薬王院少将井御旅所譲渡願書……六二二
五三三　慶応三年十二月　大和内藏允南御旅所宮守職請書……六二三
五三四　慶応四年五月　建内祝臨時祭参向伺書……六二五
五三五　（年未詳）正月廿日　水戸綱條書状……六二七
五三六　（年未詳）三月五日　大和勇・母八重御旅所宮仕由緒返答書……六二八
五三七　（年未詳）三月廿六日　宝寿院不調法和談願書案……六二九
五三八　（年未詳）四月廿五日　山本主計等金子借用状……六三〇
五三九　（年未詳）五月十四日　坦賢書状……六三一
五四〇　（年未詳）五月十八日　末吉町年寄茂七届書案……六三二
五四一　（年未詳）八月廿四日　板倉勝重書状……六三三
五四二　（年未詳）九月三日　神龍院梵舜書状……六三三

第一部　八坂神社文書（中世・近世）

百度大路

辰王ニ売リ渡ス

一　幸兼地売券

（貼紙）
「百とお、しち（地）のもん（文書）そうりけん（売券）」

売渡　百度大路西頬地間事

合　口壱丈八尺　奥拾九丈九尺五寸　四至堺見本券

右件地者、幸兼重代相伝管領無相違者也、而依有要用、相副本券捌通、限永代直銭捌貫文所奉売渡辰王殿実也、向後無他妨可被管領、若号幸兼之子孫及違乱煩者、可被申行罪科、且他非分妨出来時者、幸兼可致明沙汰也、仍放券文之状、如件

観応三年六月三日

若狭法眼幸兼（花押）

比丘尼法円（花押）

若狭幸増（花押）

坂田保大炊職半分ヲ譲リ渡ス

二　朝円譲状

（端裏書、切断、端ニ貼付ス）
「□□状　坂田御神供事　延文二二六卅　サカタ」

さかた（坂田）のほう（保）のおゝいしき（大炊職）はふん（半分）の事、こ女いらあこ女ニゆつりて候へハ、やうやおなし事にて候へハ、きやうこう（向後）さうゐ（相違）なくふきやう（奉行）すへく候、よつてのちのためニいらう（綺）申ましく候しやう如件

延文二二年六月卅日　　朝円（花押）

守護ヲシテ堀江庄地頭・領家両職村々ヲ祇園社雑掌ニ沙

三　室町幕府御教書

（押紙）
「正筆
細川武蔵守頼之　応安三年八月六日」

祇園社雑掌申、越中国堀江庄地頭・領家両職村々事、先度雖被仰不事行云々、太無謂、為社領上者、厳密止軍勢等妨、沙汰付雑掌可被執進請取状、更不可有緩怠之状、依仰執達如件

汰付ケセシ
ム

成安保内海
田壱町
勢州禅門

応安三年八月六日　　　武蔵守（細川頼之）（花押）

治部大輔（斯波義将）殿

四　松田貞秀書状

（押紙）「成安海田事　松田丹州（貞秀）状　至徳二　執筆松田作州　」

祇園社領近江国成安保内海田壱町事、為山上保内光聚房雖捧所見候、曽不足支証候、然而勢州禅門以別儀、於今度者先可被閣之由、被口入申候、無子細之様御計、無為之基候歟、御理運上者、始終落居不可有子細存候、恐々謹言

十月十一日　　　貞秀（花押）

宝寿院御坊

五　禅賢書状

（押紙）「至徳元十二月借物

□□院　至徳二」
□□□（料）足拾貫文預置□　□、御造替之時、慥可返納候恐々謹言
十二月廿三日　禅賢（花押）
中路御房

六　足利義満御教書案

足利義満四条河原西岸地ヲ金蓮寺領トス

四條河原西岸地大僧都顕深避状副之事、可令為金蓮寺道場領之状如件
至徳三年六月九日

七　日野資教書状

四条車大路清住地後地

（押紙）「日野東洞院殿　応永五　四条車大路地事」
先日乍物忩参会為悦、抑清住院後地事、僧参申候歟、有限年貢等可致沙汰候、無相違候者喜入候、塔頭事候間、雖其憚候令申候、恐々謹言

六月十九日　　　　資教

祇園執行御房

（附箋）（朱筆・後筆）
「按、日野東洞院　応永五　四条車大路地事トアル、六月十九日下ノ名ノ字形ヲ見ルニ、資ノ親歟、日野東洞院ノ称号、一位入道有光、法名祐光ナリ、此ノ一位入道、嘉吉三年九月廿三日、内裏焼亡ノ時、凶徒ニ與力シテ叡山ニテ討死ス、中原康富自筆記、右同年九月廿六日ノ条ニ、今日未刻許、右大弁宰相資親卿日野東洞院一位入道有光子　被召ニ捕之、彼卿父入道於山上被討之首上了云々、続神皇正統記第百四代　後花園院ノ条ニ東洞院一位入道くミし侍りしとそ、あさましき、その子右大弁相公ハ曽て存知せさるよしを申けれとも、つひにうしなハれぬトアルニテ、其称号ヲ知ル可シ」

八　教観御輿公用請文

御輿公用

（押紙）
「御輿公用請文　応永八巳歳」

祇園社御輿公用事

合拾伍貫文

今月中仁急速可沙汰申候、無沙汰候候(ママ)、何様可致御催促候
応永八年五月廿八日
教観（花押）
行幸（花押）
乗円（花押）

茅輪

九　一色持範書状

(押紙)「きたの、一しき(一色)殿　応永十八七十二」
恒例護茅輪一合送給了、目出候、諸事期面時候、恐々謹言
七月十二日　持範(一色)（花押）
祇園御師

波利菜女御輿

左右方ノ神主等宮仕殺害ノ糺明ヲ請フ

一〇　宝寿院顕縁目安案

（押紙）「被進管領目安案　応永廿七　六　廿三」

祇園執行権少僧都顕縁謹言上□□

右、当社祭礼十四日、波利菜女御輿着御□□分駕与丁等及喧嘩之間、神人・宮仕走□□加禁制、不能承引、結句右方宮仕及刃傷、仍去十八日夜、彼宮仕死去畢、言語道□（断）次第也、早被仰侍所有御糺明、厳密可有罪科之由、左右方之神主・神人・宮仕申入候、急速為有申御沙汰、粗言上如件

応永廿七年六月　日

一一　大間井郎書状（本紙・礼紙）

（押紙）「応永卅一十一□」

此案文ハ先年小串殿より以高田方被出候間、故法印写置候

久不申承候、所存外候、自然御次時者、可有御音信候、兼又愚身致奉行候御座辺

竹坊ト小串ノ敷地堺ノ事

之敷地之内、竹坊当辻子口地東西十丈内、奥東不足候間、小串殿申候処、結句竹坊地之後、小串殿敷地へ少入候間、立合可究候由被仰候、近日可致其沙汰候、仍竹坊々立通も東西十丈候、可見本券候、又小串殿敷地事者、故法印御方より地替分ニ御出之由承候間、地之堺等事、自然可尋申入候、其時者可得御意候、小串殿方ニハ故法印より被遣候御請文ならてハ不可有候哉、其案文先年写置候、為御心得一本進候、只今如此申入候ハ、千万及相論儀候ハヽ、為得御意、内々令申候、可得御意候、毎事期面拝候、恐々謹言

十一月廿八日　(花押)

伊賀殿

「(ウハ書)
(切封跡)
進之候　大間井郎(ママ)　(花押)」

一二　宝寿院顕縁田畠宛文

「(押紙)
進先管領状案」

祇園中路西頬白河錦小路ノ田畠ヲ渡シ進ム

寺町帯刀

社僧三綱春熙ノ謀計ヲ訴フ

祇園社領境内祇園中路西頬・白河錦少路末南頬田畠事、丈数・境在指図之、
仍封裏進之、毎年地子事、陸貫七百文幷〇（乾角東西口壱丈、南北弐拾参丈五尺分之地子伍百文、次）金剛丸分領三所加地子五百文〇（都合沫貫沫百文）也、
此地利者、当社九月一日大神供料所也、八月中可有御沙汰之由、有御請文間、雖
為厳重社領、任不可有御無沙汰旨、渡進者也、仍為後日宛文之状、如件

応永卅二年乙巳十月十四日　顕縁

寺町帯刀殿

一三　宝寿院顕宥言上状案

（押紙）
「此正文　日野殿進候、　案文　享徳四八月四日　乙亥歳」

祇園執行権律師顕宥謹言上

右、自当社影向以来、不交他御造営以下可致奉行由之綸旨・院宣・将軍家
御教書数通依明白、至社中神領等令奉行、于今無相違處仁、当社社僧三綱春
熙構謀計、掠申　公方様条、言語道断猥所行也、殊更去月十一日被成下顕宥仁
安堵御判、令全御祈祷、所詮以此趣預御奏聞、為奉祈弥天下泰平、粗言上如件

享徳四年八月　日

一四　室町幕府政所執事署判奉書

足利義政神馬ヲ進ム

祇園社御神馬一疋鴾毛被置御鞍可引進之由所被仰下也、仍執達如件

寛正五年正月二日　伊勢守（伊勢貞親）（花押）

祇園社御師

一五　淵喬書状（折紙）

少別当職礼物未進ヲ譴責ス

就少別当職之事、礼物未到来候条、言語道断次第候也、先為堂中早速可有沙汰之由、雖被申候、重々侘事候間、廿日已前可有皆済之由約束候處ニ于今無沙汰、無勿躰候、為惣衆中私方催促候間、態公人出候、此使ニ可有被渡候、（ママ）尚以無沙汰候者為衆中堅可有催促之由、衆議一定候間、無勿躰候て人を出候、子細者此公人可申候、恐々謹言

寛正五
五月廿七日　　　　　　　　　淵喬（花押）
祇薗
執行坊

祇園保内神供米幷寄進地ノ直務ヲ請負フ

一六　有良請文

江州坂田郡之内祇薗保内御神供米幷寄進地之事、可為御直務候、雖如何様之子細候、為此方聊違乱煩之儀不可申、若於後年兎角儀申候共、任此文言旨、不可有御承引候、仍状如件

正親町西家政所
有良（花押）

長享元年十月十二日
宝寿院律師御房

深田郷年貢ヲ以テ契約ス

蘇民将来棚守職ヲ競望ス

一七　宝寿院顕重要脚借用状案

（押紙）「みのへ一行の案文」

借用申要脚事

合肆拾貫文者

右、件要脚者、祇園社領美濃国以深田年貢至（ママ）自庚戌歳壬子年、契仢（約）申之状、如件

延徳三年十月十七日　顕重

春澤軒

侍者御中

一八　宝寿院顕重言上状案

祇園執行権律師顕重謹言上

抑就当社末社蘇民将来棚守職事、掠　上意申企濫訴之者依有之、早為社家可申明子細之由、被成下召文之條、如此惣別当社開白以来、至諸役人迄糺根元、毎

篇申付為社例之間、於于今無其煩、然を此方一向不能存知者、号阿王女と哉覧、彼棚守可致競望之段、不及覚悟子細也、所詮此等之趣、具可預御披露、仍粗謹言上、如件

延徳四年卯月廿三日

（後筆）「御奉行所」

一九　祇園社中状案

（端書）「永禄六」

就当社御祭礼申上条々事

一御神馬代之事

一神幸・還幸御路之事、百性（姓）等近年恣作毛仕条、神輿之煩不可然候、所詮如先規可令停止作毛旨可被成御下知事

一於二条之大路真中、当年始而水路堀（掘）破事、言語道断次第ニ候、所詮如元平地可作直之旨、急度可被仰出候、若又上下之両町申分在之者、御祭礼以前ニ被

御神馬代

神幸・還幸御路

二条大路真中ニ水路ヲ掘ル

遂御紀明、如先々可被仰付候事

右、条々急度可被仰出候

永禄六年五月廿日

二〇　山本甚太郎等連署起請文

山本大蔵トノ公事

（押紙）
「天正十六　侍共」

きしやうもん（起請文）の事

一今度山本大蔵と公事之義付而、山本所へいていり（出入）のものめ子（女）共、たれ（誰）によらす、此方之儀、よろつ他言いたすへからさるの事

一御社家様ニ少も於心中如在御座あるましきの事

右之趣、あいちかう（相違）におひてハ、乍恐

日本国中大小神祇、殊ニハ祇園牛頭天王・愛宕大権現・北野天神・八幡

八満（幡）・稲荷大明神・春日大明神・賀茂大明神蒙御罰、来世ニ者、無間ニ

しつ（沈）ミ可申者也、仍起請文如件

天正十六
七月廿二日

山本
甚太郎（花押）
今江
三右衛門（花押）

先代官幷広峯地下ニ宝寿院ヨリノ一筆ヲ請フ

二一　地蔵院寿宝書状（本紙・礼紙切封）

又吉日事ハ十一日・十四日にても候へ、此両日之間可然存候、十四日ニ取ニ可進之候

一昨日者参、御慶申承候、祝着至候、殊済々活計無申計候、仍以面拝申合候御補任案文調進之候、可然候者、此分可調給候、只今国忩劇之間、如此申候、定国も可為無為之条、其時者、土貢事可申談候、今時分在所之儀をも不存候て、御補任なとの事、聊爾ニ候へ共、左様之御手形とも候ハて宰申候へハ如何ニ候間、先如此申候、涯分申付、目出御左右可申候、又先代官方幷広峯地下へ為御直務、我々御代官之儀被仰付候由、御一筆給候て可然候、為御心得申入候、如何様重而参、御礼可申候、恐々謹言

正月十三日　寿宝（花押）

（切封跡）
（ウハ書）
「自地蔵院
宝寿院　寿宝
まいる　御同宿中」

二二　本阿書状

則料帋令進候也

先日給候御護共、皆々伝申候、兼又祇園御八講同宿之仁所望申候、無相違御計候者、可喜入候、猶々難去事候間令申候、何様来月中罷出候て安事可申蒙候、恐惶謹言

正月十六日　本阿（花押）

宝寿院御房

祇園御八講

富永料足ヲ進ム

二三　円明坊兼慶書状

契約申候富永料足弐拾貫進之候、依地下逃散候て于今延引、返々背本意候、相残候分、少事近(今カ)明間可上候間、上候者早々可進候、何様上洛之時、以面拝可申示候、恐々謹言

三月十四日　　兼慶(円明坊)（花押）

宝寿院御房

西谷覚林房

二四　宝明坊春彦書状

就彼岸事、太輔殿委細物語被申候間、以次愚状令進候、彼状を能々読御聞候て、可有御問答候、西谷覚林房事者、山上山下無隠事候間、如此令申候、委細事ハ此御使者申候、定而御物語可被申候、如此様出京仕候者、参候て毎事可申承候、恐惶謹言

執行代(延暦寺東塔)

宝明坊春彦

供花事無為

三月廿八日　春彦（宝明坊）（花押）

祇園執行御房

進之

二五　飯尾之種書状

猶々不参方々、早々可被参懃之由可有御下知候、若申子細候者□（可）有御註進候歟

供花事、無為之由承候、目出存候、猶堅被加御成敗候者可然候、次弐百疋送給候、御煩之至、無勿躰候、乍去御芳志不知所謝候、何様御出京之時、以面拝可申述候、

恐々謹言

卯月十五日　之種（花押）

（押紙）（朱筆）「飯尾与三左衛門尉」

宝寿院

御坊中

二六　飯尾清房書状

就当会之儀、預御使候、殊ニ壱荷両種送給候、賞翫之至候、条々御申子細候者、
早々以一書可示給候、聊不可有疎意候、神事無為可為肝要候、恐々謹言
五月廿日　清房（飯尾）（花押）
祇園社執行御房
進覧候
（別筆）「飯尾尾（ママ）清房加賀守」

二七　飯尾清房書状

神輿出御事、昨日晦日無為之由注進之条、珍重候、弥来七日祭礼無相違様可被
申付事、肝要候、只今注進之趣、則可致披露候、恐々謹言
六月一日　清房（飯尾）（花押）
祇園社執行御房

祭礼ノ御路

二八　飯尾清房書状

「飯尾加賀守」（別筆）

明後日七当社祭礼御路以下事、任被申請之旨、被成御下知之上者、聊無由（油）断神事無為様可被申付之事、肝要候、此御返事可備　上覧候、被得其意可有調進之候、為其態令申候、恐々謹言

六月五日　　清房（飯尾）（花押）

祇園社執行御房

進之候

還幸ノ御路

二九　飯尾清房書状

昨日七当社神事無為之由注進到来候、尤可然被思召之旨被仰出候、珍重候、次還幸御路事、堅被仰付候、可被得其意候、恐々謹言

六月八日　　　　　　　　　　清（飯尾）房（花押）

祇園社執行御房

（別筆）「飯尾加賀守武家評［　］」

（後筆）「従五位上加賀守　武家評定衆　文明比人」

三〇　宝寿院玉寿書状

就大宮駕輿丁申子細、被成御下知候、目出度存候、然間、彼等請文之事、申付調させ進之候、弥々可為御意得肝要候、恐々謹言

六月十日　　　　　　　　玉寿（花押印）

（押紙）「之清」

飯尾加賀守殿

御宿所

少将井巫ハ蔭凉軒領摂州富田庄ノ巫

三一　聖室契祝書状

未以書状申入候へ共、一筆令啓候、仍就小(少)将井巫之儀、只今違乱之由申候、如何候哉、此巫者当軒領摂州富田庄之巫にて候、此仁代々相続仕由具申候、無相違被仰付候者、可為御喜悦旨、先以自拙者可申由候、可得御意候、恐々謹言

六月六日　　契祝（花押）

（別筆）「蔭凉軒契祝」

祇園
執行坊　　御同宿中

祭礼ノ再興ヲ命ズ

三二　飯尾清房書状

次三百疋被持候、無謂御煩候、何様以木村周防守可令申候、

当社祭礼事、可有再興之段被仰出候処、任　上意、相宥諸役者被遂神事之節之条、誠云神忠、又ハ御忠節之至、尤以珍重候、於来年者、定一段可被仰付候哉、仍功

程銭事、更々不存疎略候、連々可催促申候、於拙者一段不可存等閑候、委曲可被

雑掌申候間、不能一二候、恐々謹言

六月十六日　　　　　　　　清房（飯尾）（花押）

祇園社執行御房

進覧候

三三　清頼書状（本紙・礼紙）

尚々八幡にて大水出候て、事外冷候故候歟、虫おこり候て、散々式候、尚以面可申候、又請文写進之由申候へ共、正文先進之候、御写候て、重可給候

御状委細令拝見候了、仍昨日御出候由承候、一昨夕より虫気候て家中ニ留り居候、存知候ハて他行之由申候ける歟、仍先々承候奉書事、如御存知、八幡御下向之時分候間、毎事申事無之候、御上洛候ても昨日まて御披露事なく候、公方事ハいかに此方ニ急度思食候共、さやうにハなき事にて候、今朝ハ出仕申候間、致催促候つる、返々更左衛門大夫、又我々か非等閑候、何様かい（涯）分可致催促

八幡ニテ大水

候、尚々一向無沙汰と思食候哉、口惜候、次案文事承候、写進之候、恐々謹言

八月廿一日　清頼（花押）

御返報

（ウハ書）
「（切封跡）
　　　御返報　清頼 
」

三四　伏見上皇院宣案

成安保ヲ藤原氏女ニ返付セシム

当社領近江国成安保事、任相伝之道理、返付保務於藤原氏女、於有限之神供者、不可懈怠之由可令下知給者、依　院宣執達如件

九月十二日　右衛門権佐為方（中御門）

謹上　祇園別当法印御房

三五　地蔵院寿宝書状

尚々尤参度心中候へ共、御機嫌不存候間、先以愚札申入候

誠久不申通候間、餘々御床敷候間、先以状申入候、何事共御座候哉、細々不能拝顔候、失本意候、就中播州儀、思外当方時儀(宜)目出度成行候間、祝着候、巨細共定而被聞召候哉、次明石之内、御社領広次事ハ如何候、此間之沙汰候哉、以前如申候、とても広峯之事被懸御意候上ハ、同時ニ申合度候、御返事ニより委参候て承度候、我々も今月末ニ可罷下候間、内々得御意候て、国事申付候度候、(ママ)先代官相違子細候間、此時節我々ニ被仰付候者、可為恐悦候、必々参候て旁々可得御意候、恐々謹言

十月五日　　寿宝（花押）

宝寿院　まいる　人々御中

三六　之運書状

祇園社ニ制札ヲ進ム

当社幷御境内御制札事承候、致馳走相調令進入候、於向後相応之御用不可有疎意候、猶山本大蔵卿可有御演説候、恐々謹言

西宮広田別当職文書案文、同土代、系図ヲ進ム

十月十五日　　　　之運（花押）

宝寿院

まいる　尊報

三七　久阿弥書状（本紙・礼紙）

（押紙）
「西宮広田社事」
尚々此事無子細候之様御申候て給候ハ、生涯之可為本望候、とても地下者不可
有子細候、いまもちて候物も地下の物にて候、又こなたをも地下ニ新物候、能々御
申候て給候へく候、□行候ハヽ、恐悦候、これをハ北殿へ契約申候へく候
只今令参、委細申入候之条、返々恐悦存候、兼又西宮広田別当職文書案文進之
候、同土代一本、けいつ（系図）共相副進候、身訴訟此事候、御房中へまいり事向候、も
御恩とも、被含召候て、此事無子細候之様、御房へ御申候て給候ハヽ、畏入へく
候、いかほと出来候とも、半分を永代契約申候て可進置候、同者御教書得候
まても可然存候、伯殿者かわらぬ御事候へハ、御教書可為肝用候、尚々御房中
けいくわい（計会）仕候しるしに候、身の訴訟此事候、恐々謹言

十月廿八日　　　　久阿ミ（花押）

北殿　進候

「（ウハ書）（切封跡）

北殿　進之候　　　　久阿ミ」

契約要脚ヲ受ケ取ル

三八　宗慶書状（折紙）

御契約要脚、以前百疋、只今五百疋、合六百疋分、慥請取申候、御太儀時分御□（奔）走

尤以本望之至候、旁期面時候也、恐々謹言

十二月廿四日　　　　宗慶（花押）

宝寿院

進之候

三九　与兵衛禁制請文

禁制

林廻御衆中

一当社立木枝枯枝きりおり取の事
一芝はく事
一草かる事
一赤土ほり取事
一木葉かく事
一牛馬放かふ事
右条々堅各様以御評儀(議)之上相定られ、地下中へ急度被仰付候間、彼御法度を相背者御座候者、為科料銀子弐枚、林廻御衆中へ可致進納候、其時一言も異儀申上間敷候、仍如件

慶長三年五月三日　与兵衛（略押）

林廻御衆中様参

四〇　又三郎禁制請文

禁制

林廻御衆中

一当社立木枝枯枝きり取の事
一芝はく事
一草かる事
一赤土ほり取事
一木葉かく事
一牛馬放かふ事
右条々堅各様以御評儀(議)之上相定られ、地下中へ急度被仰付候間、彼御法度於相背者御座候者、為科料銀子弐枚、林廻御衆中へ可致進納候、其時一言も異儀申上間敷候、仍如件

慶長三年五月三日　又三郎（略押）

林廻御衆中様参

四一　道慶禁制請文

林廻御衆中

一当社立木枝枯枝きり取之事
一芝はく事
一草かる事
一赤土ほり取之事
一木葉かく事
一牛馬放かふ事
右条々堅各様以御評儀（議）之上相定られ、地下中へ急度被仰付候間、彼御法度を相背者御座候者、為科料銀子弐枚、林廻御衆中へ可致進納候、其時一言も異儀申上間敷候、仍如件

慶長三年五月三日　　道慶（略押）

林廻御衆中様参

四二　二郎兵衛禁制請文

禁制

林廻御衆中

一当社立木枝枯枝きり取の事
一芝はく事
一草かる事
一赤土ほり取事
一木葉かく事
一牛馬放かふ事
右条々、堅各様以御評儀(議)之上相定られ、地下中へ急度被仰付候間、彼御法度
於相背者御座候者、為科料銀子弐枚、林廻御衆中へ可致進納候、其時一言も
異儀申上間敷候、仍如件

慶長三年五月三日　　二郎兵衛（略押）

林廻御衆中様参

四三　助兵衛禁制請文

禁制

林廻御衆中

一当社立木枝枯枝きり取の事
一芝はく事
一草かる事
一赤土ほり取之事
一木葉かく事
一牛馬放かふ事
右条々、堅各様以御評儀(議)之上相定られ、地下中へ急度被仰付候間、彼御法度於相背者御座候者、為科料銀子弐枚、林廻御衆中へ可致進納候、其時一言も異儀申上間敷候、仍如件

慶長三年五月三日　　助兵衛（略押）

林廻御衆中様参

四四　与三左衛門禁制請文

禁制

林廻御衆中

一当社立木枝枯枝きりおり取之事
一芝はく事
一草かる事
一赤土ほり取之事
一木葉かく事
一牛馬放かふ事
右条々、堅各様以御評儀(議)之上相定られ、地下中へ急度被仰付候間、彼御法度を相背者御座候者、為科料銀子弐枚、林廻御衆中へ可致進納候、其時一言も異儀申上間敷候、仍如件

慶長三年五月三日　　与三左衛門（略押）

林廻御衆中様まいる

四五　惣左衛門禁制請文

林廻御衆中

一当社立木枝枯枝きり取の事
一芝はく事
一草かる事
一赤土ほり取事
一木葉かく事
一牛馬放かふ事
右条々、堅各様以御評儀(議)之上相定られ、地下中へ急度被仰付候間、彼御法度を相背者御座候者、為科料銀子弐枚、林廻御衆中へ可致進納候、其時一言も異儀申上間敷候、仍如件

慶長三年五月三日　　　惣左衛門（略押）

林廻御衆中様参

四六　二郎左衛門禁制請文

禁制

林廻御衆中

一当社立木枝枯枝きり取の事
一芝はく事
一草かる事
一赤土ほり取事
一木葉かく事
一牛馬放かふ事
右条々、堅各様以御評儀(議)之上相定られ、地下中へ急度被仰付候間、彼御法度於相背者御座候者、為科料銀子弐枚、林廻御衆中へ可致進納候、其時一言異儀申上間敷候、仍如件

慶長三年五月三日　　二郎左衛門（略押）

林廻御衆中様参

四七　孫さく禁制請文

禁制

林廻御衆中

一当社立木枝枯枝きり取の事
一芝はく事
一草かる事
一赤土ほり取事
一木葉かく事
一牛馬放かふ事
右条々、堅各様以御評儀（議）之上相定られ、地下中へ急度被仰付候間、彼御法度於相背者御座候者、為科料銀子弐枚、林廻御衆中へ可致進納候、其時一言も異儀申上間敷候、仍如件

慶長三年五月三日　　　孫さく（略押）

林廻御衆中様参

四八　弥右衛門尉禁制請文

禁制

林廻御衆中

一当社立木枝枯枝きり取之事
一芝はく事
一草かる事
一赤土ほり取事
一木葉かく事
一牛馬放かふ事
右条々、堅各様以御評義（議）之上相定られ、地下中へ急度被仰付候間、彼御法度於相背者御座候者、為科料銀子弐枚、林廻御衆中へ可致進納候、其時一言も異儀申上間敷候、仍如件

慶長三年五月三日　　弥右衛門尉（略押）

林廻御衆中様まいる

四九　三郎二郎禁制請文

一当社立木枝枯枝きり折取事
一芝はく事
一草かる事
一赤土ほり取事
一木葉かく事
一牛馬放かふ事
右条々、堅各様以御評議之上被相定、地下中へ急度被仰付候間、彼御法度を相背者御座候者、為科料銀子弐枚、林廻御衆中へ可致進納候、其時一言も異儀申上間敷候、仍如件

慶長三年五月三日　　三郎二郎（略押）

林廻御衆中様参

五〇　甚衛門尉禁制請文

禁制

林廻御衆中

林廻御衆中

一当社立木枝枯枝きり取の事
一芝はく事
一草かる事
一赤土ほり取事
一木葉かく事
一牛馬放かふ事
右条々、堅各様以御評儀(議)之上被相定られ、地下中へ急度被仰付候間、彼御法度於相背者御座候者、為科料銀子弐枚、林廻御衆中へ可致進納候、其時一言も異儀申上間敷候、仍如件

慶長三年五月三日　甚衛門尉（略押）

林廻御衆中様参

五一　喜作禁制請文

林廻御衆中

一当社立木枝枯枝きり折取事
一芝はく叓
一草かる事
一赤土ほり取事
一木葉かく事
一牛馬放かふ事
右条々、堅各様以御評議之上被相定、地下中江急度被仰付候間、彼御法度を相背者御座候者、為科料銀子弐枚、林廻御衆中へ可致進納候、其時一言も異儀申上間敷候、仍如件

慶長三年五月三日　　喜作（略押）

林廻御衆中様参

五二　与左衛門尉禁制請文

禁制

林廻御衆中

一当社立木枝枯枝きり取の事
一芝はく事
一草かる事
一赤土ほり取事
一木葉かく事
一牛馬放かふ事
右条々、堅各様以御評儀（議）之上相定られ、地下中へ急度被仰付候間、彼御法度於相背者御座候者、為科料銀子弐枚、林廻御衆中へ可致進納候、其時一言も異儀申上間敷候、仍如件

慶長三年五月三日　与左衛門尉（略押）

林廻御衆中様参

五三　四郎左衛門尉禁制請文

林廻御衆中

一当社立木枝枯枝きり取の事
一芝はく事
一草かる事
一赤土ほり取事
一木葉かく事
一牛馬放かふ事
右条々、各様以御評儀(議)之上相定(堅)られ、地下中へ急度被仰付候間、彼御法度於相背者御座候者、為科料銀子弐枚、林廻御衆中へ可致進納候、其時一言も異儀申上間敷候、仍如件
慶長三年五月三日　四郎左衛門尉（略押）
林廻御衆中様参

五四　与三五郎禁制請文

禁制

一当社立木枝枯枝きり取の事
一芝はく事
一草かる事
一赤土ほり取事
一木葉かく事
一牛馬放かふ事
右条々、堅各様以御評儀(議)之上相定られ、地下中へ急度被仰付候間、彼御法度於相背者御座候者、為科料銀子弐枚、林廻御衆中へ可致進納候、其時一言も異儀申上間敷候、仍如件

慶長三年五月三日　　与三五郎（略押）

林廻御衆中様参

林廻御衆中

五五　与三衛門尉禁制請文

禁制

一当社立木枝枯枝きりおり取の事
一芝はく事
一草かる事
一赤土ほり取事
一木葉かく事
一牛馬放かふ事
右条々、堅各様以御評儀(議)之上相定られ、地下中へ急度被仰付候間、彼御法度を相背者御座候者、為科料銀子弐枚、林廻御衆中へ可致進納候、其時一言も異儀申上間敷候、仍如件

慶長三年五月三日　　与三衛門尉（略押）

林廻御衆中様参

林廻御衆中

五六　三郎左衛門尉禁制請文

禁制

林廻御衆中

一当社立木枝枯枝きりおり取の事
一芝はく事
一草かる事
一赤土ほり取事
一木葉かく事
一牛馬放かふ事
右条々、堅各様以御評儀(議)之上相定られ、地下中へ急度被仰付候間、彼御法度於相背者御座候者、為科料銀子弐枚、林廻御衆中へ可致進納候、其時一言も異儀申上間敷候、仍如件

慶長三年五月三日　　三郎左衛門尉（略押）

林廻御衆中様参

五七　満五郎禁制請文

林廻御衆中

一当社立木枝枯枝きりおり取之事
一芝はく事
一草かる事
一赤土ほり取事
一木葉かく事
一牛馬放かふ事
右条々、堅各様以御評議之上被相定、地下中へ急度被仰付候間、彼御法度を相背者御座候者、為科料銀子弐枚、林廻御衆中へ可致進納候、其時一言も異儀申上間敷候、仍如件

慶長三年五月三日　満五郎（略押）

林廻御衆中様まいる

五八　二郎四郎禁制請文

禁制

林廻御衆中

一当社立木枝枯枝きりおり取事
一芝はく叓
一草かる叓
一赤土ほり取叓
一木葉かく事
一牛馬放かふ事
右条々、堅各様以御評儀(議)之上相定られ、地下中江急度被仰付候間、彼御法度を相背者御座候者、為科料銀子弐枚、林廻御衆中へ可致進納候、其時一言も異儀申上間敷候、仍如件
慶長三年五月三日　二郎四郎（略押）
林廻御衆中様参

五九　甚三郎禁制請文

禁制

林廻御衆中

一当社立木枝枯枝きり取の事
一芝はく事
一草かる事
一赤土ほり取事
一木葉かく事
一牛馬放かふ事
右条々、堅各様以御評儀(議)之上相定られ、地下中へ急度被仰付候間、彼御法度
於相背者御座候者、為科料銀子弐枚、林廻御衆中へ可致進納候、其時一言も
異儀申上間敷候、仍如件

慶長三年五月三日　　甚三郎（略押）

林廻御衆中様参

六〇　助太郎禁制請文

禁制

林廻御衆中

一当社立木枝枯枝きり取の事
一芝はく事
一草かる事
一赤土ほり取事
一木葉かく事
一牛馬放かふ事
右条々、堅各様以御評儀(議)之上相定られ、地下中へ急度被仰付候間、彼御法度於相背者御座候者、為科料銀子弐枚、林廻御衆中へ可致進納候、其時一言も異儀申上間敷候、仍如件

慶長三年五月三日　　助大郎（略押）

林廻御衆中様参

六一　三郎衛門禁制請文

禁制

林廻御衆中

一当社立木枝枯枝きりをり取之事
一芝はく事
一草かる事
一赤土ほり取事
一木葉かく事
一牛馬放かふ事
右条々、堅各様以御評儀(議)之上相定られ、地下中へ急度被仰付候間、彼御法度を相背者御座候者、為科料銀子弐枚、林廻御衆中へ可致進納候、其時一言も異儀申上間敷候、仍如件

慶長三年五月三日　　三郎衛門（略押）

林廻御衆中様参

六二　三郎二郎禁制請文

禁制

林廻御衆中

一当社立木枝枯枝伐折取㕝
一芝掃㕝
一草苅㕝
一赤土堀取㕝
一木葉掃㕝
一牛馬放餇(飼)㕝
右条々、堅各様以御評儀(議)之上相定ラレ、地下中江急度被仰付候間、彼御法度ヲ相背者御座候者、為科料銀弐枚、林廻御衆中江可致進納候、其時一言モ異儀申上間敷候、仍如件
慶長三年五月三日　　三郎二郎（略押）
林廻御衆中様参

六三　与衛門尉禁制請文

禁制

林廻御衆中

一当社立木枝枯枝きり取の事
一芝はく事
一草かる事
一赤土ほり取事
一木葉かく事
一牛馬放かふ事
右条々、堅各様以御評儀(議)之上相定られ、地下中へ急度被仰付候間、彼御法度を相背者御座候者、為科料銀子弐枚、林廻御衆中へ可致進納候、其時一言も異儀申上間敷候、仍如件

慶長三年五月三日　与衛門尉（略押）

林廻御衆中様参

六四　甚介禁制請文

禁制

林廻御衆中

一当社立木枝枯枝きり取の事
一芝はく事
一草かる事
一赤土ほり取事
一木葉かく事
一牛馬放かふ事
右条々、堅各様以御評儀(議)之上相定られ、地下中へ急度被仰付候間、彼御法度を相背者御座候者、為科料銀子弐枚、林廻御衆中へ可致進納候、其時一言も異儀申上間敷候、仍如件

慶長三年五月三日　甚介（略押）

林廻御衆中様参

六五　浄さい禁制請文

林廻御衆中

一当社立木枝枯枝きり取の事
一芝はく事
一草かる事
一赤土ほり取事
一木葉かく事
一牛馬放かふ事
右条々、堅各様以御評儀（議）之上相定られ、地下中へ急度被仰付候間、彼御法度を相背者御座候者、為科料銀子弐枚、林廻御衆中へ可致進納候、其時一言も異儀申上間敷候、仍如件

慶長三年五月三日　　浄さい（略押）

林廻御衆中様まいる

六六　甚左衛門尉禁制請文

禁制

林廻御衆中

一当社立木枝枯枝きり取の事
一芝はく事
一草かる事
一赤土ほり取事
一木葉かく事
一牛馬放かふ事
右条々、堅各様以御評儀(議)之上相定られ、地下中へ急度被仰付候間、彼御法度於相背者御座候者、為科料銀子弐枚、林廻御衆中へ可致進納候、其時一言も異儀申上間敷候、仍如件

慶長三年五月三日　　甚左衛門尉（略押）

林廻御衆中様参

六七　新衛門禁制請文

禁制

一当社立木枝枯枝きりきり(ママ)折取事
一芝はく事
一草かる事
一赤土ほり取事
一木葉かく事
一牛馬放かふ事
右条々、堅各様以御評議之上被相定、地下中へ急度被仰付候間、彼御法度を相背者御座候者、為科料銀子弐枚、林廻御衆中へ可致進納候、其時一言も異儀申上間敷候、仍如件

慶長三年五月三日　　新衛門（略押）

林廻御衆中様参

林廻御衆中

六八　久衛門禁制請文

林廻御衆中

一当社立木枝枯枝きり取の事
一芝はく事
一草かる事
一赤土ほり取事
一木葉かく事
一牛馬放かふ事
右条々、各(堅)様以御評儀(議)之上相定られ、地下中へ急度被仰付候間、彼御法度於相背者御座候者、為科料銀子弐枚、林廻御衆中へ可致進納候、其時一言も異儀申上間敷候、仍如件

慶長三年五月三日　　久衛門（略押）

林廻御衆中様参

六九　山本勘左衛門禁制請文

当社林立木枝枯枝伐折取幷芝剥、木葉杌(ママ)、草苅事、赤土掘・牛馬放飼事、堅禁制

事、右之旨、以衆中評儀(議)、被相定上、彼法度そむき申候ハ、、科料として銀子弐枚
出可申候、仍状如件

慶長三年五月　日　　　山本
勘左衛門
（花押）

林廻衆中まいる

林廻衆中

七〇　正庵禁制請文

当社林立木枝枯枝伐折取事、幷芝剥、木葉抓(ママ)、草苅、赤土堀(掘)・牛馬放飼事、堅禁制
事、右之旨、以衆中評儀(議)、被相定上、彼法度そむき申候ハ、、科料として銀子弐枚
出可申候、仍状如件

慶長三年

五月　日　　　正庵（花押）

林廻衆中まいる

林廻衆中

林廻衆中

紋付細金

七一　意玉禁制請文

当社林立木枝枯枝伐折取事、幷芝剥、木葉杋(ママ)、草苅、赤土掘・牛馬放飼事、堅禁制事、右之旨、以衆中評議、被相定上、彼法度そむき申候ハ、、科料として銀子弐枚出可申候、仍状如件

慶長三年五月　日　　意玉（花押）

林廻衆中

七二　にしきの喜右衛門尉等銀子借用証文

預申銀子之事

合銀子五百目　但シもん(紋付)つきこまかね(細金)、此りふん(利分)百目ニ付二匁ツヽ

右之銀子□□□(十カ)人之内へたしかに預申候うゑハ、なんとき(何時)成共御用之時渡可申候、若十人之内如在仕候ハ、、残者共一人して成共、慥ニ□□渡し可申候、仍為後日状如件

錦小路
伏見江戸町
六修不動堂
綾小路
二條御池
伏見江戸町
釘隠町
祇園西
油屋町

慶長□(八)年うの(卯)十月十八日
きおん(祇園)　□
さいせうさま(宰相)
まいる

にしき(錦)の小路
喜右衛門尉（花押）
ふしミゑとまち
伝右衛門（印）
六條ふどんど
新兵衛（印）
あや(綾)の小路
次左右衛門（花押）
二條おいけ(御池)の丁
源蔵（花押）
ふしミ
ゑどまち
新空（花押）
京
くきかくし(釘隠)の丁
甚兵衛（印）
きおん(祇園)にしのちやや(茶屋)
喜介（花押）
あふらや(油屋)の丁山田の丁
きふさい（花押）

にしき（錦）の小路
与市郎（花押）

七三　慶長八年銀借結日記（折紙）

慶長八卯年銀借結日記事

慶長八卯○年十月十八日　きおん
五百目　状在之二　在判　喜介

慶長八卯年十月卅日　きおん直ニ
参拾目　状在之一　与左衛門

慶長八卯年十一月九日　きおん　取次与左衛門
六拾目　状在之二　しちあり　大□兵衛

慶長八卯年十一月十三日　きおん　取次□□左衛門
五拾目　状在之二　しちあり　介□郎

慶長八卯年十二月二日　きおん　取次□□郎
四匁　状在之二　甚三郎

慶長八卯年十二月五日
弐拾五匁　状在之二　　きおん　直□
五左衛門尉

慶長八卯年十二月二日
弐拾目　状在之一
新次郎ニかし候よし申候か、
きおん　取次五左衛門
彦大夫

慶長八卯年十二月二日
五拾五匁　状在之二
此内廿五匁ハ宮□へかし候よし
きおん　直ニ
次郎兵衛

慶長八卯年十二月五日
参拾六匁　状在之二　新次郎と状書かへ候
きおん　取次五左衛門
喜兵衛

慶長九卯年正月五日
弐拾目　状在之二
きおん　取次次郎左衛門
与三左衛門

慶長八卯年十二月□
拾□

（数行欠損アリ）

四拾五匁□

慶長九年辰年十二月
正月五日□

栗田口

片羽屋

弐拾目　□

慶長九辰年正月五日　栗田口

四拾七匁　状在之二　弥九郎

取次次郎兵衛・新五郎

慶長八卯年十二月廿八日

四拾五匁二　取次次郎兵衛書かへ候　助五郎

きおん　助左衛門と状在之

慶長八卯年十二月廿八日

取次次郎兵衛次郎兵衛と状在之

参拾目　いかう堂ちやう

慶長八卯年十二月廿八日

取次次郎兵衛　片羽屋

弐拾目　喜兵衛

慶長九辰年正月五日

取次次郎兵衛　きおん

五拾目　又一

慶長九辰年正月五日

取次次郎兵衛　きおん

五拾目　与三左衛門尉

きおん大工

慶長九辰年正月五日
五拾目 状在之二
取次五左衛門尉
与五郎

慶長九辰年正月十三日
百五匁 状在之二
きおん大工
里右衛門尉

慶長九辰年二月二日
百五拾目 状在之二
取次五左衛門尉
きおん
彦大夫 久衛門尉二匁

慶長九辰年二月十一日
百五拾目 状在之二
あわた口
四郎左衛門尉 かわら甚五郎

慶長九辰年二月十三日
百七拾目 状在之二
きおん
彦六

七四　きおん四郎次郎銀子借用証文

あつかり申候銀子之事
合四拾五匁者
右何時なりとも御用之時ハ、此きりかミ（切紙）次第に急度進上可申候、仍状如件

きおん

慶長九辰年正月五日　　四郎次郎（略押）

御執行様参

七五　鳥居小路経孝銀子借用証文

借用申候銀子之事

合四枚者但文□□也

右借用之銀子返弁申時ハ、弐和利を加可返弁候、但十ケ月限也、若十ケ月過候ハヽ、彼田地其方へより可有進退候、一言之子細申間敷候、仍借状如件

慶長九辰年八月五日　鳥居少(小)路経孝（花押）

芝七右衛門

実（花押）

祇園

五左衛門尉殿参

七六　きおん五郎左衛門銀子借用証文

□（あ）つかり申候米之事

合拾参石一斗三升者

右何時なりとも御用之□（時）ハ此きりかミ（切紙）次第に□（急）度進上可申候、仍状如件

慶長九辰年十二月廿九日　きおん　五郎左衛門（花押）

御執行様御内へ参

七七　板倉勝重下知状（折紙）

知恩院新道
高台寺屋敷

当社領　御朱印高之内、今度知恩院新道成幷高台寺屋敷成為其替地、於東九条拾八石弐斗弐升九合分、全可有社納者也、仍執達如件

板倉伊賀守

板倉勝重

慶長拾年
拾月廿六日　　　　　勝重（花押）
祇園社中

祇園社林ノ法度ノ起請文

七八　今江本音祇園社林法度起請文

当社林之儀ニ付法度起請文前書条々之事

一林之木幷枝おちはニ至るまて、少もぬすミ取候物（者）在之者、面々召使之者之儀ハ不及申、被官・家来之者たりといふ共、ぬすみ取候者を見付候ハヽ、見かくし（隠）のかし（逃）用捨申間敷候、見付候者、林の衆中へ披露可申事

一林之儀ニ付自然公儀之御奉行へ御訴訟之儀、又得御意申度之事候ハヽ、林之衆中無如在罷出可申上之事

一林を見廻候折節、随分手柄ニ成程ハ、其盗人於過怠可申付ニ若盗人其柴木以下すて（捨）をき（置）にけ（逃）のひ候ハヽ、其見舞の人躰として可被取之候事

右条々旨、来年十一月中まて、堅可相守此旨候者也、其以来之儀者、林之衆中談合之上を以て可相定候、若此等趣於相背者、日本国中大小神祇、別而当社

今江連直

牛頭天王様御罰可罷蒙候者也、仍起請文法度如件

慶長拾年十一月廿七日　今江

本音（花押）

祇園社林ノ法度ノ起請文

七九　法橋備中祇園林法度起請文

当社林之儀ニ付法度起請文前書条々之事

林の衆中

一林之木幷枝おち葉ニ至るまて小(少)もぬすみ取候もの在之者、面々召使候者之儀ハ不及申、被官・家来之者たりといふ共、ぬすみ取候者を見付候ハヽ、見かくし(隠)のかし(逃)用捨申間敷候、見付候者林の衆中披露可申候事

一林之儀ニ付自然公儀之御奉行へ御訴訟之儀、又得御意申度之事候ハヽ、林之衆中無如在罷出可申上之事

一林を見廻候折節、随分手柄ニ成程ハ、其盗人を過怠可付(申脱カ)ニ、若盗人其柴木以下すて(捨)をき(置)にけのひ(逃)候ハヽ、其見舞の人躰として可被取之候事

林衆中

右条々旨、来年十一月中まて堅可相守此旨候者也、其以来之儀者、林衆中談

合之上を以て可相定候、若此等趣於相背者、日本国中大小神祇、別而当社牛頭天王様御罰可罷蒙候者也、仍起請文法度如件

法橋

慶長十年十一月廿七日　備中（花押）

八〇　本願代若狭祇園林法度起請文

祇園社林ノ法度ノ起請文

林之衆中

当社林之儀ニ付法度起請文前書条々之事

一林之木幷枝おち葉ニ至るまて少もぬすみ取候もの在之者、面々召使候者之儀ハ不及申、被官・家来之者たりといふ共、ぬすみ取候者を見付候ハヽ、見かくし（隠）のかし（逃）用捨申間敷候、見付候者林の衆中へ披露可申候事

一林之儀ニ付自然公儀之御奉行へ御訴訟之儀、又得御意申度之事候ハヽ、林之衆中無如在罷出可申上之事

一林を見廻候折節、随分手柄ニ成程ハ、其盗人を過怠可申付候、若盗人其柴木以下すて（捨）をき（置）にけ（逃）のひ候ハヽ、其見舞の人躰として可被取之候事

林衆中

右条々旨、来年十一月中まて堅可相守此旨候者也、其以来之儀者、林衆中談合之上を以て可相定候、若此等趣於相背者、日本国中大小神祇、別而当社牛頭天王様御罰可罷蒙候者也、仍起請文法度如件

本願代

慶長十年十一月廿七日

本願代　若狭（花押）

本願上人

本願上人

八一　上川原寿等祇園林法度起請文

祇園社林ノ法度ノ起請文

当社林之儀ニ付法度起請文前書条々之事

一林之木幷枝おち葉ニ至るまて少もぬすみ取候もの在之者、面々召使候者之儀ハ不及申、被官・家来之者たりといふ共、ぬすみ取候者を見付候ハヽ、みかくし（見隠）のかし（逃）用捨申間敷候、見付候者林の衆中へ披露可申候事

林之衆中

一林之儀ニ付自然公儀之御奉行へ御訴訟之儀、又得御意申度之事候ハヽ、林之衆中無如在罷出可申上之事

林衆中

一林を見廻候折節、随分手柄ニ成程ハ、其盗人を過怠可申付候、若盗人其柴以下す（捨）てを（置）きにけ（逃）のひ候ハ丶、其見舞の人躰として可被取候事

右条々旨、来年十一月中まて堅可相守此旨候者也、其以来之儀者、林衆中談合之上を以て可相定候、若此等趣於相背者、日本国中大小神祇、別而当社牛頭天王様御罰可罷蒙候者也、仍起請文法度如件

慶長十年
十一月廿七日
上川原
寿等（花押）

祇園社林ノ法度ノ起請文

林の衆中

八二　仰木隆光祇園林法度起請文

当社林之儀ニ付法度起請文前書条々之事

一林之木幷枝おち葉ニ至るまて少もぬすミ取候もの在之者、面々召使候者之儀ハ不及申、被官・家来之者たりといふ共、ぬすみ取候者を見付候ハ丶、みかくし（見隠）のかし（逃）用捨申間敷候、見付候者林の衆中へ披露可申候事

一林之儀ニ付自然公儀之御奉行へ御訴訟之儀、又得御意申度之事候ハ丶、林

之衆中無如在罷出可申上候事

一林を見廻候折節、随分手柄ニ成程ハ、其盗人を過怠可申付ニ若盗人其柴木以下す(捨)て(置)をきにけ(逃)のひ候ハヽ、其見舞の人躰として可被取之候事

右条々旨、来年十一月中まて堅可相守此旨候者也、其以来之儀者、林衆中談合之上を以て可相定候、若此等趣於相背者、日本国中大小神祇、別而当社牛頭天王様御罰可罷蒙候者也、仍起請文法度如件

慶長十年十一月廿七日　　　(仰木)隆光
　　　　　　　　　　　　　孝　(花押)

林衆中

八三　山本安意祇園林法度起請文

祇園社林ノ法度ノ起請文

当社林之儀付法度起請文前書条々之事

一林之木幷枝・落葉ニ至る迄、少もぬすみ取候もの在之者、面々召使候者之儀ハ不及申、被官・家来之者たりといふ共、ぬすミ取候者お見付候ハヽ、見かくし(隠)のかし(逃)用捨申間敷候、見付候者、林之衆中へ披露可申候事

林之衆中

林之衆中

林の御奉行衆

一林之儀ニ付自然公儀御奉行へ訴訟之儀、又得御意申度之事候ハ、、林之衆中無如在罷出可申上候事

一林を見廻候折節、随分手柄ニ成程ハ、其盗人を過怠可申付候、若盗人其柴木以下すて（捨）をき（置）にけ（逃）のひ候ハ、、其見舞之人躰として可被取之事

右条々旨、来年十一月中迄、堅可相守此旨候者也、其以来之儀者、林之衆中談合之上（を欠カ）以て可相定候、若此等趣於相背者、日本国中大小神祇、別而当社牛頭天王様御罰可罷蒙候者也、仍而起請文法度如件

慶長十年十一月廿七日

山本大蔵大夫
安意（花押）

八四　かたはい座中祇園林法度起請文

起請文前書之事

当社林の木えた幷おち葉・柴以下に至るまて、少もぬすミとり申間敷候、右之趣、来年十一月中迄ハかたく此旨可相守、其以来之儀ハ、各林の御奉行衆御

評儀（議）次第ニ可応御法度候、若於相背者、日本国中大小神祇、別而当社牛頭天王
様御罰可罷蒙候者也、仍起請文如件

慶長拾年霜月廿七日

かたはい座中

鵜兵へ（花押）
喜兵へ（花押）
甚忍（花押）
勘忍（花押）
をきく（花押）
喜五郎（花押）
をきく（略押）

かたはい座中

八五　狛忠久祇園林法度起請文

祇園社林ノ法度ノ起請文

当社林之儀ニ付法度起請文前書条々之事

一林之木并枝・おち葉ニ至るまて少もぬすみ取候もの在之者、面々召使候

林之衆中

林衆中

祇園社林ノ

者之儀ハ不及申、被官・家来之者たりといふ共、ぬすみ取候者を見付候ハ、見かくし（隠）のかし（逃）用捨申間敷候、見付候者林の衆中へ披露可申候事

一林之儀ニ付自然公儀之御奉行へ御訴訟之儀、又御意申度之事候ハ、林之衆中無如在罷出可申上候事

一林を見廻候折節、随分手柄ニ成程ハ、其盗人を過怠可申付候、若盗人其柴木以下すて（捨）をき（置）にけ（逃）のひ候ハ、其見舞の人躰として可被取之候事

右条々旨、来年十一月中まて堅可相守此旨候者也、其以来之儀者林衆中談合之上を以て可相定候、若此等趣於相背者、日本国中大小神祇、別而当社牛頭天王様御罰可罷蒙候者也、仍起請文法度如件

狛久左衛門

慶長拾年十一月廿七日　忠久（花押）

八六　梅坊順秀祇園林法度起請文

当社林之儀ニ付法度起請文前書条々之事

法度ノ起請文

一林之木幷枝・おち葉ニ至るまて少もぬすみ取候もの在之者、面々召使候者之儀ハ不及申、被官・家来之者たりといふ共、ぬすみ取候者を見付候ハ、みかくし（見隠）みのかし（見逃）用捨申間敷、見付（候）ニ者林の衆中へ披露可申候事

林の衆中

一林之儀ニ付自然公儀之御奉行へ御訴訟之儀、又得御意申度之事候ハ、林之衆中無如在罷出可申上之事

林衆中

一林を見廻候折節、随分手柄ニ成程ハ、其盗人を過怠可申付候、若盗人其柴以下すて（捨）をき（置）にけ（逃）のひ候ハ、その見舞の人躰として可被取候事

右条々旨、来年十一月中まて堅可相守此旨候者也、其以来之儀者、林衆中談合之上を以て可相定候、若此等之趣於相背者、日本国中大小神祇、別而当社牛頭天王様御罰可罷蒙候者也、仍起請文法度如件

梅坊

慶長拾年十二月六日　　順秀（花押）

八七　五郎左衛門借米しわけ注文（折紙）（全文を抹削す）

壱石七斗　彦大夫
壱石七斗五升　助左衛門尉
拾弐石八斗八升　五郎左衛門尉
壱石五斗他ニ引
此内へ弐石九斗七升上候
残八石四斗一升
此内六石五斗引
是ハ状ニ仕候
又残壱石八斗一升分
只今可相済候
右、慶長拾弐年
二月十七日ニ算用之也
五郎左衛門尉借米分之しわけ也

八八　きおん惣兵衛銭借用証文

あつかり申候銭之事
合□（壱）貫文
右何時なりとも御用之時ハ、此状次第に急度進上可申候、仍状如件
慶長拾弐年三月十四日　きおん惣兵衛（略押）
御執行様　御納所殿参

祇園林ノ雪折・風折ノ枝ノ配分ヲ請フ

八九　円山連阿弥祇園林折枝配分願書

当社林雪おれ（折）・風おれ（折）之枝ニ付百性（姓）去年から御ことわり申候へ共、無御同心候、拙子罷出御わひ事申候処ニ、御同心被成候て忝存候、以来者、雪おれ（折）・風おれ（折）之枝壱間御座候を者めしをかれ候テ、壱間ニたらぬ枝をハ、袿（社カ）中百性（姓）家なミにはいふん（配分）被成候て可被下候、以上
慶長十二　円山

円山連阿弥
山奉行

卯月六日　　連阿弥（花押）

山奉行
御衆中
まいる

九〇　白川のはた等年貢算用状断簡（前欠）

（前欠）

白川のはた
畠下　壱畝十二歩之内九升一合七夕　きおん　善右衛門
内　弐升一合三夕八才　九人組分
四升七合一夕六才　御社家分
壱升一合九夕六才　新坊分
壱升一合二夕　宝・西梅・松・竹
四坊分

右以上

若相違儀御座候者、五日十日中ニ可有御談合候者也

慶長拾参年三月廿三日ニ

九一　今江本音御礼大坂下入目算用状（全文を抹削す）

豊臣秀頼へノ御礼時ノ算用状

慶長十四年　大坂秀頼様へ御礼之時、百四十石石別ニ廿文充くゝり銭ノ事

合弐貫八百十三文也

右遣方

一壱貫六十八文　御進納幷役者下行ニ

大坂へ路銭

一壱貫六百三文　大坂へ路銭分

合弐貫六百七十一文也

相残百卅八文也　此銭有　御社家納所方

預り申候

山本一蔵

今久三郎

又六百四十三文　慶長十参年ノくゝりの

のこりせに也（残銭）

有御社家納所□（方）

預り申候

合七百八十文有高也

慶長十四年二月二日ニ算用之

山本□（蔵）

今久三郎（今江本音）（花押）

九二　年貢算用状断簡（前欠）

（前欠）

此内弐拾四匁者慶長十四酉年十二月よりのかし也

六拾め八分一り　ちふん　粟田郷 助兵衛

四拾五匁六分六り　是ハ七衛門尉とあいやい也同人（相合）

壱石四斗五升四合　此内慶長十四年十二月卅日ニ壱石請取候、切紙遣ス　同人

此内二斗四合ノゆるし申也

慶長十四年十二月卅日ニ又二郎使状返し候

今江久三郎

粟田郷

右、慶長十四年十一月までのさんよう
壱石四斗

慶長十四酉年十一月晦日
四十五匁六分六り　手前且請取遣候
七衛門とあいやい（相合）　助兵衛

同日
参拾六匁八分一り　此分且請（取脱カ）遣候
手前也　同人

右覚也

九三　年貢算用状断簡（前欠）

（前欠）

二斗二升八合四夕八才　新坊
九斗一合二夕　七郎二郎
壱石五升七合　当院引　又右衛門尉
壱斗　山本

壱斗一升二合　　同人
合四石四斗（六斗五升）二合七夕八才
九条分
五石六斗三升九合
（後筆）
五斗
当年分
三石
慶長十二三四分
合拾五石七斗八升九合三夕八才
有米
合拾二石弐斗二升五合
両〻□
〻〻合拾九石三斗四升一合
九条分当所両合
合廿四石四斗二升　〻〻合□七石九斗七升
八合三夕八才
（横書）
「十二石四斗一升二合□□□□取米也」

九四　年頭御礼大坂下入目算用状（全文を抹削す）

慶長拾五年正月十九日ニ請取吏（使）也

七百八十一文　石別ノくゝり銭　去年分の残あつかり銭

五十四文　役者ヨリ請取

壱貫弐百卅壱文　但石ニ十五ツゝ也　御社家分

合弐貫六十六文

此内壱貫八百四十五文　吏（使）方引テ

残銭

弐百廿二文　御社家様ノ納所預リ

後ノ

二月二日ニ算用　久三郎にて

大坂御下ノ

豊臣秀頼へノ年頭ノ礼ノ時ノ算用状

九五　御礼大坂下入目算用状（全文を抹削す）

慶長十五年秀従（頼）様へ年頭之御礼ノ入日記、壱石ニ十五文ツヽノ各出

壱貫弐百卅一文
八拾弐石弐升二合　御社家様分

八百五十九文
五拾七石弐斗弐升六合　社中分

社中ノ料定ニて遣方

五百文　枚原壱束

百廿文　扇壱本

七十五文　枚原たい（台）・くわんしや（巻数）箱
同たい（台）

百文　両役者下行

十文　せんとくニ遣候

合八百五文か

遣銭五十四文　御社家様へ上申し候、以上

九六　年頭御礼大坂下入目算用状（折紙）

慶長十六年

正月廿二日大坂下ノ使銭

弐百五十文　舟賃

百六十九文　大坂にて旅籠

百十四文　昼食

五十文　同宿樽銭

四十文　肴

十二文　茶銭

八文　こんかう（金剛）

九十文　駄賃

三百四十二文　平（枚）方にて旅籠

大坂下リノ使銭

金剛

枚方旅籠

淀ニテ昼飯

百文　宿樽銭
十八文　肴
十文　檜笠
十七文　わらんし（草鞋）
十七文　蒲
三文　茶銭
百十四文　淀にて昼飯
七文　酒
弐貫（ママ）
合壱貫三百七十三文
京にてかい物
[三]百五十三文　酒
[一]四百五十文　杦原
[二]百五文　両金扇

くわんしゆ（巻数）

八文　　箱

合七百十八文

二口合弐貫九（八）拾壱文

右之内

壱貫八百五拾壱文

御社家さま分

引替也

九七　御所様御礼入目日記

慶長十六年卯月十二日ニ

御所様へ御礼の入目之日記石ニ付六文ツヽ

十匁但銭五百文　すきはら壱束

弐匁四分同百廿文　すゑひろかり　壱本

巻数箱

八分　同四十文　壱束之だい
二分四り　同十二文　くわんしゆう（巻数）はこ（箱）
百文　役者下行
合七百七十二文也

大御所様御礼入目日記

九八　仰木隆光大御所様御礼入目小日記

慶長十六年卯月十二日ニ
大御所様へ御礼入目小日記、役者手前ニ有別帋也
合七百七十二文也
右之内へ慶長十六年、大坂表へ御礼、年頭之のくゝり、石ニ十三文ツヽのさん用ノあまり五十文、役者手前ニ在之を遣し候へハ引残而七百廿二文也
右ノ石別ニ百四十石分ニ石ニ六文ツヽ、各出、合八百四十文也、内七百廿二文引替方へ返し候へハ残而有銭分
百拾八文　役者手前ニ在之

隆光孝

喜兵衛

大坂年頭御礼

慶長十六年十一月二日ニ

於喜兵（臼井）へ

隆光（仰木）孝（花押）

九九　年頭御礼大坂下入日記

慶長十六年大坂へ年頭之御礼之入日記

枚原　四百五十文　但九匁也

扇（両金）　壱本　百五文

酒　百五十三文

京にての買物　八文　巻数箱

百文　役者下行

壱貫参百七十三文　路銭

小日記在之

二口合弐貫九（百八）拾壱文遣分也
右之内弐百弐拾壱文、慶長十五年之残銭、自御社家出也、引残而壱貫八百七（六）十文
くゝり分也、此外百文者役者へ下行可申分也
慶長十六年正月廿八日、松坊にての算用也
（行間後筆）
「右物へ百九十文、西ノ浄林屋地年貢計候ヲ、去年ノ冬十二月比ニ弐斗壱升計候ヲ山
本ニあつかり被置候而御出候分、残〆壱貫七百六十六文ノクヽリ、慶長十六年三月二
日ニ壱石ノ高ニ十三文ツヽノクヽリ也、百四十石分合壱貫八百廿文也、然ハ右ノ壱貫七
百六十六文ニ相引残五十文可在之也」

一〇〇　今江本音等御礼大坂下入目算用状

秀頼へ御礼

慶長十七年正月十九日ニ大坂へ
秀頼様へ御礼ニ入用ノ事

舟賃

十文　茶銭
弐百四十文　舟賃

鞋金剛
枚方ニテ昼飯
馬の銭
淀ニテ昼飯

百八十四文　大坂にてあさめし（朝飯）十二人分
十五文　鞋こんかう（金剛）
十文　茶銭
百廿四文　ひらかた（枚方）にてひるめし（昼飯）
卅文　大坂のやと（宿）へ
百四十四文　馬の銭
参百七十二文橋本にてめし（飯）
百文　同たる（樽）、やと（宿）へ
八文　茶銭
五文　同
百廿四文　よと（淀）にてひるめし（昼飯）
廿文　同さけ（酒）
卅文　よと（淀）にて礼、やと（宿）へ
百廿四文　酒樽
四百五十文　枚原一束

今江久三郎
隆光

八十文　扇壱本　両金
八文　くわん（巻）数箱
四十五文　扇十本
以上合弐貫百卅九文
二月六日ニ　於東梅坊算之
今久三郎（今江本音）（花押）
隆光（仰木）

一〇一　兵庫等銀子借用証文

借用申銀子之事
合六百目也　但帳かね也
右之□□何時成共御用之時ハ急度返進可申候、此利分年中ニ八木六石可進
候、此三人□□何方へ参候儀御座候共、残一人として成共返進可仕候、仍状如
件
慶長十八年

正月吉日

兵庫（花押）
駿河（花押）
備前（花押）

執行（きおん）様

一〇二　惣中銀子借用証文

かり申しろかゆの御［　］
合三百拾九匁右七□者な［　］きなりとも御ようの御［　］ハ弐文この
さん□□［　　］候て、じんし申可あ［　］
慶長拾八丑二月廿日惣□［
御しやけさままいる

一〇三　仰木隆光大坂下之遣日記（折紙）

慶長十九年正月十七日

大坂下之遣日記

（頭注）伏見ニテ茶銭
（頭注）大坂ニテ旅籠

十七日 三文　伏見ニて茶銭

同日 百八十文　舟ちん（賃）

十八日 百五十六文　大坂ニてはたこ（旅籠）

五十文　同 宿茶銭

十文　同 うちへ

十五文　さかな（肴）

五文　茶

十二文　わらち（草鞋）

百廿四文　たちん（駄賃）

八十五文　中ちき（食）

二文　八寸

淀ニテ中食

橋本ニテ飯

十九日
百廿四文　淀ニて中ちき（食）

六文　茶銭

三百十文　橋本ニてめし（飯）

五十文　宿へ

十文　茶之子

十二文　茶銭

右以上合壱貫百六十八文

正月十八日京ニてかい（買）物

四百十六文　枚原

七十文　すへ（末）ひろ（広）かり

六十五文　十三本　扇子

七十二文　酒六升

五文　水引

以上六百卅六文

右二口合壱貫八百八文

隆光孝

霊山円山双
林寺

又弐百文（去年二月廿日ニ新坊引かへ也御社家へ可上候也）　御しゆいん（朱印）の時引かへ

百文　役者下行

右三口合弐貫百八文か

二月二日

役者
隆光孝（花押）

一〇四　祇園地下惣中詫状

今度当林之儀、対御社中様へ百姓中狼藉儀候ニ付而公儀様へ被仰上、七人之者籠者仕、迷惑ニ存候処ニ、霊山円山双林寺御坊様ヲ奉頼、御わひこと（侘言）申上候ニ付、公儀様へ御社中様被成御わひこと、籠より罷出候様ニ被仰上被下者、忝可奉存候、於以来御社中様へ狼藉仕間敷候、仍為後日状如件

慶長拾九年

八月十三日

二郎右衛門（略押）

西ノ源左衛門（略押）

与左衛門（略押）

二郎兵衛（略押）

理左衛門（略押）

宗右衛門（略押）

善右衛門（略押）

五郎大夫（略押）

久六（略押）

彦六（略押）

二郎左衛門（略押）

宗兵衛（略押）

五左衛門（略押）

九衛門（略押）

又左衛門（略押）

祐信（花押）

新兵衛（略押）

勝左衛門（花押）

作右衛門（略押）

四郎右衛門（略押）

与右衛門（略押）

忠右衛門（略押）

道慶（花押）

徳右衛門（略押）

宗太郎（略押）

与三右衛門（略押）

弥右衛門（略押）

与兵衛（花押）

甚右衛門（略押）

市十郎（略押）
西ノ与三左衛門（略押）
道久（略押）
三十郎（略押）
二兵衛（花押）
七左衛門（略押）
中左衛門（略押）

源左衛門（略押）
八右衛門（略押）
弥大郎（略押）
金十郎（略押）
新之丞（略押）
久兵衛（花押）
宗清（略押）
喜四郎（略押）
勘右衛門（略押）
喜三郎（略押）
久味（略押）
太郎兵衛（略押）
与次郎衛門（略押）

御社中
御中
御披露

武士ノ引込・牢人ヲ隠シ置クベカラズ

祇園地下惣中

一〇五　祇園地下惣中触請書

被仰出候御触之事

一武士之引こミ(込)幷らう(牢)人衆、たとひ入道仕候者、又ハ伊賀守(板倉勝重)様御内衆ニて候共、御切手無之衆、家持・借屋ニも壱人も置申間敷候、若かくし置、以来聞召被出者、十人組之儀ハ不及申、一町共ニ可被成御成敗候、為其一町連判仕上申候、如件

慶長廿年

三月十九日

祇園地下惣中

三十郎（略押）

孫作（略押）

二兵衛（花押）

七衛門（花押）

中衛門（花押）

山城国中庄屋肝煎ヨリ人質ヲ取ル
都築次左衛門
金子八郎兵衛
板倉勝重

御奉行様

一〇六　板倉勝重等連署下知状案（折紙）

留

急度申遣候、山城国中在々庄屋・肝煎人質指上候間、早々其村中人質今日中ニ可指上候、於由（油）断者可為曲事候、為其申遣候、以上

（元和元年）五月四日

（都築次郎左衛門）都次左 判印
（金子八郎兵衛）金八郎兵 判印
（板倉勝重）板三郎左 判印

祇園村
庄屋
百姓中

徳川家康社領安堵ノ朱印状ヲ與フ

一〇七　徳川家康朱印状

「(包紙ウハ書)(貼紙)「権現様　御本紙」
祇園
社家中　」

当社領祇園廻百拾弐石九斗六升、東九條拾八石弐斗参升、西院之内八石八斗壱升、都合百四拾石之事、全可社納并社家門前境内諸役等、令免除訖者、守此旨神事祭礼不可懈怠者也、仍如件

元和元年七月廿七日(朱印)(徳川家康)

祇園
社家中

二条室町御池之町町中家組ノ請書

一〇八　二條室町御池之町中家組請書写(袋綴)

「(表紙)二條室町御池之町　」

町中家組之事、六間之内壱間悪者ニ宿をかし、又ハ其者致徒候ハヽ、其残五間之者早々改可申出候、若外より改被出候ハヽ、残五間之者も同罪ニ可被仰付

候、為其家主心を存知候者出合連判仕上申候、仍為後日之状如件

元和元年

十二月廿七日

下野

仁右衛門

多兵衛

徳右衛門

宗右衛門

喜兵衛

御奉行様

町中家組ノ
請書

町中家組之事、八間之内壱間悪者ニ宿をかし、又ハ其者致徒候ハヽ其残七間之者早々改可申出候、若外より改被出候ハヽ、残七間之者も同罪ニ可被仰付候、為其家主心を存知候者出合連判仕上申候、仍為後日之状如件

元和元年

十二月廿七日

新六

喜右衛門
仁左衛門
久味
与一郎
林慶
祐徳
市右衛門

御奉行様

町中家組ノ請書

町中家組之事、七間之内壱間悪者に宿をかし、又ハ其者致徒候ハヽ、其残六間之者早々改可申出候、若外より改被出候ハヽ、残六間之者も同罪ニ可被仰付候、為其家主心を存知候者出合連判仕上申候、仍為後日之状如件

元和元年
十二月廿七日　徳右衛門
道味

長左衛門
甚兵衛
弥五郎
清印
八郎

御奉行様

町中家組之事、八間之内壱間悪者に宿をかし、又ハ其者致徒候ハヽ、其残七間之者早々改可申出候、若外より改被出候者、残七間之者も同罪ニ可被仰付候、為其家主心を存知候者出合連判仕上申候、仍為後日之状如件

元和元年

十二月廿七日

庄左衛門
宗寿
宗仁
二郎右衛門

町中家組ノ請書

幸順
徳右衛門
勝兵衛
与次衛門

御奉行様

町中家組之事、七間之内壱間悪者ニ宿をかし、又ハ其者致徒候ハヽ、其残六間之者改可申出候、若外より改被出候者、残六間之者も同罪に可被仰付候、為其家主心を存知候者出合連判仕上申候、仍為後日之状如件

元和元年
十二月廿七日

宗与
喜兵衛
四郎右衛門
与三左衛門
味介

町中家組ノ
請書

御奉行様

町中家組之事、八間之内壱間悪者に宿をかし、又ハ其者致徒候ハヽ、其残七間之者早々改可申出候、若外より改被出候ハヽ、残七間之者も同罪ニ可被仰付候、為其家主心を存知候者出合連判仕上申候、仍為後日之状如件

元和元年

十二月廿七日

徳右左衛門

猪兵衛

宗喜

了成

久兵衛

道斎

宗印

四郎右衛門

長右衛門

御奉行様

五郎兵衛

一〇九　祇園北側家並覚

北かわ（側）

山ふしのやふ

一山ふしのやふ　かきなし

うら道つき申覚

一八右衛門　こいやい

一弥大郎

一宗幸

一大郎兵へ

一山しろ

一与左衛門　甚七

一三十郎

隆光坊
喜兵衛

一善右衛門
一大郎大夫
一二郎左衛門
一宗兵へ
一久さい

元和三年二月二日

一一〇　理衛門子勘当状

我等子三十郎色々いけん（意見）仕候へ共、聞不申候、其上町中よりも見わけさる者と被仰下候ニより、向後者かんだう（勘当）いたし申候間、為其状如件

元和参年

二月廿日

理衛門（花押）

隆光坊

喜兵衛

十人組ノ請書

隆光坊

喜兵衛

八人与

まいる

」

一一一　二衛門等宗兵衛十人組入請書

今度宗兵衛十人くミニくミ不申候処ニ、公儀様へめし可被出候と仰被付候
処ヲ、御わび事を申、くミの中へ入申候上ハ、宗兵衛儀ニ付何やうのとゝかさ
る儀御座候共、此連判の者共として罷出あひさ（相裁）はき可申候、為其状如此候

元和参年

五月廿三日

二衛門（略押）

二郎左衛門（略押）

五郎大夫（略押）

隆光坊さま

喜兵衛さま

まいる

八人与

甚七
善衛門
五郎大夫
久六
弥兵衛
彦六
二郎左衛門
宗兵衛」

徳川秀忠社領安堵ノ朱印状ヲ與フ

一一二　徳川秀忠朱印状

「(包紙ウハ書)
(貼紙)「台徳院様　御本紙」
祇園
社家中」

当社領祇園廻百拾弐石三斗餘、東九条拾八石弐斗餘、西院之内八石八斗餘、岡崎村之内五斗餘、都合百四拾石事、并社家門前境内諸役等、任去元和元年七月

廿七日先判之旨、永不可有相違候状如件
元和三年七月廿一日（朱印）（徳川秀忠）
祇園
社家中

一一三　仰木隆光等御朱印下入目日記

御朱印ノ受領ニ伏見ニ下ル

元和三年七月ニ
当社領　御朱印被下候時ニ入目
一弐百文（七月九日ニ）　新坊へ渡
一参百五十文（同月同日）　久三郎（今江本音）渡
一百五十文（十月二日ニ）　新坊へ渡
右之はらいかた（払方）
百九十五文　もくかき度ニ
弐百文　そかの又左衛門殿へ
川なミ八右衛門殿へ
廿二文　みすの宿へ

隆光孝

七月廿五日
廿文　人足ニもち

八月廿五日
廿文　同

卅五文　米弐升五合、のり物人足五人ニはん（飯）米

七月廿八日ニ
弐百文　尹斎所へ

合七百文

七月十三日ニ
一六十文　もち　御朱印事ニ新坊喜兵衛伏見へ御こし時

一廿五文　酒

一十三文　かいあわひ

一十文　かし物

九月三日
一廿五文　伏見へ路銭　一蔵りう（隆）光 助七郎

一廿八文　料足弐貫文分

一百文　御朱印銭 両役者下行

銭分九百卅七文

銀子分廿八匁

元和三年十月二日　隆（仰木）光孝（花押）

喜兵衛定

喜兵衛（臼井）定（花押）

徳川秀忠御礼ノ入目

一一四　仰木隆光等将軍御礼入目日記

元和三年七月九日ニ
将軍様（徳川秀忠）へ御礼の入目

一九匁三分　枚原　壱束
一壱匁三分　すへひろかり（末広）　壱本
一九分　枚原たい（台）壱つ
　くわんしゆ（巻数）箱たい（台）壱つ
一壱匁五分　もち　喜兵衛迎ニ参候
一壱匁　白米
一壱匁　酒
一八分五厘　但銭五十七文　さかな（肴）・小かい（買）物

隆光孝
喜兵衛

一　弐匁　　　　　　両役者御下行
　　以上拾五（七）匁八分五厘
七月九日
一　五文　　　　　　いなり（稲荷）ニて茶屋へ
一　十六文　　　　　同
一　五文　　　　　　同
一　二文　　　　　　もち
　　右廿八文　銀子ニして四分
　惣以上合拾八匁弐分五り
　　元和三年十月二日　　　隆光孝（仰木）（花押）
　　　　　　　　　　　　　喜兵衛（臼井）（花押）

一一五　板倉勝重下知状（折紙）

以上

闕所トナル与一家ヲ当町中へ売リ渡ス
板倉勝重

与一家之事、依為闕所、銀子四百参拾目ニ当町中へ売渡訖、永不可有相違之状、如件

元和参年巳
十二月晦日　　伊賀（板倉勝重）（花押）

祇園門前
年寄

一一六　祇園一社中与一家一件請書案

与一家
板倉勝重

留

祇園町之中ニ与一家依為闕所、従　板倉伊賀守（勝重）殿沽券之状令拝見候、次ニ買主五条之五左衛門幷請人出状社中へ請取之上者、於向後不可有別儀者也、仍而如件

元和四年
閏三月二日　　一社中
松坊
新坊定成（花押）

隆光　臼井喜兵衛　借屋ノ者　粟田口　外請人

上河原寿等
山本市蔵
役者
隆光
同
臼井喜兵衛

一一七　八右衛門借屋者請書（切紙）

きおん町道喜家にかり（借）屋のもの（者）、はうかう人（奉公人）六介と申もの、我等たしかに存候ものにて御座候間、なにやうの事御座候共、我等罷出、相さはき可申候、為後日状如件

元和八年
霜月十二日

あわた（粟田）口
そとうけ人（外請人）
八右衛門（花押）

きおん
御役者様
御中

宿貸シ
十人組

一一八　道喜等宿貸請書

乍恐申上候、我等家屋しき(敷)のうちにやとかし(宿貸)申六介と申もの(者)、たしかなるものにて御さ候、何時なりとも、なにやうの事つかまつり出し候ハヽ、家ぬし(主)ならひニ十人くミ(組)として相さはき(裁)、并ニ御さうさ(造作)の事も、此出状のものとして可仕候、為後日状如件

元和八年
霜月十二日　　きおん家ぬし　道喜
内請人　久次郎（筆軸印）
かりぬし　六介

御社中の
御役者様
まいる

飴売
十人組

一一九　勝左衛門等宿貸請書

乍恐申上候、我等家屋しき(敷)のうちニやとかし(宿貸)申あめうり(飴売)与四郎と申もの、たしかなるものにて御座候、何時なりとも、何様之事仕候出し(ママ)候ハヽ、家主ならひニ十人くミ(組)として相さはき(裁)可申候、ならひニ御さうさ(造作)の事も、此出状の物(者)として可仕候、為後日状如件

元和八年
霜月十二日

家主
勝左衛門（花押）

内請人
茂左衛門（花押）

かり主
与四郎（略押）

きおん
御社中の
御役者様

宿貸シ
十人与

一二〇　九右衛門等宿貸請書

乍恐申上候、我等家屋敷之内ニやと（宿）をかし申餅屋吉右衛門と者、（申脱カ）何時成共、何様之事仕出し候ハヽ、家主并十人与として相さはき（裁）可申候、并さうさ（造作）の事も、此出状之者として可仕候、為後日状如件

元和八年霜月十二日

家主　九右衛門（花押）

かり主　吉右衛門（花押）

きおん
御社中

御役者様
御中

飴売

建仁寺北ノ町

餅屋

三條通大橋ノ東町

一二一　徳右衛門宿貸請書

きおん町勝左衛門家ニかり〔借〕屋のもの、あめうり〔飴売〕之与四郎と申もの、我等たしかに存候ものにて御座候間、何様之事御座候共、我等罷出、相さは〔裁〕き可申候、為後日請状如件

元和八年
霜月十二日　　　建仁寺北ノ町
　　　　　　　　徳右衛門（花押）

きおん
御役者様御中

一二二　ふるかね屋七衛門宿貸請書

祇園町九衛門家ニ借り屋之者餅屋吉右衛門と申者、我等たしかに存候者ニ而御座候間、何様の事御座候共、我等罷出、相さは〔裁〕き可申候、為後日請状如件

元和八年
三条通大橋ノ東町ふるかね屋

霜月十二日

外請人
七衛門（印）

祇園
御役者様
御中

一二三 八左衛門等宿貸請書

宿貸シ
十人組

乍恐申上候、我等家屋しき(敷)のうちにやとかし(宿貸)申奉公人弥一と申者、たしかなるものにて御座候、何時成共なにやうの事つかまつり出し候ハヽ、家ぬし(主)ならひに十人くミ(組)として相さはき(裁)可申候、幷御さうさ(造作)の事も、此出状のものとして可仕候、為後日状如件

元和八年
霜月十二日

家ぬし
八左衛門（花押）
吉左衛門（花押）
弥一（花押）

祇園
御社中の

宿貸シ
十人組

御役者衆様

御中

一二四　久右衛門等宿貸請書

乍恐申上候、我等家屋しきのうちにやとかし（宿貸）申市蔵と申もの、たしかなるものにて御さ候、何時なりとも、なにやうの事つかまつり出し候ハ、、家ぬし（主）ならひに十人くミ（組）として相さはき（裁）可申候、并御さうさ（造作）の事も、此出状のものとして可仕候、為後日状如件

元和八年

霜月十二日

家ぬし

久右衛門（ママ）

吉左衛門（花押）

市蔵（花押印）

祇園

御社中の

御役者様

まいる

粟田口東町

一二五　又右衛門宿貸請書

きおん町久右衛門家ニかり（借）屋のもの、奉公人市蔵と申もの、我等たしかに存候ものにて御さ候間、なに様の事御さ候共、我等罷出、相さは（裁）き可申候、為後日うけ（請）状如件

元和八年
霜月十八日　　粟田口東町
又右衛門（花押）

きおん
御役者様
御中

借屋ノ者

一二六　茂左衛門宿貸請書

きおん町久右衛門いゑ（家）にかり屋のもの、あきう（商）人市左衛門と申もの、我等た

粟田口外請人

借屋ノ者

粟田口東町

しかに存候ものニて御座候間、なにやうの事御さ（候脱カ）共、我等罷出相さは（裁）き可申候、為後日うけ状如件

元和八年

霜月十八日

あわた（粟田）口

そと請人
茂左衛門（印）

きおん

御役者様

まいる

一二七　又右衛門宿貸請書

きおん町八左衛門家ニかり（借）屋のもの、奉公人弥一と申もの、我等たしかに存候ものにて御さ候間、なに様の事御さ候共、我等罷出相さは（裁）き可申候、為後日うけ（請）状如件

元和八年

霜月十八日

粟田口東町

又右衛門（花押）

宿貸シ

十人組

内請人

きおん
　御役者様
　　御中

一二八　喜四郎等宿貸請書

おそれなから申上候、我等家屋しき（敷）のうちにやとかし（宿貸）申あきう（商）人又四郎と申物（者）、たしかなるものニて御座候間、何時成共なにやう事つかまつり出し候ハ、家ぬしならひに十人くミ（組）として相さはき（裁）可申候、ならひに御さうさ（造作）の事も此出状のものとして可仕候、為後日状如件

元和八年
　霜月十八日　　いゑぬし
　　　　　　　　喜四郎（筆軸印）
　　　　　　内うけ人
　　　　　　　久右衛門（筆軸印）
きおん　　　かりぬし
　御社中の　　又四郎（筆軸印）

宿貸シ
十人組
内請人

御役者様まいる

一二九　さく衛門等宿貸請書

乍恐申上候、我等家やしきのうちにやとかし(宿貸)申ほうこう(奉公)人五郎介、たしかなる物(者)にて御さ候、何ときなり共、なにやうの事つかまつり出し候ハヽ、いへぬし(家主)しならひに十人くミ(組)としてあいさは(相裁)き可申候、ならひに御さうさ(造作)の事も、此出状之ものとして可仕候、後日ために状如件

元和八年

霜月廿一日

やとぬし
さく衛門（略押）

内うけ人
小五郎

かりぬし
五郎介（花押）

御社中の
御役者様
まいる

宿貸シ
十人組

一三〇　喜四郎等宿貸請書

乍恐申上候、我等家屋しきの内にやとかし（宿貸）申つくり（作）人三介、たしかなる物（者）にて御さ候、何ときなり共、なにやう之事つかまつり出し候ハヽ、いへぬし（家主）ならひに十人くミ（組）としてあひさはき（相裁）可申候、ならひに御さうさ（造作）の事も此出状之物（者）として可仕候、為後日状如件

元和八年
霜月廿一日　いへぬし
喜四郎（略押）
うけ人
一郎衛門（花押）
かりぬし
三介（略押）

きおん
御社中の
御役者様
まいる

一三一　与九郎等宿貸請書

乍恐申上候、我等家屋しきのうちにやとかし(宿貸)申かミゆい(髪結)弥右衛門尉と申者、たしかなるものにて御さ候、何時成ともなにやうの事つかまつり出し候ハ、、家ぬし(主)ならひニ十人くミ(組)として相さはき(裁)可申候、幷御さうさ(造作)の事も此出状のものとして可仕候、為後日状如件

元和八年

霜月廿一日

家ぬし
与九郎（花押）

うけ人
喜四郎（筆軸印）

かりぬし
弥右衛門尉（花押）

御社中の
御役者様
まいる

借屋ノ者

外請人

一三二　甚内宿貸請書

祇園町孫衛門尉家ニかり（借）屋のもの、奉公人与作と申者、我等たしかに存候者ニて御座候間、何様之事御座候とも、我等罷出あひさ（相裁）ばき可申候、為後日請状如件

元和八年
十二月十五日

そと（外）請人
きよ水

甚内（花押）

祇園
御役者様
御中

一三三　法度請文雛形

覚

拾人組

祇園百姓中

一重而奉公可仕と存牢(牢)人可仏(払)事
一出家同然ニ罷成、寺に居住仕出家之不致学文牢(問)(牢)人可仏(払)事
一従主人合力を取、京都居住之牢(牢)人可仏(払)事
一京都を被出候諸牢(牢)人家屋敷俄売候儀難成者在之者、其家町に預ケ置、何時成共可為売事
一公儀御存知之牢(牢)人、無異儀可指置、但其牢(牢)人向後奉公仕間敷之旨、幷余之牢(牢)人抱置間敷之由、諸親類・知音・拾人組ゟ堅一札其町へ可取置事
一年久商いたし妻子を持在付候牢(牢)人其侭可指置、但右同前に一札可取置事
一公儀御存知之牢(牢)人幷年久商仕牢(牢)人にても、此方ゟ切手可出間、弥堅致穿鑿可申上事

元和九年九月廿三日

一三四　祇園百姓中くミの帳（冊子）

（表紙）
「祇園百性(姓)中

与ノ帳

くミの帳」

被仰出拾人組連判事、一切悪者ニ宿借申間敷候、其上如何様之儀も組衆へ披露可仕事、自組中御異見候事、何様ニも可致同心候、若悪事仕出候者、為其拾人組相さ（裁）はき可申候、仍為後日状如件

元和九年

十月十五日

与頭

与頭

理右衛門（略押）

宗林（略押）

吉衛門（花押）

善左衛門（花押）

彦六（略押）

二兵衛（花押）

宗金（花押）

中衛門（略押）

社家へ侍衆ニ召シ出ス

与頭

此佐左衛門ハ元和九年ノ十二月三日ニ当御社家へ侍衆ニ被召出候也

東ノ太兵衛（花押）

又三郎（略押）

与頭

新兵衛（略押）

庄左衛門（略押）

さ左衛門（花押）

作衛門（略押）

■■与介（花押）

善左衛門

東ノ久衛門（略押）

与介（略押）

茂左衛門（花押）

孫衛門（略押）

与頭

有楽

与頭

有楽さま御内ノ
孫衛門（印）
弥衛門（略押）
与兵衛（花押）
久二郎（略押）
三介（花押）
東ノ
源左衛門（花押）
八左衛門（花押）
弥大郎（略押）
伝蔵（略押）
庄五郎（花押）
与頭
宗幸あとの
与左衛門（花押）
久兵衛（花押）

与頭

喜四郎（略押）
勘衛門（花押）
喜三郎（略押）
久味（花押）
浄春（略押）
西ノ久衛門（略押）
弥三郎（略押）
二郎左衛門（略押）

与頭
西ノ源左衛門（花押）
与左衛門（略押）
甚七（略押）
与三左衛門（略押）
大〻郎□

与頭

□左衛門（花押）
善衛門（略押）
五郎大夫（略押）
久六（花押）
弥兵衛後家（略押）
西ノ太兵衛（印）

与頭

次郎左衛門（略押）
宗兵衛（略押）
与九郎（略押）
甚兵衛（略押）
五左衛門（略押）
九右衛門尉（花押）
与介（花押）

庄介（花押）
半三郎（略押）
八蔵（花押）

一三五　仰木隆光等公方入洛御礼入目日記

徳川秀忠上洛ノ時ノ御礼ノ入目

元和九年六月十二日
　公方様（徳川秀忠）・弐御所様御上洛之時御礼之入目
御礼之日六月十七日ニ
一弐拾目　　杦原弐束
一四匁　　末ひろ弐本
一弐匁　　だい二つ
同七月十九日ニ　　伏見ニて
一百弐拾四文　　餅茶銭
一三拾文　　扇子五本伏見宿へ礼贈り申新坊へ遣候也

伏見

藤之森

隆光孝

一拾目　枚原壱束　御社家様引かへ
一弐匁　末ひろ壱本　此内壱本之代ハ惣ノ銀御社家様之分ニも遣候
一壱匁　たい壱つ
同八月十七日ニ
一八拾文　伏見ニて餅茶ノ銭
一拾弐文　伏見ニて喜兵衛別路銭
一百文　伏見ニて餅路銭
一四匁三分五り　藤之森へ之持せ振舞
一九文　二条ニて遣候
一弐匁三分　藤森へ之持せ、御社家様引かへ分
右銀子分合四拾五匁六分五り
銭分合三百五拾九文　此銭■（良）■（メ）六匁壱分六り
都合合五拾壱匁八分壱り
右之銀子ハ年々ノ新開之納にて相調候也
元和九年十二月二日
隆光孝（仰木）（花押）

喜兵衛定

（臼井）
喜兵衛定（花押）

一三六　年貢算用状断簡

壱石八斗二升六夕　新丞
　三升六合六夕□□
合壱石八斗五升七合二夕
寛永元年拾月廿九日
十月廿九日
壱石六升三合九夕　正阿ミ
　皆済遣分今新丞後家
同
参斗三升五合　五左衛門
　同　今ハ新丞後家
同
四斗弐升一合二夕　新丞
　同　後家□
同
　此内去年過迄八合返し候
壱石八斗七升一合　きんさ門
　七夕
　皆済遣候

霊山厳阿ミ

本願

霜月十一日
九斗三合一夕一才　宗春与左衛門尉

同
弐斗四升四合九夕八才　但十二月分皆済遣候　与左衛門尉

右納之内五斗一升取出候て置候　皆済遣候　霜月十一日ニ

十二月三日ニ
五斗弐斗弐升三合　東九条納

十二月六日
参斗五升四合九夕六才　今ハ霊山厳阿ミ　二ケ所皆済遣候　甚兵衛

弐斗三升　旦遣候　本願

同
壱斗五升　銀ニて　清水執

同
八升　銀ニて道□　五左衛門

同
参斗六升二合四夕　二ケ所皆済遣　長泉

同
壱斗四升二合八夕　今ハ京与左衛門尉　皆済遣候　四郎衛門尉

建仁寺

同　四斗二升　屋敷　七月十二日　今ハ京与左衛門尉　宗孝

十二月七日　弐石五斗　[redacted]也　西院

十二月十日　壱斗弐升　且遣候屋敷　与兵へ

十二月十三日　四斗五升　銀　建仁寺　与介

同日　参斗五升　銀　建仁寺　与介　両足院

同　参斗七升三合八夕六才　大郎□　与介

一三七　宝寿院祐雅書状（折紙）（一三六号の紙背）

かへす〳〵此御返事共御覧□候以上

昨日醍醐へ見廻ニ書状を遣候へハ、爰元如風説之にて候、此二三日中ハ方々より見舞之出入多候に、祇園より于今人を給候ハぬと申候、但きおんにハ御しりなく候やと申候ニ、人給候ハヽ、うれしかりの由口上に申候、此三ツの文

三宝院御門跡
宝寿院祐雅

折帋可有御覧候、廿九日か晦日かに我等見廻ニ可参と存候、其方も御出有間敷候哉、三宝院御門跡へ御見廻ニ御出候て可然候、方々より事外見廻多由候御分別肝要に候、為其一筆令申候、恐々謹言

四月廿七日　　祐雅

神福院
参

一三八　年貢算用状

寛永元年十二月十八日

参斗一升　惣納　新坊
同
壱斗五合　皆済遣候　又七
五升二合夕　又兵衛
七升五合　忠衛門尉
六升四合四夕五才　与介
弐升五合　弥三

あまへ

きおん町ニ借家ス

九升二合　与兵衛
八斗八升四合四夕（不審）　（あまへ）七郎二郎
参升八合　満五郎
三斗壱升四合　頂勝寺
五升九合七夕一才　（今ハ）太左衛門尉
壱斗九升二夕六才　吉左衛門尉
四斗九升四合八才　左介
二升七合　備中
壱石三升六合　理衛門尉

一三九　加左衛門借屋人請書

請状之事

一きおん町惣兵衛殿いゑ（家）ニかりいゑ（借家）仕候加左衛門と申人、我等存候者ニて御座候、何時成共何用の儀出来候とも我等罷出相済可申候、為其仍而状如

件

寛永弐年
うし
卯月廿二日

かり主
加左衛門（花押）

いのくまかわら町
請人
吉右衛門（花押）

きおんニて
喜兵衛様
りうかう（隆光）様
参

猪熊河原町
喜兵衛
隆光

一四〇　備中借屋人請書

きおん町備中家ニかり（借）屋のもの（者）有楽（織田カ）さま内久世内二蔵と申もの、われらたしかに存ものにて御さ候間、なに様の事御さ候共、我等罷出相さは（裁）き可申候、為後日うけ状如件

きおん町ニ
借屋ノ者

寛永二年卯月廿二日

備中（花押）
二蔵（花押）

きおん
御役者様
御中

一四一　茶屋衆・髪結衆等法度請書

被仰出候御法度之事

一うさん（胡散）なるやす（安）きもの買申間敷之事

一かるた・ばくち（博奕）仕間敷事

一けんくわ（喧嘩）・こうろん（口論）仕出し申間敷事

一我々商仕居申候あたりに、うさん（胡散）なるもの、少も足ためさせ申間敷事

右之通、少も相背候事御聞仕付候ハヽ、此連判之者共曲事に可被仰付候、為其一札奉申候、仍為後日如件

寛永二年

四月廿五日

連判

五左衛門（花押）

仁衛（ママ）衛門（花押）

弥七（花押）

勝五郎（花押）

久三郎（花押）

（追筆）「久次郎（印）」

（追筆）「建仁寺北門前

与右衛門（花押）」

茶屋衆

かみゆい（髪結）衆

茶屋衆
髪結衆

御役者様

参

一四二　銭売衆等法度請書

銭売衆請書

被仰出候御法度之事

一うさん（胡散）なるやす（安）きもの買申間敷之事
一かるた・ばくち（博奕）仕間敷事
一けんくわ（喧嘩）・こうろん（口論）仕出し申間敷之事
一我々商仕居申候あたりにうさん（胡散）なるもの、少も足ためさせ申間敷事
右之通、少も相背候事御聞仕付候ハヽ、此連判之者共曲事ニ可被仰付候、為其一札奉申候、仍為後日如件

寛永二年

四月廿五日

連判

七郎衛門（花押）

兵太郎（花押）

五左衛門（花押）

作衛門（花押）

清三郎（花押）

市介（花押）

十左衛門（花押）

五郎作（花押）
左半次（略押）
せニうり衆（銭売）

御役者様
参

銭売衆

一四三　竹坊深祐触口番屋除請書

触口ノ番屋ヲ移動ス

態申入候、当坊与角茶屋之間、西ノ大門之下ヨリ北ノ田畠へ出入往来之道アリ、其道ノ東ノ傍ニ巷処ニ、当在所中ノ触口之番屋、為惣中住居サセラレ候処ニ、、当坊へ火之用心悪候間、一社中へ其理申入、右之触口家をノケ、当坊ノ用ニ敷地申付候儀、御同心令祝着候、然間、触口屋敷ノ替之地、今迄ノ屋地ノ方領程、互ニ役者召出打渡申候、此触口敷地ハ、当坊ニ昔ヨリ存知来候、無検地ニ而候間、地子以下諸役等不可有之者也、触口家之儀モ従此方今之度者引候而遣候、仍状如件

竹坊
寛永弐年十月二日　深祐（花押）

祇園
社中
参

錢ノ法度ノ
請書
十人組

一四四　神福院等錢之法度請書

錢之御法度、御ふた(札)のことく遣可申候、御ふた(札)ニ御さ候三せん(錢)の外ハ一錢も
ゑり不申、取やり可仕候、若御ふれ相背候ハヽ、其者儀ハ不及申、十人組共ニ御
成敗可被成候、但借屋者成共相背、ゑり申候ハヽ、家主をも同罪ニ可被仰付候、
仍為後日連判仕上申候也

丑ノ
十月晦日

神福院（花押）
宝光院
西梅坊（花押）
東梅坊（花押）
本願（花押）

（押紙）
「寛永二
年比ノモノカ」

一蔵
寿等
久三郎（花押）
山しろ
養泉坊
お千
幸円
隆光
勝七（花押）
喜兵衛
甚丞
久左衛門
勘丞
おかめ
喜五郎

助七郎
左介
伝吉
六蔵
宗白
おとら

一四五　与八郎屋敷境目請書

屋敷ノ境目ノ請書

今度我等屋作仕候時ニ東隣ノ惣ほり（堀）と我等屋敷とのさいめ（境目）の事、昔よりの古家を不壊のさきに、御社中ノ御役者へ御と丶け申、さいめ（境目）を可致急度之處ニ、我等無分別故、御と丶（届）けも不申候、本之屋敷分ニ相立申候条、無相違之様ニ被成御免候者、可忝候、然者、向後若ほりの分の地に屋作被仰付候者、我等家と東の方ノたかへい（高塀）ノ東面にひつつけ相立候様、被仰付候て可被下候、北むきの路地口の門かまへをハ、取のけ相渡可申候、此等之趣、御同心被成候様ニ、御披

露奉頼候、仍状如件

寛永弐年

十二月二日

家主

与八郎（印）

請人

山本大さう（印）

御社中

御役者

御中

一四六　銭算用状（折紙）

十二月十六日寛永二年

卅七匁三分　与左衛門尉

廿一匁五り　理右衛門尉

廿目五分　甚兵衛

十一匁一分　与三左衛門尉

十六匁　源右衛門尉

八匁五分　厳阿ミ
二匁五分　地蔵堂
十四匁六分五り　彦七
十匁六分　孫▨〔右衛〕衛門尉
八匁二分五り　孫左衛門尉
合百五十○〔目〕四分五り
米合五石三斗五升
銭合壱貫百八十三文
十二日　八匁六分五り　三丞
同　二匁九分　吉六
同　三匁　作衛門尉
同　二匁九分　久兵衛
同　四匁　甚丞
同　四匁一分五り　彦六
同　五匁　是宮公用也　三丞

建仁寺

十六日 十八匁五分　建仁寺 与介
同 十二匁七分　宗孝
同 九匁九分　米うり候　山城かゝ
同 六匁三分　宮公用也　新坊
二日より十六日まで 右以上十一包あり
二日納米分
四石也
銀合七十八匁也

一四七　屋地子算用状（折紙）

寛永弐年十二月
十四日 ○壱斗五升　執行と有之　清水
同 ○八升　同　同
十六日 ○三斗　銀ニ而　建仁寺 与介

〇同五斗　同　　同　与介

〇同一斗一升四合二夕四才　同　　今宗孝　四郎衛門尉

〇同二斗一升　同七月分地子　　宗孝

〇同二斗一升　同十二月分地子　　宗孝

同日壱石弐斗弐升三合一夕八才　二ヶ所宗光院　　甚衛門▨　権助

〇同一斗五升三合　　（元）本与三郎　（元）与介（ママ）

〇同一斗七升七合四夕八才　　本いきくく　又左衛門

同七斗二升六合二夕四才　今喜衛門　　かす井　与次郎

〇同壱斗八升一合一夕　同十一月四升九合過上屋地子　　市郎衛門尉

〇同九升一合八夕　又八合四夕過上也　甚□　　市郎衛門尉

同弐斗四升　且遣候、　　角茶屋　甚衛門

同弐斗六升五合一夕　二ヶ所□□□　　たゝミや　孫左衛門尉

かめ女　源左衛門尉

同壱石弐斗五升　且遣候　　松坊

本願

降光

廿二日　一斗六升五合　清水　又五郎

同　四斗九升六合一夕五才　京ノ　五左衛門尉

同　一斗五升三合　（元）本源三郎　弥左衛門尉

廿日　〇七斗八升五合四夕　太郎兵へ

廿三日　〇弐斗三升　此内四匁五分銀　残四升一合　本願

十二月廿四日　〇壱斗二升六合　残共七月遣候　十二月　与兵衛

同　〇四斗九升七合　二ヶ所　本松坊　降光

十二月廿六日　〇五斗二升八合　且遣候　かくせん喜四郎事　市衛門尉

廿七日　壱斗六升二合四夕　此内一斗八神馬料也、今ハ食阿ミ　五郎衛門尉

同　参斗六升二合四夕　二ヶ所　長泉

廿八日　〇弐斗一升　地子也　且遣候也　五郎大夫

同　参斗七升三合八夕三才　此内参斗五升八夕八才　太郎四郎　与五郎

明二月廿二日ニ両足院計候　参斗六升三合六夕　寿白

銀壱貫ニ四升二合つゝ、銀ニて八匁六分七りニて取候也

片羽屋

徳川家光ノ上洛ノ時ノ御礼ノ入目

寛永潤四月十二日
参匁一分銀　請取遣候　与兵衛
一斗三升二夕、二年十二ノ十二日、米ノね、二年ノ十二月のね也、屋地子也
寛永弐年八月
壱石弐斗はかり十二月迄分　片羽屋
明卯月、目ニ銀子ニて　済、請取遣候

一四八　仰木隆光等将軍上洛御礼入目日記

(包紙ウハ書)
「大御所様(徳川秀忠)　寛永三年夏秋
将軍様　御上洛ニ付、御礼入用日記」　二通

寛永参年八月ニ
将軍様(徳川家光)御上洛ニ御礼之入目
此銀新坊ヨリ被遣候
一拾弐匁五分　杦原壱束
一壱匁六分　末広　扇子　両金
一壱匁弐分　杦原ノ台　一ツ

淀デノ中食ノ入目ノ小日記

一三分　　　巻数箱　台共ニ
一拾弐匁四分五り　但此奥に小日記書付候
　　但淀ニて中食
　　合弐拾八匁一分三り
　　右之御礼之日ハ八月十日ニ淀へ参候也
　中食よとへ持せ候入目小日記
一五匁　　米　　　　一四分　　香の物
一弐匁　　酒　　　　一四拾文　たうふ
一弐拾八文　こんにやく　一弐拾文　かます
一弐拾文　みそ　　　一四文　　はし
一拾三文　しやうゆ　一十文　　な（菜）
一四拾八文　薪木　　一七拾文　茶之銭
　　　　　　　　　　　　　　　草り
又
一拾六文　茶銭　　　一七文　　餅人足給者

酒・切麦

隆光孝
猪右衛門定

伴天連吉利支丹宗旨請書

合銀子拾弐匁三分五り也、此銀之内五匁ハ新坊ヨリ御引替也、残而七匁
四分五り者、役者猪右衛門引替也

右之外ニ追而之入目日記

一壱匁一分、六月ニ枚原買候時、社中衆并役者二人酒・切麦之路銭、隆光遣口
一弐匁者、両役者ニ今度御礼之時、御進物買調□之路銭御下行に給候也

以上三匁壱分、此銀者新開之年貢米

寛永三年十月廿二日の艮(銀)ニ而遣申候也

役者隆光(仰木) 孝（花押）
同臼猪右衛門(臼井定利) 定（花押）

一四九　伴天連吉利支丹宗旨法度請書雛形

今度重而伴天連吉利支丹宗旨之者、就御穿鑿、寺方へ旦那之一札取ニ参候ハヽ、
少も無偽一札仕渡し可申候、并伴天連・吉利支丹、日本之宗旨之外ニ御座候
間、慈悲を存、少も用捨仕間敷候、若伴天連・吉利支丹門徒に旦那之一札仕、我

等宗旨之由出家として偽之一札書遣ニおゐてハ伴天連同罪ニ御法度ニ可
被仰付候、仍為後日如件

寛永拾弐年

九月

伴天連吉利支丹宗旨請書

意林庵素心

一五〇　意林庵素心伴天連吉利支丹宗旨法度請書（切紙）

今度伴天連吉利支丹之法、公儀より御あらために付、意林庵一家中幷住居之
学問衆之中一人も無御座候、祇園中之書物御同前ニ公儀へ可被仰上候、為其
役者中へ別紙ニ如件

寛永十二年十月二日

意林庵

素心（花押）

御役者

留（隆）光老

猪衛門尉殿

伴天連吉利支丹宗旨請書

祇園町拾人組

一五一　祇園町十人組伴天連吉利支丹宗旨法度請書

今度伴天連吉利支丹法、御公儀様より御あらためニ付、拾人組之内幷借屋之者共ニ一切無御座候、若かくしおき申候との訴人罷出候ハヽ、十人組共ニ公儀様へ可被仰上候、仍如件

寛永拾弐年
十月二日

祇園町
拾人組
与左衛門（印）
孫十郎（略押）
久蔵（略押）
大郎兵へ（略押）
与三二郎（略押）
新二郎（略押）
与吉（略押）

かどのちや屋
久蔵（印）

御役者様
参

転ビ証文ノ
雛形

一五二　板倉重宗下知状

吉利支丹ころひ申しゆらめんとの事

一我々ハ何年より何年迄きりしたんにて御座候へ共、何年の　御法度より
ころひ申事うたか（疑）ひ無之候、今程なにの宗躰にて御座候
一吉利支丹宗旨ニ成、此前方ねかひ申事、今に後悔ニ而御座候間、後々末代き
りしたんに立帰る事仕間敷候、同妻子・けんそく（眷属）・他人へも其すゝめ仕
間敷候、自然何方より伴天連参、こんひさん（コンヒサン）のすゝめなすと云共、此書物判
をいたし申上ハ、其儀かつて以妄念にもおこし取あつかう事に同心いた
すましく候、もとのきりしたんに立帰るにおゐてハ、じゆらめんとの起請
文以テ、是をてつする者也

転ビキリシタンニ請書ヲ書カスベシ
板倉重宗

一上ニハ天公・てうす（デウス）・さんたまりや（サンタマリヤ）をはしめたてまつり、もろ〱のあんしよの蒙御罰、死てハいんへるの（インヘルノ）と云於獄所、諸天狗の手に渡り、永々五衰三熱のくるしミを請、重而又現世にてハ、追付らまるに成、人に白癩・黒癩とよはるへき者也、仍おそろしきしゆらめんと如件

寛永拾弐年十月　　何々村

ころひ

誰判

妻子判

右之三ケ状ハ、ころひ候きりしたんに書せ取可申候、奥二ケ条ハ、惣様の百姓共幷召仕之もの迄書せ、庄屋所に請取置可申者也

亥十月十日　周防（板倉重宗）（印）

祇園

庄屋

百姓中

一五三　意林庵内経時等吉利支丹宗旨転び証文

一吉利支丹宗旨ニ成、此前方ねかひ申事、今に後悔ニ而御座候間、後々末代きりしたんに立帰る事仕間敷候、同妻子・けんそく（眷属）・他人へも其すゝめ仕間敷候、自然何方より伴天連参、こんひさん（コンヒサン）のすゝめなすと云共、此書物判をいたし申上ハ、其儀かつて以妄念にもおこし取あつかう事に同心いたすましく候、もとのきりしたんに立帰るにおゐてハ、じゆらめんとの起請文以テ、是をてつする者也

一上ニハ天公・てうす（デウス）・さんたまりや（サンタマリヤ）をはしめたてまつり、もろ／＼のあんしよの蒙御罰、死てハいんへるの（インヘルノ）と云於獄所、諸天狗の手に渡り、永々五衰三熱のくるしミを請、重而又現世にてハ、追付らさ（ま）るに成、人に白癩・黒癩とよはるへき者也、仍おそ（恐）ろしきしゆらめんと如件

寛永拾弐年十月晦日

意林庵内

経時（花押）

檮年（花押）
素貞（花押）
ちい（略押）
三吉（花押）
とら（略押）
徳左衛門尉（花押）
四郎兵衛（花押）
五郎介（花押）

祇園御役者中

一五四　林廻衆評議記録写

寛永拾三丙子年霜月二日、於真新坊評儀（議）

一請取申金子小判壱ッ之事

此金子者、祇園之河原之道之北之傍と大和おほち（大路）の西之ツラとのかう（巷）所

四条之銭屋もの、見物場

地蔵講ノ百姓芝居ヲ打破ル

徳川家光社領安堵ノ朱印状ヲ與フ

を、四条之銭屋太郎兵へもの、見物場に請候て、年貢ニ社中へ納候金也、此芝居を地蔵講之百姓共打やふり候ニ付、公儀へ訴詔可申とて、其時の路銭に下行候へとて新坊へ預ヶ置候得共、未訴詔不申有之ニ付、今度御朱印を望ニ江戸へ罷下之路銭に可召遣ために請取也、寛永参年五月十日ニ太郎兵へより請取申候小判之事也、以上

右新坊へ遣請取状之留也

寛永拾三年霜月二日

一五拾三文　蝋祇（ママ）　三粒　買申候

寛永拾三年霜月二日

一弐斗八升者

但、此米銀〆十四匁二分五りん
口米共ニ壱匁ニ付弐升ツ、也
右之内、二分五りんト銭十文取候

徳右衛門弁

一五五　徳川家光朱印状

（包紙ウハ書）
「（貼紙）「大猷院様　御本紙」

祇園
社家中」

当社領山城国祇園廻百拾弐石三斗餘、東九條拾八石弐斗餘、西院之内八石八斗餘、岡崎村之内五斗餘、都合百四拾石事、幷社家門前境内諸役等免除、任元和元年七月廿七日・同三年七月廿一日両先判之旨、永不可有相違之状、如件

寛永十三年十一月九日（朱印）（徳川家光）

祇園社家中

一五六　茶屋喜平等傾城宿法度請書

今度地蔵町茶屋仕候ニ付而、出合けいせい（傾城）の宿、御法度之旨被仰出候事、承届候、此通少も相背候者、急度曲事ニ可被仰付候、以上

寛永十四年

拾月二日

喜平（花押）

七平（印）

後家
庄兵衛（印）

長平（印）

新開年貢米
林奉行衆中

弥兵衛（印）
喜左衛門（印）
借屋
甚四郎（略押）
六右衛門（略押）
次助後家（略押）
六蔵（印）

祇園
御役者衆様

一五七　祇園社領新開年貢米惣納帳断簡

「（表紙）
正保四丁亥年分　霜月二日　己亥
此帳紙数拾九枚也　第二帳也
当社領　新開年貢米　惣納帳
納奉行中　林奉行衆中也」

正保第四丁亥年霜月二日

新開納米之事

一壱斗四升者 霜月二日　但、此銀三匁五分ニ而
　　納之、右ニ付廿五匁ノ算用也
　請取遣之　　長次弁

一壱斗四升者 同日　但、此銀三匁五分ニ而
　　納之、右之算用ニ同
　請取遣之　　喜平次弁

一壱升者 同日　但、見付也、廿文ニ而納之
　請取遣之　　勘兵衛弁

一五八　新四郎はゝ河原茶屋新開年貢請書

請申河原地新開之叓

昔ゟ今迄ハ少つゝの年貢にて候へ共、来年からハ我等手前之年貢合弐斗五

升つヽ常納可申上候、水損・干損之御免申上間敷候、永代急度納所可申上候、
為後日如件

慶安弐己丑年

霜月二日

新四郎

はヽ（略押）

山之衆

御中様

参

山之衆

一五九　甚四郎河原茶屋新開年貢請書

河原地新開ノ年貢請書

請申河原地新開之叓

昔ゟ今迄ハ少つヽの年貢にて候へ共、来年からハ我等手前之年貢合弐斗五升つヽ常納可申上候、水損・干損之御免申上間敷候、永代急度納所可申上候、
為後日如件

慶安弐己丑年

霜月二日

甚四郎（花押）

山之衆

山之衆
御中様
参

一六〇　社家納所御湯立壱釜配分銀子算用状（切紙）

御湯立壱釜
片羽屋座中

御湯立壱釜配分銀子之事
合四匁者
右、追而可算用候也
慶安四年正月十六日　社家納所（印）
片羽屋
座中

一六一　社家納所御湯立壱釜配分銀子算用状（切紙）

御湯立壱釜
片羽屋座中

御湯立壱釜配分銀子之事
合四匁者
右、追而可算用□（候）也
片羽屋
座中

慶安四年三月五日　　　社家納所（印）

一六二　社家納所御湯立壱釜配分銀子算用状（切紙）

御湯立壱釜配分銀子之事

合四匁者

片羽屋
座中

右、追而可算用□（候）也

慶安四年三月十六日　社家納所（印）

一六三　承応年間神殿再興棟札写（冊子）

「（表紙）承応年間神殿御再建棟札写

祇園社蔵」

山城州洛陽　祇園神社御再興新殿之励上棟而慎敬再拝

夫当社神霊也、曩昔為護朝廷利万民、現金容於京城東、蓋徳化於桑域、于此之時

板倉重宗
水野忠貞
多羅尾光臣
小野貞正

諸天万神来臨此處、長為末社林下並甍、如衆星之拱北辰、似万水之朝東海矣、寔是鎮護国家鴻基也、恭斯地也、華木山林皆帯神威、各増其媚為佳麗地美景所聚也、天下壮観其在茲矣、偉哉、仰霊応之輩瑞籬側成市、崇冥助之類禁林間継踵、玉帛捧社壇、供物献陳内、神楽男女鈴声日日不止、転誦般若法音時々無竭、貴賤（一字虫損）幼運帰敬歩塞路横岐往還如織、緇素渇仰甚鬱也矣、粤征夷大将軍正二位右大臣源家秀（家綱）公奉為国家安全、命于板倉周防守少将重宗・水野石見守太夫忠貞与力（伊丹源右衛門 堀十郎右衛門 市橋六郎右ヱ門）・多郎（羅）尾久右衛門尉光好臣（辻市右ヱ門 服部弥五右ヱ門 鸖見重右ヱ門）・小野長左衛門尉貞正臣（伊藤賀右ヱ門 堀江庄兵衛門 杉野助右ヱ門）依于是行当社御再興、僕雖不肖蒙作為匠首而、纂集許多工人此處、而承応二年十月二日撰嘉辰、以於衡門内匠皆北面創揮斧削墨、爾来日力而面々志倦所式準旧而増其輝、万有琢磨咸既済、而午三月二日、巨多之柱立底礎、而縦横桁梁、而窺吉日卜良辰、而祝万々歳謹上棟處也矣、以夫未逾二霜花、構大社作事已成、万人歓喜斯乃神力所覃、至深幕府御願不浅也、繇此察之、

当社神光日倍蓋世、貴賤尊崇後昆弥昌打槌曰

作為全済　復磨社壇　清潔更清

至遷宮時　要開玉扉　仰攸庶幾
宝祚万歳
英檀千秋　子孫殷昌　国土泰平
本紙此行ヲ欠　万民豊饒　悉地円満
再興新殿　山遠水長
承応三甲午年十一月廿一如意珠日

大工坪田重義、小工同重貞

工匠棟梁大工坪田賀右ヱ門尉重義 小工同茂右ヱ門尉重貞 誠恐誠惶謹言、又別記ニ承応二年十月御普請成就、此時御神宝悉出来、幷御遷宮諸式之料用共、従御公儀御計被為成候、此外ニ社中へ為御祝儀鳥目百貫文被成下、右御修理御造営料銀此方へハ渡り不申候、従御公儀御入立ニテ御座候トミエタリ

一六四　地蔵講年寄目疾地蔵堂東方明地一件請書

目疾ノ地蔵

指上申手形之事

一目疾之地蔵堂古屋敷東之方明地祇園社領之内へ我等共茶屋を建出候由、

古屋敷東ノ方ノ明地ヲ争フ

米津正勝ハ検地セズ

地蔵講年寄

社中より御奉行所へ御訴詔被申上候ニ付而双方罷出申分御尋被成候、社中ゟ御出シ候証文、祇園・建仁寺・知恩院、此三ケ所之本所役者立合、地分之帳ニ大和海道西つら（頬）ゟ西ノ川端迄東西三拾間、此内ニ東ニ明地有之、南北弐拾九間、四条道通りゟ北への分ト書付、右三本所之役者共祇園新坊・知恩院明把・建仁寺仲首座判形有之帳を御出シ候、拙者方共ゟハ米津清右衛（正勝）門殿検地之時、清右衛門殿・同毛利六左衛門証文ニ地蔵堂古屋敷東西六拾間、南北三十弐間と御座候ニ付其通ニ支配可仕と申上候処ニ、御穿鑿之上、米津清右衛門殿御検地ハ嘗不申候間、証文ニハ不罷成候、然上ハ右三本所嘗令地分之帳面之間数のことく可仕旨被仰付候、此上申分無御座候、以来右三本所御分帳之ことくニ可仕候、為後日、仍如件

地蔵講年寄

与十郎（印）

明暦三年酉ノ三月廿一日

与三右衛門（印）

市右衛門（印）

祇園

九左衛門（印）

伊勢ノ願生寺ノ坊主祇園ノ本願職ヲ請フ

林ノ衆中様

甚四郎（印）
新四郎（印）

一六五　伊勢河崎西迎庵受伝本願繁栄身元請書

一札之事

一伊勢山田之中、妙見町願生寺之坊主繁永と申仁、京都東山祇園本願被成御願候ニ付、今度上京被申候、然者、此繁永御法度之吉利支丹にても、武士之牢人にても無御座候、従先祖慥成仁、能存知申候故、我等請人ニ罷立申候、何方ゟ少もかまひ有之仁にても無御座候間、何様にも可被仰付候、若此仁如何様之曲事等仕出シ申候共、請人罷出、御公儀ともに急度相さはき済シ可申候、仍為後日之状、如件

万治弐己亥年二月五日

請人　伊勢河崎
西迎庵
受伝（花押）

同
山田妙見町
九助（花押）
ぬし繁永（花押）

洛陽祇園
社務執行様

徳川家綱社領安堵ノ朱印状ヲ與フ

一六六　徳川家綱朱印状

（包紙ウハ書）「（貼紙）「厳有院様　御本紙」
京都
祇園社領　　」

祇園社領山城国愛宕郡祇園廻百五石八斗餘、岡崎村五斗餘、葛野郡中堂寺村六石五斗餘、西院村八石八斗餘、紀伊郡東九条拾八石弐斗餘、都合百四拾石事、幷社家門前境内諸役等免除、任元和元年七月廿七日・同三年七月廿一日・寛永十三年十一月九日先判旨、永不可有相違者也、仍如件

寛文五年七月十一日

（徳川家綱）
（朱印）

社家中

一六七　御旅所宮仕道益祇園会以後万入用之覚（長帳）

祇園会以後社へ万入用之覚

祇園会以後ノ万入用
一弐匁壱分　六月十五日ゟ同卅日迄
御本社
油七合五勺

冠者殿
一壱匁四分　同断
官（冠）者殿
油五合

辻番
一拾弐匁八分　同断
辻番壱夜ニ弐人つゝやといちん（雇賃）
日数十六日、人数合卅弐人、壱人ニ四分つゝ

番所
一七匁六分　七月二日ゟ三日まで
注文別帋ニ有
同番所ノ入用、
但、たし材木・竹代共、
此外右ノ古木・古竹有之候而遣申候

一同日 壱匁七分一リン 同断 釘大小拾弐把、但、壱匁ニ付七わつゝ、右番所ノ用

一同日 五匁六分 同断 大工作料、弐人分、但、めし代共、

一七月朔日ゟ同廿九日迄 四匁弐分 御本社 油之代、壱升五合〆、但、壱升ニ付、弐匁八分つゝ

一同日 弐匁八分 油壱升之代

官(冠)者殿 同断

官(冠)者殿之うしろへい仕たし幷南方ノかき仕候入用

一戊七月廿一日ゟ同廿七日迄 拾四匁九分 材木幷竹代共、ひしや茂兵へニて取、注文別帋有

一同断 弐拾三匁五リン 材木之代、材木や長三郎ゟ取、通日記在之

一同断 三匁九分 釘之代、大工孫左衛門取次十三郎、注文別帋ニ有

一同 三分 へい下地のなわ

辻番ノ雇賃

御旅所宮仕
道益

一同 拾五匁四分　大工五人半壱人ニ弐匁八分つゝ、但めし代共注
文有

一同 七匁五分　大工手伝之日用五人、一日壱人ニ壱匁五分つゝ

一同 八匁七分　かべぬり、下土・白土上ぬり代

内壱匁七分ハ　同所南之かべ上ぬり代遣ス

〆七拾三匁七分五リン

七月朔日ゟ同廿九日迄
一弐拾三匁弐分　辻番やといちん（雇賃）壱夜ニ弐人つゝ

但、日数廿九日、人数五十八人、壱夜壱人ニ銀四分つゝ

右合百三拾五匁壱分六リン

右者、六月十五日ゟ七月廿九日迄之入用也、但、当宮此方預り之内之雑用故、則致勘定、右之書付之面ヲ以、代銀慥ニ請取申候、以上

寛文十年
戌八月四日　御旅所宮仕
道益（印）

社代
山本宇右衛門殿
同
上河原右京殿
参

一六八　御旅所改記録

寛文十年戌八月四日
御旅所之儀改、御役所ゟ御渡ニ相成候
此時祇園社務執行
宝寿院乙丸
社代
山本宇右衛門
同

上河原右京

霊山清阿弥

一六九　山本宇右衛門等納銀算用状

覚

一八斗四升　外ニ雑米弐升五合二夕
　此代五拾壱匁九分壱厘二毛請取皆済
右者、徳右衛門計米、寛文八年ゟ当年迄三ケ年分也、但、相場ハ高下ならして
六拾目ニいたし納之
一三升壱合　雑米共
　此代壱匁八分六厘請取皆済
右者、霊山清阿弥去年ゟ当年迄二ケ年分也、相場右同断
一弐斗八升八合四夕　雑米共　喜兵衛
　此代拾七匁三分四毛請取皆済、当年分也
三口合銀七拾壱匁七厘六毛

右之納銀ヲ以、山廻九左衛門扶持米壱石之代六拾目、又夏給米ノ内ニ拾匁
不足有之候ヲ相加、合七拾目遣之、残銀壱匁七厘六毛納之置也

(寛文十年)
戊ノ極月廿五日

山本宇右衛門（印）
上河原右京（印）
仰木隆慶（印）
植田清三郎（印）

一七〇　平手又四郎御旅所神主職預願書

御旅所神主職補任ヲ願ヒ出ル

乍恐以書付申上候

私儀ハ祇園東梅坊倅平手又四郎

一今度祇園社御旅所神主職之儀、去年従(ママ)　御公儀様、執行へ被仰付候由承
及申候ニ付、執行一家之内ゟ神主取立被申候事と奉存候処ニ、近比承申候
得者、他所ゟ右之神主職望申候而、則他所之人之名を書付、　御公儀様へ
執行ゟ被差上候由承申候ニ付、執行并社代中迄再三断申、右之神主職書付

照高院門跡ニ仕フ

之内へ被加可給由申候へ共、遅り之由ニ而、罷成間敷旨被申候ニ付、然者、私一分ニ御訴詔可申上由断申候へハ、別儀有間敷由被申候、私儀祇園社僧東梅坊順盛と申者倅、私若年時分社職ニ衆入いたさせ置申候所ニ、照高院御門跡様へ被召上、十ケ年程御門跡様ニ被召置候、其後御奉公引、祇園ニ罷有候へ共、社役不仕罷有候、則私兄弟共于今祇園之別当職ニ而社役勤罷有候、畏御旅所神主職御預ヶ被為成被下候ハヽ、難有可奉存候

以上

寛文拾弐年子正月廿一日　　平手又四郎（印）

御奉行様

一七一　宝寿院祐円御旅所宮守身元家筋返答書写

御旅所宮守ノ家筋ヲ届ケ出ル

祇園社御旅所宮守之義相尋申、乍恐書付指上申候

一橘姓小川与兵衛　四十五歳

石清水八幡

右身元・家筋者、石清水八幡宮御網奉行神人、　御代々御朱印頂戴仕、神領

宮御綱奉行人

松尾社氏人社家

上賀茂社祝ノ家

下御霊社別当

宝光院顕清

八幡庄内ニ而、高四拾石余致知行、代々八幡ニ居住仕候、尤神道少心得■申■候、世倅御神役相勤申候故、其身只今役儀無御座罷在候事

一松室外記　二十八歳

右身元・家筋者、松尾氏人社家庶流松室石見世倅ニ而御座候、神道心懸■申■候事

一藤木修理亮　六十五歳

右身元・家筋者、上賀茂社祝之家ニ而、代々官位職拝任仕来、其身■■従五位上ニ而御座候、只今隠居仕罷在候事

一板垣左兵衛　三十八歳

右身元・家筋者、下御霊社別当法眼寿閑世倅、当別当元専弟ニ而御座候、唯一之神拝少心得罷在候、若御旅所宮守職ニ被為　仰付被下候者、唯一神道元専伝授仕置候通、○悉相伝可仕旨ニ御座候事

一藤井主膳　二十五歳

右身元・家筋者、祇園社先宝光院法印顕清孫、■■当宝光院従兄弟ニ而御座候、尤当社勤行之義者、大方存、其上神祇道心懸■申■候事

宝寿院祐円

以上

寛文十二年正月廿一日

社務執行
祐円

御奉行様

一七二 八郎七郎等祇園林松木入札請書

重而手形之事

一当林松木入札、去ル八日ニ四貫卅八匁五分ニ我等御請申、昨十一日ニ右之代銀悉指上申候筈ニ一札仕置候処、内証様子御座候而、来ル廿日迄右之代銀御延被下候様ニと御断申、則内上銀として又弐百目指上置申候、若右契約之通、来ル廿日ニ代銀悉指上申事成リ不申候ハヽ、前之敷銀幷内上銀損ニ仕り、のき可申候、後日如何様之者ニ御申付被成候とも、少も申分恨無御座候、仍為後日之状如件

札主
八郎右衛門（印）

同
七右衛門（印）

請人清閑寺村
弥三右衛門（印）

延宝六年午十二月十二日

林衆中様

一七三　大仏小松谷八郎右衛門松木入札請書

御請之一札

今度祇園北山知恩院三門道通之松木入札仕、代銀四貫三拾八匁五分八厘ニ而御請申候、松剪取仕廻申日限ハ、来未之正月廿五日切ニ急度仕立可申候、若滞候者、右之松木御渡シ無之候共、申分無御座候、右之松木引取候砌、御林之内諸木小松損申候ハヽ、植直し可申候、且又損仕り候とも少も御なけきノ事共申入間敷候、為其請人相立、手形如此ニ御座候、以上

延宝六午年
極月十六日
大仏小松谷村
八郎右衛門（印）
山科西ノ山村
権右衛門（花押）
山科御陵村
半兵衛（略押）

祇園社
林衆中様

一七四　祇園社制札入用覚

天和二年当社御制札丹後守殿（井上正貞）ゟ出候時入用覚

一板壱枚　桧　はゝ壱尺八寸五分　あつ引立壱寸三分
一柱弐本　同　長弐間三寸五寸四方
一貫三丁　同　長弐間五寸　あつ八分
三口合　四十五匁三分五り　三拾八匁四分
請取相済申候、
すや
惣右衛門
使里兵衛（印）

林衆中

天和二年ノ制札ノ入用

一竹廿二本　但六寸竹壱本ニ付五分ツヽ
一同弐本　但九寸竹壱本ニ付六分ツヽ
二口合拾四匁弐分
一あか土六荷
弐匁
一釘廿九把　但八把ツヽ三匁六分五り
一同四寸　四本弐分
二口合三匁八分五り
一大工六人　但一人ニ付二匁五分
拾五匁
一手伝十人　壱人ニ付壱匁五分
拾五匁
一拾六匁六分　雑用代

竹や
太左衛門
彦兵へ（印）

つちや
六兵衛（印）

くきや
勘左衛門（花押）

大工
彦兵衛（印）

日雇
重三郎（印）

惣合百十弐匁か
　　百五匁五分
　　〻〻〻〻〻

天和二戌七月廿九日

すや
惣右衛門

於幸円宅

山本宇右衛門

上河原右京

植田清三郎

藤岡幸円

一七五　かみや七兵衛社用銀子借用証文

（端裏書）
「弐百匁　　紙屋七兵衛」

拝借申銀子之叓

合弐百目也

右、御社用之銀子慥ニ拝借仕候処実正明白也、為其質物当町我等相伝之家屋敷一軒表口弐軒也裏行八町並書入置申候、何時成共、御社用之時分、急度返上可仕候、若異（違）

かみや

林御衆中

徳川綱吉社領安堵ノ朱印ヲ與フ

乱之義御座候者、右之家屋敷御取上ケ可被成候、其時一言之申分御座有間敷候、若不慮之儀御座候而、右之家　御公儀様へ被召上候事など御座候とも、加判中として御社用之銀、急度相済シ返上可仕候、為其拝借之状、如件

貞享元年
子ノ七月八日

かみや預り主
七兵衛（印）
請人
長右衛門（印）
五人組
九郎□（印）
年寄
吉兵衛（印）

林御衆中様

一七六　徳川綱吉朱印状

（包紙ウハ書）
「（貼紙）
「常憲院様　御本紙」

京都
祇園社領

社家中」

祇園社領山城国愛宕郡祇園廻百五石八斗餘、岡崎村五斗餘、葛野郡中堂寺村六石五斗餘、西院村八石八斗餘、紀伊郡東九条拾八石弐斗餘、都合百四拾石事、如先規、社家中全収納幷門前境内諸役等免除、任元和元年七月廿七日・同三年七月廿一日・寛永十三年十一月九日・寛文五年七月十一日先判之旨、永不可有相違者也、仍如件

貞享二年六月十一日
（徳川綱吉）（朱印）

一七七　執行御用蝋燭通（長帳）

（表紙）
「丙
貞享三年
執行様御用蝋燭御通
内山権兵衛
山本小兵衛殿
寅　九月吉日
」

蝋燭ノ通

寅ノ
八月十三日　三拾目

一蝋燭　七拾挺
　此目弐貫百目

九月四日
一同　□（拾カ）挺
　此目参百目

十二日
一同　四拾挺
　此目壱貫弐百目

十一月三日
一同　拾挺
　此目参百目

同日
一同　弐拾匁掛拾挺
　此目弐百□□

廿一日
一同　百挺

此目参貫□（目）

同日
一火燭　　　　四拾八□
　此目六拾目つき

十一月廿二日
一蝋燭　　　　五拾挺
　此目壱貫五□目

合弐百九拾挺
蝋目合八貫□□六拾目
　但、銀壱匁ニ四拾五匁かへ
代銀合百九拾弐匁四分

一七八　林衆中箱之有銭覚

（端裏書）
「今ハ反古也」

覚

屋祢ノ修理料

一箱之有銀七百六拾七匁四分
右之内ヲ社頭屋祢修理料ニ六百目取出し、残テ百六拾七匁四分、銭共（ママ）
此内此日ノ酒代ニ四匁払也
貞享四年卯四月二日

立会
東梅坊
定林坊
山本大内蔵
上河原右京
藤岡幸円
植田清三郎
若東梅坊

一七九　林衆議座中後日覚帳（袋綴）

（表紙）
「元禄四辛未年極月九日

後日覚帳
衆議座中」

一御公儀江指上候家地子米書付之時、境内新開年貢米ヲ三斗ト書付候、新開年貢米六斗四升八合七夕五才有之候ヲ、如何致候而三斗ト書付候哉、難弁候、仍此餘分も貯置、年中之御社用ニ相立ル者也、為後日覚書如件
以上

一八〇　八坂下町・祇園南町家屋敷年貢絵図添状案

八坂下町西側之分

一家屋敷年貢　壱斗四升　法観寺江入　万屋十三郎
一同　弐斗壱升　右同断　柏屋七兵衛
一同　弐斗壱升　右同断

一同　弐斗壱升法観寺江入
　　　壱斗三升建仁寺
　　　四升六合六夕建仁寺方丈江入
　　　但唱頓方江遣ス　銭半屋左衛門

一同　壱斗弐升法観寺江入
　　　五升八合三夕祇園東梅坊江入
　　　三升建仁寺方丈江入、但唱頓方江遣ス　柏屋七兵衛

一同　壱斗三升法観寺江入
　　　壱斗壱升九合祇園大内蔵江入　津屋五郎右衛門

一同　壱斗法観寺江入
　　　六升祇園大内蔵江入
　　　但、津屋五郎右衛門方江遣ス　会所

一同　壱斗弐升法観寺江入
　　　三升七合三夕祇園大内蔵江入　布袋屋伊右衛門

一同　九升法観寺江入
　　　壱升三合六夕祇園大内蔵江入
　　　但、布袋屋伊右衛門方江遣ス　米屋六兵衛

一同　八升法観寺江入　米屋伝左衛門

一裏家屋敷年貢　四升祇園大内蔵江入
　　　但、布袋屋伊右衛門方江遣ス　行生

一同　八升祇園大内蔵江入
　　　但、布袋屋伊右衛門方江遣ス　唱頓

右之内津屋五郎右衛門幷会所屋敷・布袋屋伊右衛門・米屋六兵衛・丸屋

八坂下町西側

祇園南町西側

藤右衛門・行生・唱頓、此七人分屋敷年貢銘々書出シ通、合七斗五升七合八夕祇園社領ニ而山本大内蔵江入、則五郎右衛門・伊右衛門・藤右衛門、此三人之者共年貢取集メ山本大内蔵方江入

八坂下町西側
年貢合弐石六斗弐升弐合七夕
七升六合六夕　建仁寺方江入
壱石六斗　法観寺江入
内
壱斗三升　建仁寺慈三江入
五升八合三夕　祇園東梅坊江入
七斗五升七合八夕　同山本大内蔵江入

祇園南町西側之分

一家屋敷年貢　壱斗弐升四合七夕三才三毛　祇園執行江入　小山屋九兵衛
一同　壱斗弐升四合七夕三才三毛　右同断　油屋重兵衛
一同　六斗九升四合九夕　祇園山本大内蔵江入　木瓜屋

太郎兵衛

一 同　三斗八合五才 祇園臼井七郎兵衛江入　ふじや 市郎兵衛

一 同　三斗八合五才 祇園臼井七郎兵衛江入　桔梗屋 つう

一 同　三斗七升五合七夕 祇園東梅坊江入　伊賀屋 源助

一 同　弐斗五合弐夕 祇園東梅坊江入　亀田屋 喜四郎

一 同　八升 祇園新坊江入　柏屋 吉右衛門

一 同　八升 祇園新坊江入　井筒屋 甚左衛門

一 寺地之年貢　七観音院 堯覚

四斗壱升壱合七夕六才四毛　祇園松坊江入

弐升九合壱夕　祇園山本大内蔵江入

六斗弐升壱合　丸山安養寺江入

右之外者、御朱印地也

南町会所地年貢

青塚道清水海道田畑改ニ絵図ヲ作田畑改ニ絵ル

一家屋敷年貢　五升八合五夕知恩院寺中信源院江入
壱升丸山安養寺分七観音院江渡ス　布屋伊兵衛

一同　七升壱合九夕知恩院寺中真源院江入
四升丸山安養寺分七観音院江渡ス　松屋善右衛門

一同　五升知恩院寺中真源院江入
弐升丸山安養寺分七観音院江渡ス　丁子屋喜右衛門

一南町会所地年貢　四升知恩院寺中真源院江入

祇園南町西側年貢合弐石五斗九升壱合三夕六才六毛

内

弐斗四升九合四夕六才六毛　祇園執行江入
弐斗弐升　知恩院寺中真源院江入
壱斗六升　祇園新坊江入
五斗八升九合　祇園東梅坊江入
六斗壱升六合壱夕　祇園臼井七郎兵衛江入
六斗九升四合九夕　祇園山本大内蔵江入
七升　丸山安養寺江入

右者、此度祇園林下細道より南江青塚通迄、西者蛇辻子より東者清水海道迄、田畑御改ニ付、祇園南町・八坂下町西側之分絵図ニ仕、差上候様被仰付候故、家々之間尺絵図ニ記差上申候通、少茂相違無御座候、若相違之儀御座候ハ、、

八坂下町

祇園南町

此判形之者共如何様共可被成候、為後日之一札、仍如件

元禄十二年卯閏九月

八坂下町
年寄　久兵衛
五人組太郎兵衛
同　重三郎
同　喜兵衛

祇園南町
年寄　重兵衛
五人組喜右衛門
同　吉右衛門
同　市郎兵衛

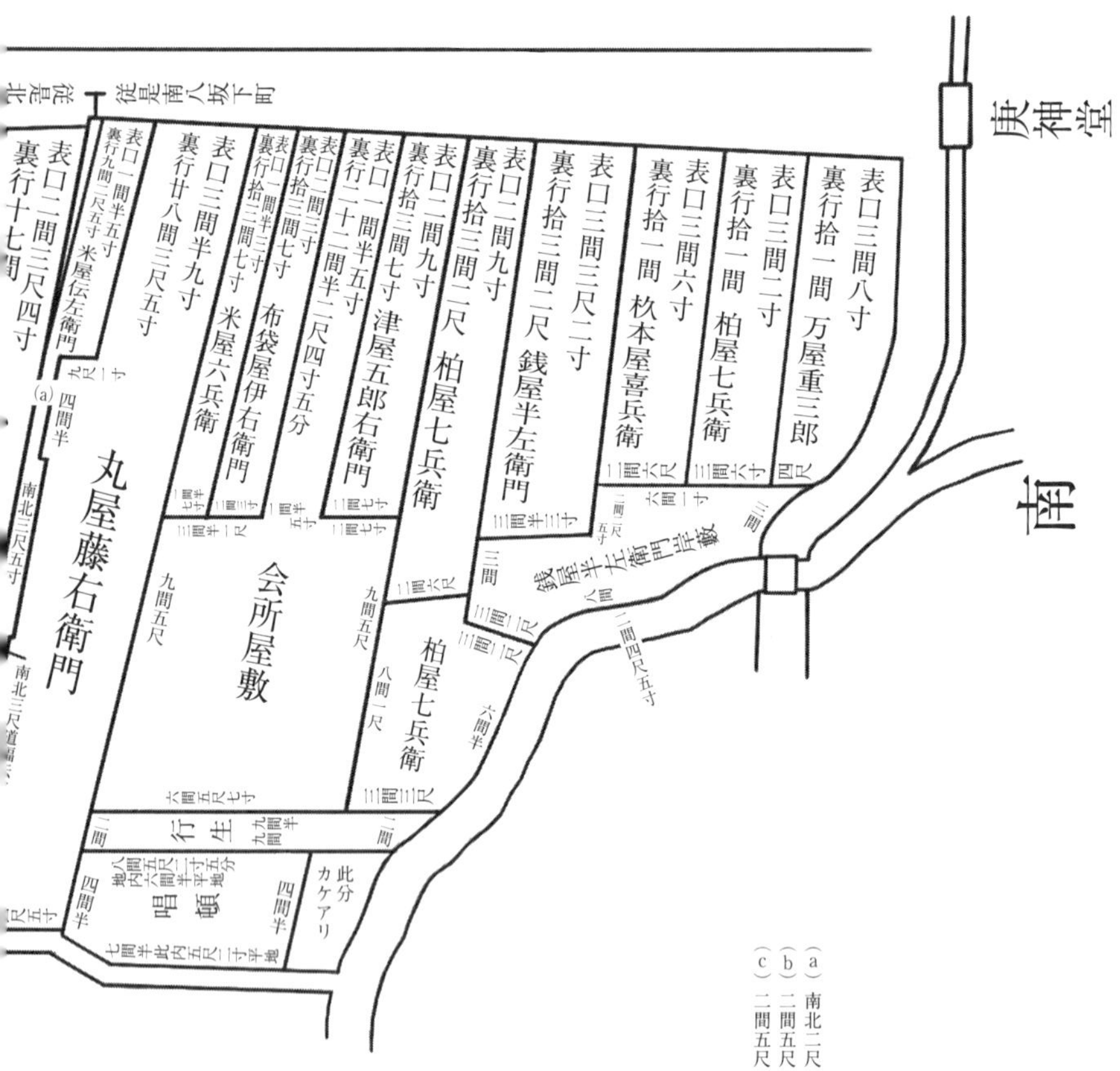

(a) 南北二尺二寸
(b) 二間五尺二寸
(c) 二間五尺二寸

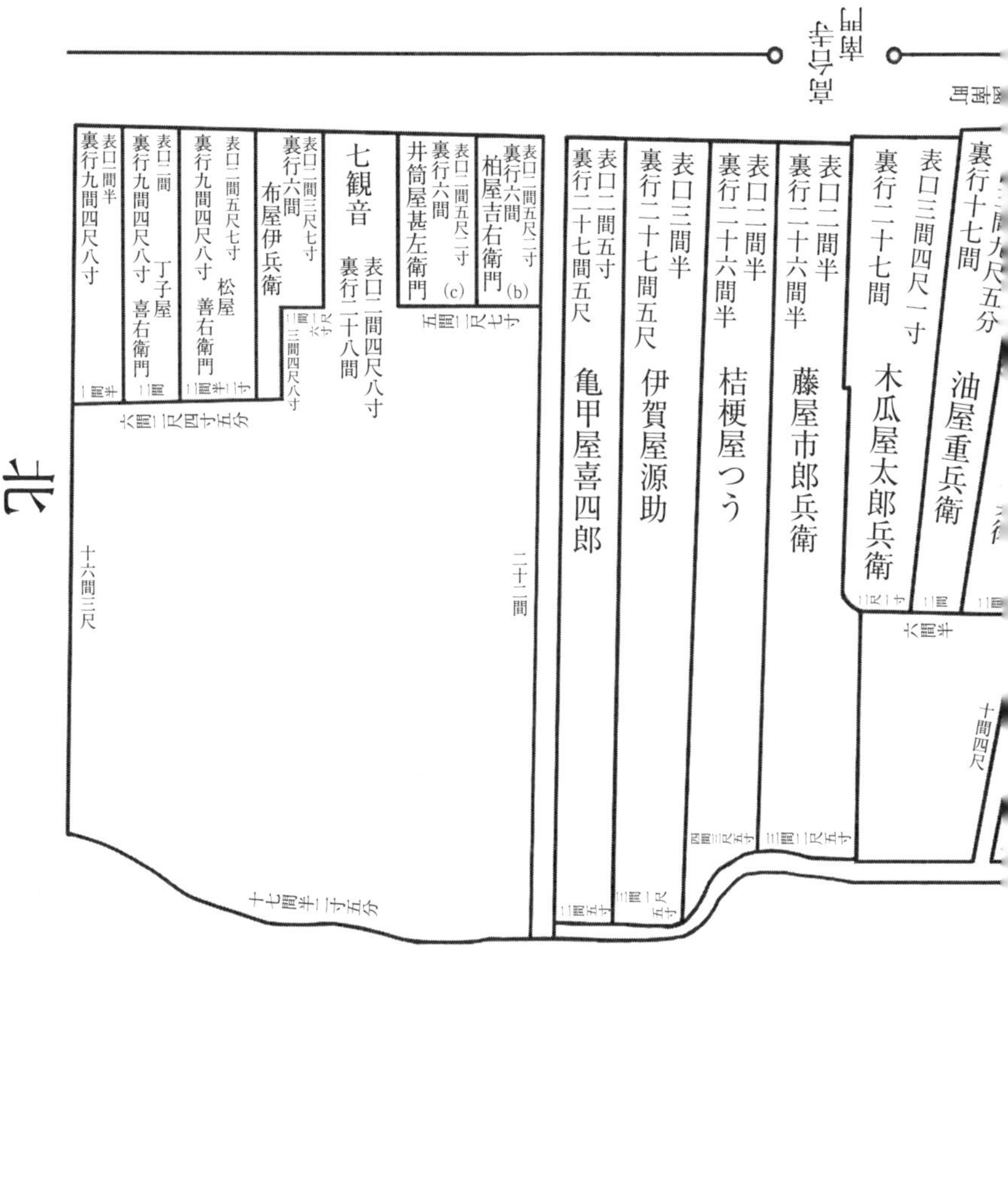
高台寺南門
裏行十七間
油屋重兵衛
表口三間四尺一寸
裏行二十七間
木瓜屋太郎兵衛
六間半
十間四尺
表口二間半
裏行二十六間半
藤屋市郎兵衛
表口二間半
裏行二十六間半
桔梗屋つう
表口三間半
裏行二十七間五尺
伊賀屋源助
表口二間五寸
裏行二十七間五尺
亀甲屋喜四郎
表口二間五尺二寸
裏行六間
柏屋吉右衛門
(b)
表口二間五尺二寸
裏行六間
井筒屋甚左衛門
(c)
五間二尺七寸
二十二間
七観音
表口二間四尺八寸
裏行二十八間
表口二間三尺七寸
裏行六間
布屋伊兵衛
表口二間五尺七寸
裏行九間四尺八寸
松屋
善右衛門
表口二間
裏行九間四尺八寸
丁子屋
喜右衛門
表口二間半
裏行九間四尺八寸
六間二尺四寸五分
北
十六間三尺
十七間半二寸五分

御旅所大政所ハ元ハ東洞院高辻ニアリ

替地ノ四至

慶長六年ニ四条通ヲ開ク

一八一　某祇園旧大政所地所由緒届書写

乍恐指上候口上書

一祇園御旅大政所始祖之神主助正時之宮屋敷ハ、東洞院高辻ニ而御座候処ニ、天正十九年右高辻宮屋敷御公儀様江被　召上、其御替地として只今之所へ御うつし被成候由、但、御替地宮屋敷界之事、北ハ四条道場之藪限、南ハ貞安之藪限、此間北南拾弐間、東ハ惣堀之土居限、東西八拾間、此内ニ宮付キ役人之居所も構候由、其後慶長六年四条通之道を御開キ被成候ニ付、少将井之宮引ケも此比之由、右宮付キ役人之家一所ニ宮之後へ引寄申候而、当分無別義候処ニ、追而北側ヲ在家ニ被　仰付候ニ付、又右役人共義立去候様被　仰付候間、其時之神主　御公儀様江御歎申上候へハ、被　聞召遂、無相違宮付之役人相立チ候由、其故ニ御座候哉、至于今候迄北側町内前々ゟ毎年御神事之節、宮役ヲ相勤来申候、然者、右神主宮屋敷筋目之義、前ニ見へ申候通、町並以前ゟ御替地ニて定り候へハ、後出来之町役不可仕之故ニ候哉、終ニ町役無御座候事

一右ニ書付申候宮役之者共義ニ付、其時之神主　御公儀様江御歎申上候訴
状之古キ留書、祇園宝寿院ニ御座候而、兼而写置申候、則其通り無違書付相
副指上申候、以上

年号月日

元禄十五年
午六月廿九日

一八二　藤井修理御旅所窓付替吟味届書

（端裏書）
「三九」

四條道場裏門之脇窓付替候ニ付、吟味之趣口上之覚

爰元社内北四条道場裏門之東脇ニ前々ゟ窓明候処有之候、右之窓を裏門之西江引直シ申度与当正月廿五日ニ道場ゟ寺町四条上ル町之年寄庄三郎を以断有之候、翌廿六日ニ窓引直候義、唯今迄之通ニ諸支無相違様ニ被致候者、勝手次第与致返支候処ニ、今月八日大雲院万日廻向始り、参詣多ク有之候ニ付、然者、右之窓之処透与取放チ、此方敷地江道を付ケ、弁財天江之参詣之往来を通シ申候ニ付、最前此方江之断与致相違、段々不届狼藉之仕形下ニ而難指置、存改於

大雲院万日
廻向

藤井修理

無之者、早々御公儀江御断可申上与、又寺町年寄庄三郎を以申遣候処、一々誤り候由、成程向後者、窓堅ク釘付ニいたし、兎角社内紛妨ニ成不申候様ニ可致与返事有之、早速改候故、承届、下ニ而相済し置申候、右吟味之趣、為念如斯ニ御座候、以上

元禄十七甲申年三月十六日

祇園御旅所神主
藤井修理（印）

宝寿院様

一八三　山本小兵衛銀子借用証文

奉預り候銀子之叓

合丁銀七百目也　新掛也

右之銀子、慥ニ奉預候所実正明白也、何時も御社用之節者、以此手形、早速返上可仕候、毛頭相違御座有間敷候、仍為後日預り証文如件

宝永五年子極月十一日

預り主
山本小兵衛

林御衆中

証人
小林七兵衛

右之利息壱ヶ月ニ七匁宛二季ニ相立可申候、已上、

林御衆中

一八四　嘉兵衛社用銀子借用証文

（端裏書）
「四貫三百匁　　小堀屋嘉兵衛」

奉預り候銀子之事

合丁銀四貫三百目也

右　御社用之銀子四貫三百目慥奉預り候所実正明白也、為其質物、当町我等家屋鋪一軒表口三間裏行八間書入置申候、何時成共、　御社用之時分急度返上可仕候、若異（違）乱之義御座候ハヽ、右家屋鋪御取上ヶ可被成候、其時一言之申分御座有間鋪候、万一不慮之義御座候而、右之家　御公儀様江被召上候事抔御座候共、為加判中　御社用之銀急度相済返上可申候、為後日之預り証文如件

正徳弐年辰五月朔日　　預り主　嘉兵衛（印）

請人　年寄　弥右衛門（印）
同　組中　六右衛門（印）
同　同　三郎右衛門（印）
同　同　藤兵衛（印）
同　同　喜兵衛（印）

林御衆中様

右之利息壱ケ月ニ銀四拾三匁宛二季ニ指上可申候、以上

林御衆中

一八五　徳川吉宗朱印状

徳川吉宗社領安堵ノ朱印を與フ

（包紙ウハ書）
「（貼紙）
「有徳院様　御本紙」京都
祇園社領
社家中」

祇園社領山城国愛宕郡祇園廻之内九拾四石六斗餘、岡崎村之内五斗餘、千本廻之内五石四斗餘、天部村之内弐斗餘、葛野郡中堂寺村之内六石五斗餘、西院村之内八石八斗餘、五條橋下西側六斗餘、三條台之内四石九斗餘、紀伊郡東九條村之内拾八石弐斗餘、都合百四拾石事、如先規社家中収納幷門前境内諸役等免除、依当家先判之例、永不可有相違之状如件

享保三年七月十一日

（朱印）（徳政吉宗）

一八六　金田要人社用銀子借用証文

奉預銀子之事

合丁銀七百目也　　但新掛

右者、御社用銀奉預處実正也、御社用之節、何時茂此手形を以、返上可仕候、為後日預り証文仍而如件

享保五年戌七月　　金田要人（印）

林御衆中

御旅所大政所ハ天正十九年ニ移動ス

慶長六年ニ四条通ノ道ヲ開ク

林御衆中

一八七　藤井主膳御旅所神主由緒届書

御旅町北側宮役之者共儀ニ付、元和三年三月十三日、御公儀様江御歎申上候訴訟之留書之写

謹言上

一祇園御旅所大政所ハ、我等先祖助正御霊夢により、助正屋敷江神幸　あつて、東洞院高辻屋敷四町四方、七百年はかりつたはり持来り申候処ニ、天正十九年御宮ひきに四町四方之御易地として、北ハ四条道場の藪限、南ハ貞安之藪限り、此間南北拾貳間、東ハ惣堀之土居際迄、東西八拾間、徳善院より松田勝右衛門御奉行ニ而御渡し被成候、其砌より宮役人共御旅所屋鋪之内ニ家を建居申候、其後慶長六年ニ四条通之道を御明ケ被成候時、此役人之家共を御宮のうしろ北側江よせ申候、此役人共ハ、常に御宮の庭廻り掃

除いたし、六月七日の間ハ御輿之御番を仕候、其外一御供所宮仕
一御供所宮使　一御札持　一御笏持　一かさ袋もち
一あらこも持　一雨かみ持　一神殿（カウトノ）之もり
此七人之者供ハ、御宮の役、又ハ御神事之役人共ニ而御座候、前々社領もお
ち、かへの地さへ狭く罷成迷惑仕候、右役人共ハ御宮之うしろニ被差置被
下候ハヽ、忝可奉存候、以上

元和三年
三月十三日
御旅所大政所
神主判

御奉行様

右者元禄年中書付差上候様ニ被為　仰付候故、右之趣認差上申候、其後
正徳五未年ニ茂、書付差上候様ニ与被為　仰付、其節茂右之趣書付差上
申候、以上

享保七壬寅年四月十六日
祇園御旅所
神主　藤井主膳印

大政所神主ノ屋敷地慶長年中ニ四条通ヲ開ク

藤井主膳

御奉行様

別紙
乍恐口上書

一祇園社御旅大政所神主屋鋪之儀、別紙留書奉差上候通、東ハ土居際迄東西八拾間、南北拾弐間、旧地御易宮屋敷之内、慶長年中四条通之道御明ケ被為成候已後、右宮屋鋪之内在家ニ被為　仰付、只今ハ御社廻り并私居宅御宮之うしろニ構候迄ニ而御座候得共、元来右之訳ニ而町並在家とハ品違候而、由緒如此ニ御座候故、社役之外、町役ハ不仕来候、則別紙留書之通、御旅所北側在家之分不残御社之役儀、前々より相勤来申候、但右在家之内、立石之宮へ付候家弐軒、是ハ別ニテ御座候、右北側役義与申候ハ、六月両度御神事ニ御札神殿（カウトノ）ノ供奉之警固供役、此内御札持、笏持、笠持、何角品〔　　〕又ハ神輿之煤払并御神事之内、社内夜廻り番等、今ニ相勤申候、右之通後出来之町役不仕来候訳、如此御座候、以上

享保七壬寅年四月十六日

祇園御旅所
神主
藤井主膳印

藤井主膳

御奉行様

右書付此度認差上候様ニ而、被為　仰付候故、如此相認差上申候故、為念写差上申候、以上

享保七寅年四月十六日　　藤井主膳（印）

御社家様

一八八　藤井主膳祇園社御旅所間数不記載詫状案

元禄年中ニ御旅所境内ヲ改ム

（端裏書）
「二八」

乍恐口上書

一祇園社御旅所境内之儀、元禄年中御改之節、祇園社ゟ被差上候帳面ニ御旅所与計有之、間数無之候ニ付、何ニ而も留書之内、御旅所境内之証拠ニ可成書物有之候哉、差上候様ニ与当十八日被為　仰渡候ニ付、留書なと入候箱其外随分尋候而、留書之写三通、外ニ延宝年中冠者共之社普請御願申上候節

津田兵部

四条道場万
日廻向

藤井主膳

之大絵図壱枚書入御座候故、則普請願書之留一通共、昨廿日差上申候、又ニハ(ママ)
先神主御追放被為　仰付候津田兵部与申者之頃之儀ハ、自然楊枝や共之
内ニ可有哉与存候故尋候所、右之者共ゟ少々留書指越候写も一通指上申
候、右之外ニ何ニ而も出候ハヽ、指上候様ニ与被　仰渡候故、元和三年ニ□
人共之儀ニ付、指上候留一通幷一昨寅年四条道場万日廻向之砌、裏門之脇
窓之儀ニ付、双方ゟ指上候済証文幷道場役者一札之写一通今日指上申候、
右之外古キ入物共吟味仕候へ共、御旅所境内之儀ニ付て書物無御座候、右
境内之儀祇園社ゟ被指上候帳面ニ間数無之訳ハ書落シ候哉、如何仕候訳ニ
候哉、事古キ儀故不奉存候得共、只今迄祇園社御旅所境内与被為　成置候
御儀ニ御座候へハ、間数書載不申不調法之段ハ乍恐幾重ニも御赦免被為
成下、神地之儀ニ御座候へハ、乍憚只今迄之通御社附キニ被為　仰付被
為下候ハヽ、難有可奉存候、以上

享保九甲辰年正月廿八日

祇園御旅所
藤井主膳印

御旅所ノ普請ヲ願ヒ出ル

番所

髪結床ニ夜番ヲ命ズ

一八九　藤井主膳祇園社御旅所普請届書

今度御旅所普請之儀奉願候写

乍恐口上書

一祇園社御旅所冠者殿社之後廻り竹垣ニ而御座候処、要害悪敷御座候故、此度板玉垣ニ仕度奉存候、右竹垣与廻廊与之間、北之方ニ壱間余之番床仕込御座候、是者社之表通りニ而見苦敷候故取退候而、右之玉垣引廻し申度奉存候、且又冠者殿前ニ壱間半之神楽所御座候、うしろハ神木ニ而詰り神前江出張り候而有之候故、十月廿日参詣多候節者、此所狭く差支候故、右神楽所も取退候而、冠者殿南之方ニ下屋御座候、此所ニ空地茂御座候故、右之下屋ニ壱間南之方江仕足、神楽所ニも番所ニも用申候得者、要害しまりも宜成申候、則別紙間数委書載絵図奉差上候、乍恐右之通被　仰付被下候ハヽ、難有可奉存候、左候得者、右之古神楽所・古番床ハいつれも壱間床ニちゞめ候而冠者殿鳥居前片脇与北側壁際与二ケ所ニ而兼々髪結床相願申候者御座候、右古床差置夜分替り番ニ番致させ候得者、惣御旅所用心、猶以宜御座候ニ

付、差置申度奉存候、乍恐右御願申上候通被為　仰付被下候ハヽ、難有可奉
存候、以上

享保十二年未二月三日　　四条御旅所
　　　　　　　　　　　　神主藤井主膳印

御奉行様

右絵図□（之）写　（絵図アリ）

藤井主膳

因幡堂薬王院

右之通先月三日志摩守（小浜久隆）様江御願申上候ニ付、因幡堂執行薬王院・泉涌寺塔頭来迎院へも為念一通り申遣候、夫ニ付、因幡堂執行ゟ少将井社敷地間数被改候而、冠社殿うしろ竹垣之内江余程入込候与被申越候ニ付、因幡堂より元禄年中被書上候少将井社敷地ハ何程与尋申候得者、東西拾五間・南北三間与書上ヶ候由被申候ニ付、東西拾五間打詰候而者、冠者殿簷江夥敷かゝり申候、冠者殿社建候節、吟味有之筈ニ候、右竹垣少ハ出張りも有之候得共、古来ゟケ様ニ候得者、相対之訳可有之儀与被存候、且又南北三間与被書上候由、只今建物計三間弐尺も有之、雨落限ハ三間四尺も有之、玉垣際ニ而者三間五尺五寸有之候、是も訳可有之儀と被存候、左候得者、右有り来候通ニ被成被置可然与申

一八九　藤井主膳祇園社御旅所普請届書（絵図）

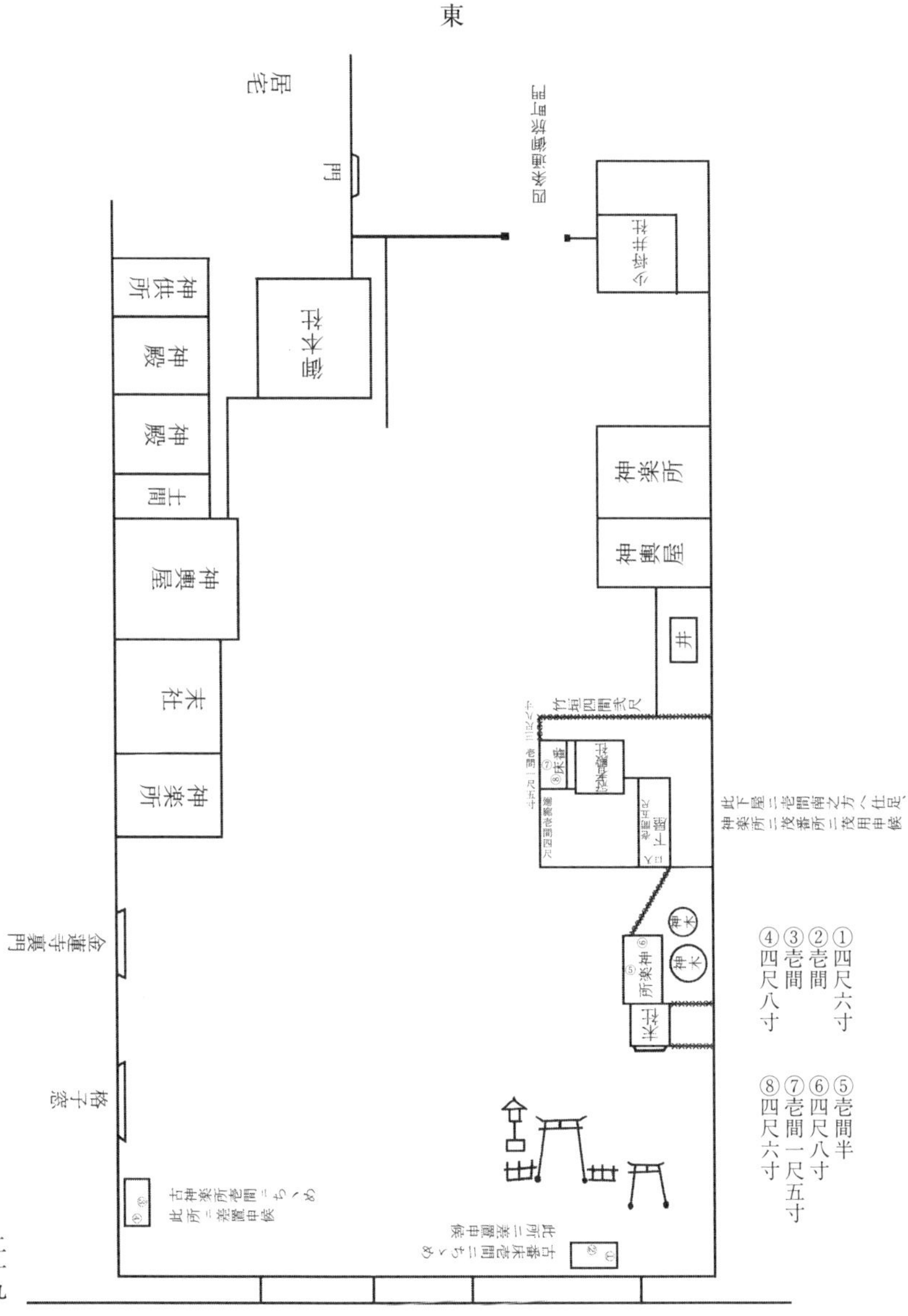

遣候処、薬王院ゟ段々不詰り被申越候得共、右竹垣之内少々之儀ハ如何様共折相ニ可致与相対仕、事済シ置候処、其後因幡堂執行ゟ二条表江右之通相対仕候、然者、元禄年中書上候拾五間之内欠ケ申候ニ付、御断被申上候由ニ候処、為御吟味、先月廿七日田中七右衛門殿・石橋嘉右衛門殿御見分被仰付、泉涌寺来迎院・因幡堂薬王院御呼出被成、右入組場所御吟味之上、南北三間之外ニ出張夥敷事ニ候、東西拾五間之内、竹垣之内へ入込候ハ少々之儀ニ候、坪数ニ致し候得者夥敷儀ニ候へ共、主膳方ゟ了簡有之、只今迄因幡堂執行ゟ雨落限支配致し被来候儀、其通り之事ニ候、右竹垣も古来ゟ有来候、右南北之出張之替りニ此通りニ而可有之事ニ候、因幡堂執行ゟ元禄年中書上候帳面与相違申候段被断候故、吟味ニ成候、畢竟東西之不足者、南北ニ而出張有之、下ニ而相対ニ而ハ如何様ニも振替有之事ニ候へハ、只今之通ニ被仰付被下候而、元禄年中書上候帳面も其通りニ御用ひ被成被下候様ニ与、因幡堂執行ゟ願書被差上、尤双方申分無之段被書上候ハヽ、可然候、左様無之、東西拾五間元禄年中帳面ニ合候様ニ与達而被願候ハヽ、南北茂合候様ニ三間ニ可成事ニ候段、御役人□（衆）被仰、因幡堂執行不快ニ而不参候ニ付、役者福

御旅所普請ノ見分
因幡堂執行・泉涌寺来迎院ノ立会
藤井主膳

万与申者江右之趣御役人衆被仰含候ニ付、福万罷帰候而執行江被達候処、申分無之、只今迄之通奉願候段書付被差上候故、私方ゟも差出候口上書写

奉差上口上書

一先達而祇園旅所普請之儀、絵図・書付を以、御願申上候処、地面入組御座候ニ付、今日為御見分、田中七右衛門殿・石橋嘉右衛門殿御出、御吟味被成候、右之地面因幡堂執行・泉涌寺来迎院支配も御座候ニ付、右両寺御呼出、御尋被成候処、両寺申分も無之旨被申上候上者、弥願之通、普請御免被成被下候様奉願上候、以上

享保十二年未二月廿七日

祇園旅所
藤井主膳印

御奉行様

同月廿九日、私幷因幡堂執行・泉涌寺来迎院御呼出被成候、此度御旅所普請之儀御願被申上候ニ付、右入組場所御吟味之処、両寺共申分無之旨、先達而書付被差上候ニ付、主膳江普請御免被成候、然上者、三人連判証文被差上候様ニ与田中七右衛門殿被仰渡候ニ付書上候留

祇園旅所
藤井主膳
因幡堂執行薬王院
泉涌寺塔頭
来迎院
藤井主膳

奉差上口上書

此度祇園旅所普請之儀、奉願候処、右地面入組御座候ニ付、御見分被成候、先達而書付差上候通、入組御座候得共、右地面ニ付、互ニ申分曽而無御座候、為後証連判証文差上申候、以上

享保十二年未二月廿九日

祇園旅所
藤井主膳印
因幡堂執行
薬王院印
泉涌寺塔頭
来迎院印

御奉行様

右之通段々御吟味之上、如此相済申候、為念御届申上候、以上

享保十二年未三月四日

御旅所
藤井主膳（印）

御社家様

林御衆中

一九〇　松本源之助社用銀子借用証文

拝借仕候銀子之事

合丁銀壱貫百目　但、新掛也

右御社用之銀子拝借仕候処、実正明白也、何時成共、御社用之節者、早速以此手形、急度返上可仕候、為後日証人相立拝借証文、仍如件

享保十弐未年

七月九日　預り主　松本源之助（印）

証人　金田要人（印）

林御衆中

右之利息壱ヶ月ニ銀拾壱匁也、元銀者来ル極月ニ返上可仕候、若極月願上候品御座候ハヽ、其節家質証文仕差上ヶ可申候、已上（印）

悪王子ノ社号ハ古来ヨリノモノニアラズ立石殿

一九一　山本大蔵悪王子額上由緒届書案

奉差上候口上書

一四条通寺町東江入御旅町北側御供所、近キ比、普請在之、新ニ悪王子と額ヲ上ケ候ニ付、右社号之儀、御吟味被　仰出、右御供所者古来より立石殿と称来り候、悪王子之社と申儀、承り不伝候、右之趣、以口上書奉差（申上）上候、以上

享保十二丁未歳七月十日

祇園社
社代
山本大蔵
御印

御奉行様

一九二　江戸備中社用銀子借用証文

（端裏書）「九百匁　備中」

奉預り候銀子之事

合丁銀九百目也

棚守
西ノ辻神明
社類焼

林御衆中

右者、御社用銀奉預り候処実正也、然者右之銀子拝借之義ハ、去ル辰年備中棚守仕候西ノ辻神明社類焼後普請仕、右之入目銀自力ニ難叶仕合有之、委細書付ヲ以願上、御預ヶ被下忝仕合奉存候、此上者、申立候通、神明社参物上り以連々返上可仕候、毛頭相違仕間鋪候、仍而為後日之判形人相加証文如件

享保十二丁未年十二月廿七日

預り主
江戸備中（印）
証人
藤岡円秀（印）
仰木隆光（印）
狛平治（印）

林御衆中

一九三　江戸備中社用銀子借用証文

（端裏書）
「弐百匁　備中」

奉預り候銀子之事

社用銀ヲ預ル

林御衆中

合丁銀弐百目也

右者、御社用銀奉預候処実正也、然者右之銀子拝借之義者、去年未ノ極月委細口上書差上置申候、此度又拝借仕、忝仕合奉存候、先達而申上候通、神明社散物上りを以、連々返上可仕候、毛頭相違仕間鋪候、仍而為後日判形人相加証文如件

享保十三戊申年十二月十一日

預り主 江戸備中（印）

証人 藤岡円秀（印）

同 仰木隆光（印）

同 狛定之進（印）

林御衆中

林御衆中

一九四　金田要人社用銀子借用証文（切紙）

奉預銀子之事

合銀三貫四百目也

右之銀、万燈為御用、去亥七月・同極月両度ニ奉預候処実正也、万燈講成就次第急度返上可仕候、為後日、仍而証文如件

享保十七壬子年七月　金田要人（印）

林御衆中

一九五　金田要人社用銀子借用証文（切紙）

奉預銀子之事

合銀壱貫四百五拾目也

右之銀、万燈為御用、奉預候處実正也、万燈講成就次第急度返上可仕候、為後日、仍而証文如件

林御衆中

林御衆中

享保十七年子十二月　　金田要人（印）

林
御衆中

一九六　金田要人社用銀子借用証文

奉預銀子之事

合銀壱貫弐百五拾匁

右之銀子当分無拠入用ニ付、奉預候処実正也、近々返上納可仕候、為後日仍而
証文如件

享保十八年丑七月十四日　　金田要人（印）

林
御衆中

一九七　金田要人社用銀子借用証文

奉預銀子之事

林御衆中

林御衆中

合壱貫七百目也
右之銀子奉預候処実正也、御用之砌者、返上納可仕候、仍而為後日、証文如件
享保十八年丑極月　金田要人（印）
林
御衆中

一九八　金田要人社用銀子借用証文

奉預銀子之事
合銀八百目也
右之銀子奉預候処実正也、御用之砌者、返上納可仕候、仍而為後日、証文如件
享保十九年寅七月　金田要人（印）
林
御衆中

林御衆中

一九九　金田要人社用銀子借用証文

奉預り銀子之事

合銀壱貫四百目也

右之銀子奉預候処実正也、御用之砌者返上納可仕候、仍而為後日証文如件

享保十九年寅極月　　金田要人（印）

林
御衆中

二〇〇　金田要人社用銀子借用証文

奉預り銀子之叓

合文字銀壱貫五百目也

右之銀子奉預り候処実正也、何時成共、御用之砌、急度返上納可仕候、為

林御衆中

林御衆中

後日、仍而証文如件

元文元年辰七月十日　　金田要人（印）

林御衆中

二〇一　金田要人社用銀子借用証文（切紙）

奉預り銀子之叓

合文字銀三百目也

右之銀子奉預り候処実正也、何時成共、御用之砌、急度返上納可仕候、為後日、仍而証文如件

元文元年辰十一月　　金田要人（印）

林御衆中

林御衆中

二〇二　金田要人銀子借用証文（切紙）

奉預り銀子之事

合文字銀壱貫目也

右之銀子奉預候處実正也、何時成共、御用之砌、急度返上納可仕候、為後日、仍而

証文如件

元文元年辰極月廿五日　金田要人（印）

林御衆中

二〇三　松本求馬等銀子借用証文（切紙）

奉預り銀子之事

合文銀壱貫目也

右之銀子奉預候處実正明白也、何時成共、御用之砌、急度返上納可仕候、為後

日、仍而証文如件

林御衆中

林御衆中

元文三年午四月廿九日

松本求馬（印）

金田要人（印）

林

御衆中

二〇四　松本求馬等銀子借用証文（切紙）

奉預銀子之叓

合文銀五百目

右之銀子預り申處実正也、何時成共、御用之砌、急度返上納可仕候、仍而為後日、証文如件

元文三年午七月十三日

松本求馬（印）

金田要人（印）

林

御衆中

二〇五　長谷川元右衛門銀子借用証文

（端裏書）
「元文五年申極月廿九日　御社用」

預ㇼ申銀子之事

一銀三百匁也

右者、御台處要用ニ付、預ㇼ申所実正也、此代ㇼ銀来歳酉三月迄ニ御受納銀を以、急度可致返済候、為後日、預ㇼ証文、仍而如件

元文五年
　中極月廿九日　　長谷川元右衛門（印）（花押）

山本大蔵殿

右者三月節句前ニ返済可申候

二〇六　松本求馬社用銀子借用証文（切紙）

奉預ㇼ銀子之事

合銀弐貫六百六拾匁
右之銀子奉預り候処実正也、何時成共、御用之砌、急度返上納可仕候、為後日、
仍而証文如件
元文五年申七月十二日　松本求馬（印）
林
御衆中

二〇七　長谷川元右衛門銀子借用証文（切紙）

（端裏書）
「元文六年酉正月廿九日　御社用之内遣之」
預り申銀子之吏
一銀五百目也
右者、御台所要用ニ付、預り申所実正也、此代り銀、従是之御受納銀を以、当三月節句前ニ急度返済可申候、為念預り証文、仍而如件
元文六年
辛酉正月廿九日　長谷川元右衛門（印）（花押）

山本大蔵殿

二〇八　長谷川元右衛門社用銀子借用証文（切紙）

社用銀ヲ預ル

奉預り銀子之事

一銀三貫弐百六拾匁也

右者、御社用銀慥奉預り所実正也、何時成共、御社用之節、此手形を以、急度返納可仕候、為後、仍而如件

寛保元年

酉六月朔日　　長谷川元右衛門（印）

林御衆中

林御衆中

二〇九　長谷川元右衛門銀子借用証文（切紙）

奉預り銀子之事

一銀四貫六百七拾匁也

右者、御社用銀之内、要用御座候ニ付、奉預り候処実正也、何時成共、御用之節、急度返納可仕候、為後日、預り証文、仍而如件

寛保元辛酉年七月十三日

御社家内
長谷川元右衛門（印）

林御衆中

社用銀ヲ預ル

林御衆中

二一〇　長谷川元右衛門利銀請取状（切紙）

（端裏書）
「寛保弐年戌四月廿七日」

覚

一銀三百六匁也

右者、三好屋藤兵衛方ゟ御院内御用ニ差出与申候、元銀三貫目利銀也、右慥ニ受取申候、右之銀子、則藤兵衛方へ無相違慥ニ相渡シ可申候、為念仍而如件

寛保弐年戌四月廿七日

長谷川元右衛門（印）

山本隼人様

林御衆中

二一一　長谷川元右衛門銀子借用証文（切紙）

奉預り銀子之事

一銀五百目也

右之銀子慥奉預候実正也、何時成共、御用之節、急度返上可仕候、為後日、仍而如件

寛保弐年
戌七月十日　　長谷川元右衛門（印）

林御衆中

二一二　長谷川元右衛門銀子借用証文（切紙）

（端裏書）「寛保二年戌九月廿七日」

奉預銀子之事

一金壱両ト銀子百四拾三匁七分五厘也

社用銀ヲ預ル

右者、御社用銀之内、当分無拠入用ニ付、来ル十月十日迄慥ニ御預申候、右之日限無相違、急度相立可申候、為後日、仍而如件

寛保弐年

長谷川元右衛門（印）

（後欠）

二一三　長谷川元右衛門銀子借用証文

社用銀ヲ預ル

（端裏書）
「延享元年子三月　御社用遣」

預り申銀子之叓

一銀壱貫目也

右者、御院内要用之儀ニ付、慥預り申所実正也、何時成共、御入用之節、急度返済可仕候、為後日預り証文、仍而如件

延享元年

子三月

長谷川元右衛門（印）

山本大蔵様

二一四　長谷川元右衛門銀子借用証文（切紙）

社用銀ヲ預ル

（端裏書）
「延享元年子七月　御社用之内遣」

預り申銀子之事

一銀壱貫目也

右者、御院内要用之儀ニ付、慥ニ預り申処実正也、何時成共、御入用之節、急度返済可申候、為後日預り証文、仍而如件

延享元年
子七月　長谷川元右衛門（印）

山本大蔵様

二一五　長谷川元右衛門銀子借用証文（切紙）

社用銀ヲ預ル

（端裏書）
「延享元年子七月　御社用之内遣候」

預り申銀子之事

一銀壱貫目也

右者、御院内要用ニ付、慥ニ預り申所実正也、何時成共、御入用之節、急度返済可申候、為後日預り証文、仍而如件

延享元年

子七月

長谷川元右衛門（印）

山本大蔵様

二一六 長谷川元右衛門銀子借用証文（切紙）

社用銀ヲ預ル

（端裏書）「延享二乙丑年二月廿五日、来ル三月廿八日切　御社用之内遣候」

預り申銀子之事

一銀三貫目也

右者、御院内要用之儀ニ付、慥ニ預り申所実正也、来ル三月廿八日限ニ急度返済可仕候、為後日預り証文、仍而如件

延享弐年乙丑二月廿五日

長谷川元右衛門（印）

山本大蔵様

社用銀ヲ預ル

二一七　長谷川元右衛門銀子借用証文（切紙）

（端裏書）
「延享二年丑四月十六日　御社用之内遣候」

預ケ申金子之吏

一金壱両也

右者、此度御院内要用之儀有之ニ付、慥ニ預り申所実正也、何時成共御入用之節急度返済可仕候、為念預り証文、仍而如件、

延享弐年丑四月十六日

長谷川元右衛門（印）

山本大蔵様

社用銀ヲ預ル

二一八　長谷川元右衛門銀子借用証文（切紙）

（端裏書）「延享二乙丑年四月　御社用之内」

預り申銀子之事

一合銀三百目也

右者、御院内要用之儀ニ付、慥ニ預り申所実正也、返済之儀者、先達而相残銀子壱貫弐百目、返済仕候節、急度返済仕、銀高都合返済可仕候、為後日預り証文如件

延享弐年　長谷川元右衛門（印）

乙丑四月

山本大蔵様

同　隼人様

社用銀ヲ預ル

二一九　長谷川元右衛門銀子借用証文（切紙）

（端裏書）「延享二丑年五月十日　御社用之内遣」

預り申銀子之事

一銀五百目也

右者、御院内要用ニ付、慥ニ預り申候所実正也、御入用次第、急度返済可仕候、為後日預り証文、仍而如件

延享弐年

丑五月十日　　　　長谷川元右衛門（印）

山本大蔵様

二二〇　長谷川元右衛門銀子借用証文（切紙）

（端裏書）
「延享二丑年七月十二日　御社用」

預り申金子之事

一金壱両三歩也

右者、御院内入用ニ付、慥ニ預り申所実正也、何時成共、御入用節、急度返済可仕候、為念如斯御座候、已上

社用銀ヲ預ル

延享弐年
丑七月十二日　長谷川元右衛門（印）
山本大蔵様

社用銀ヲ預ル

二二一　長谷川元右衛門銀子借用証文（切紙）

（端裏書）
「延享二年丑九月」

奉預り銀子之事

一銀弐百目也

右者御社用銀也、御院内要用之儀ニ付、奉預り候所実正也、来九月十九日限ニ急度返弁可仕候、為後日、一札仍テ如件

延享二年丑九月　長谷川元右衛門（印）
山本大蔵様

二二二　長谷川元右衛門銀子借用証文（切紙）

（端裏書）「延享二年丑十月十四日」

預り申銀子之㕝

一銀四拾匁也

右者、御院内急要用ニ付、慥ニ預り申候所実正也、当廿二日切ニ、急度返済可仕候、為後日、預り証文、仍而如件

延享二年

丑十月十四日

長谷川元右衛門（印）

山本大蔵様

二二三　林衆中銀子借用証文（切紙）

（端裏書）「宝暦六丙子十二月十一日

従新坊戻り証文」

社用銀ヲ預ル林衆中

預り申銀子之事

合丁銀壱貫目也

右之銀子者、其許就願御社用之中江慥ニ預り置候、為念一札如件

延享三丙寅年七月　林衆中

新坊殿

林御衆中

二二四　長谷川元右衛門銀子借用証文（切紙）

（端裏書）「延享三年寅八月」

奉預申銀子之事

一銀三百六匁也

右之銀子奉預候処実正明白也、何時成共、御用之節、急度返上可仕候、為後日、仍而如件

延享三寅年八月　長谷川元右衛門（印）

林御衆中

二二五　長谷川元右衛門金子借用証文（切紙）

（端裏書）
「延享三年寅十月廿八日」

覚

一金壱両也

右、慥預り申上候、酉九月朔日早々返済可仕候、已上

長谷川元右衛門（花押）

とら十月廿八日

山本大蔵様

二二六　長谷川元右衛門銀子借用証文（切紙）

（端裏書）
「延享四年卯七月三日」

請取申銀子之事

一銀弐貫九拾五匁也
右者、従御院内播磨屋与兵衛方へ之返済銀也、慥ニ預り申候所実正也、跡之銀子才覚仕候而、銀子調達次第ニ急度返済可仕候、為後日預り証文、仍而如件
延享四年
卯七月三日　長谷川元右衛門（印）
山本大蔵様
山本隼人様

二二七　長谷川元右衛門銀子借用証文（切紙）

（端裏書）
「延享四年卯七月八日」
預り申銀子之事
一銀六百七拾九匁七分也
右者、此度御社用ニ出候銀子也、慥ニ借用仕候処実正明白也、銀子才覚仕、調達次第急度返済可仕候、為後日、仍而如件

延享四年
卯七月八日　　　　長谷川元右衛門（印）
山本大蔵様
山本隼人様

二二八　長谷川元右衛門銀子借用証文（切紙）

（端裏書）
「延享四年卯八月七日」
奉預り銀子之事

一銀五百目也
右者、御社用銀子之内也、此度慥ニ拝借仕候処実正明白也、来ル九月五日迄ニ
銀子調達次第急度上納可仕候、為後日、仍而証文如件
延享四年
卯八月七日　　　　長谷川元右衛門（印）
山本大蔵様

山本隼人様

二二九　徳川家重朱印状

徳川家重社領安堵ノ朱印ヲ與フ

「(包装ウハ書)「(貼紙)惇信院様　御本紙」

京都
祇園社領　　社家中」

祇園社領山城国愛宕郡祇園廻之内九拾四石六斗餘、岡崎村之内五斗餘、千本廻之内五石四斗餘、天部村之内弐斗餘、葛野郡中堂寺村之内六石五斗餘、西院村之内八石八斗餘、五條橋下西側六斗餘、三條台之内四石九斗餘、紀伊郡東九條村之内拾八石弐斗餘、都合百四拾石事、如先規社家中収納幷門前境内諸役等免除依当家先判之例、永不可有相違之状如件

延享四年八月十一日

(朱印)(徳川家重)

二三〇　竪町横町通名平仮名片仮名合文帳

竪町名ひらかな（平仮名）にて合もん

い　建仁寺町通
　此間ニ入組有
ろ　川原町通
は　寺町通
に　御幸町通
ほ　ふや（麩屋）丁又白山通
富小路通
柳ノ馬場又万里小路
堺町通
高倉又頂妙寺通
あいの（間之）町
東洞院通

車や町通
烏丸通
両かへ（替）町
むろ（室）町通
衣ノ棚つくぬけ（突抜）
新町通
釜座突抜
西洞院通
小川通
油小路通
和泉殿つくぬけ
堀川通
吉や（葭屋）町通
猪ノ熊通
黒門通

横町の名
かたかなに
て合もん

大宮通
千本通
横町の名かたかな（片仮名）にて合もん
イ　寺の内通
ロ　上立売通
ハ　五辻通
すま町通
今出川通
本せいわんし（誓願寺）通（く脱カ）
武者ノ小路
一条通
中立売　元ハ正親町
上長者町　元ハ土御門
中長者町　新在家
下長者町　高ツカサ（鷹司）

出水　元ハ近衛通

下立売　元かけゆ(勘解由)小路

さわらき(椹木)町　元中ノ御門

丸田(太)町　元春日通

竹や(屋)町　元大炊通

ゑひす(夷)川　元ハ冷泉通

二条通

押小路

御池通　八まん(八幡)町共

姉小路

三条通

六角通　せいくわんし(誓願寺)共

蛸やくし(薬師)　元四条坊門

錦小路

四条通

綾小路通
仏光寺　元ハ五条坊門
藪ノ下通
松原通
万寿寺　元樋口通
五条橋通
やまもゝ(楊梅)通
六条通
さめうし(佐女牛)通
七条坊門
北ノ小路
七条通
延享四丁卯十一月廿一日
之記

二三一　長谷川元右衛門金子借用証文（切紙）

（端裏書）
「延享五年辰三月四日」

覚

一金三歩也

右ハ俄要用ニ付暫之中、慥ニ借用仕候、御入用次第、別段ニ返済可仕候、為念

如斯ニ御座候、以上

長谷川元右衛門（印）

延享五年

辰三月四日

山本隼人様

二三二　長谷川元右衛門銀子借用証文（切紙）

（端裏書）
「延享五年辰三月十日」

覚

一金壱両ト
　銀百拾匁也

右者御台所俄要用ニ付、慥ニ借用仕候、当月廿日過ニ急度返済可仕候、為念預り証文如斯ニ御座候、已上

延享五年
　辰三月十日
　　　　　　　　　長谷川元右衛門（印）

山本大蔵様
山本隼人様

二三三　長谷川元右衛門金子借用証文（切紙）

（端裏書）
「寛延享五年　辰五月廿六日」
　　　ヽ

覚

一金子壱両也

右者此度御台所要用之儀ニ付、慥ニ借用仕候処実正也、来六月朔日無相違
返上可仕候、為念如斯ニ御座候、以上
延享五年
辰五月廿六日　　長谷川元右衛門（印）
山本隼人様

二三四　長谷川元右衛門銀子借用証文（切紙）

（端裏書）
「延享五年辰七月十三日」
奉預り銀子之事
合銀四百五拾匁也
右者御社用銀也、慥ニ奉預候所実正明白也、来ル極月御算用節、急度返納可
仕候、為後日仍而如件
延享五年辰七月十三日　　長谷川元右衛門（印）

山本大蔵様

二三五　長谷川元右衛門銀子借用証文（切紙）

（端裏書）
「寛延元年辰九月廿八日」

覚

一銀百匁也

右者上日講掛銀不足也、慥ニ借用仕候所実正也、当十一月御入用次第急度返済可仕候、為念請取証文如斯ニ御座候、已上

寛延元年
辰九月廿八日　　長谷川元右衛門（印）

山本隼人様

二三六　長谷川元右衛門銀子借用証文（切紙）

（端裏書）
「寛延元年　　辰九月廿八日」

覚

一銀五拾匁也

右御台所入用之儀ニ付、慥ニ借用仕候処実正也、何時成共御入用次第返済可仕候、為念借用証文如斯ニ御座候、以上

寛延元年

辰九月廿八日　　　長谷川元右衛門（印）

山本隼人様

二三七　長谷川元右衛門普請料請取状（切紙）

（端裏書）
「寛延元年　　辰十月晦日」

覚

一銀壱貫目也

右者普請料義ニ慥ニ請取申候、為念請取証文如斯ニ御座候、已上

寛延元

辰十月晦日　　　長谷川元右衛門（印）

山本隼人様

猶右之内金拾三両壱歩、当師走御納之節差引申定也

二三八　長谷川元右衛門金子借用証文（切紙）

（端裏書）
「寛延元年　辰十二月十一日」

借用仕金子之事

一金拾弐両壱歩也

右之金子、慥ニ借用仕候処実正也、返済之儀者当月十五日納算用済次第ニ返済可仕候、為念借用証文如斯ニ御座候、以上

長谷川元右衛門（印）

寛延元年
辰十二月十一日

山本大蔵様
山本隼人様

二三九　長谷川元右衛門金子借用証文（切紙）

（端裏書）
「寛延二巳三月二日」

覚

一銀四百目也　右ハ当八月九日迄ニ急度返済可仕候

一金五両也　右者賄用也

合テ金五両ト銀四百匁也

右、慥ニ請取申候、為念請取証文如斯ニ御座候、以上

寛延弐年

巳三月二日　長谷川元右衛門（印）

山本隼人様

林御衆中

二四〇　嶋田半之丞銀子借用証文（切紙）

奉拝借銀子之事

合銀三貫目也

右之銀子奉拝借処実正也、何時成共御入用次第、急度差上可申候、為後証、仍而如件

宝暦二申年七月　　嶋田半之丞（印）

林御衆中

二四一　嶋田半之丞銀子借用証文（切紙）

奉拝借銀子之事

合八百目也

右之銀子奉拝借処実正也、何時成共御入用次第、急度差上可申候、為後証、仍而如件

林御衆中

宝暦二申年七月　　　　嶋田半之丞（印）

林御衆中

二四二　山本隼人願書写（続紙）

（端裏書）
「宝暦三酉十二月山本隼人願書写」

乍恐奉願候口上書

一私儀去ル四月社務存念ニ不相叶ニ付、社代役退役仕候様、社僧梅本坊其外役者共を以被申越候、存念ニ不相叶儀ハ私野心を差挟候由、元来宝寿院暫無住ニ御座候所、当社務幼年之節、関東より亡父大蔵誘引仕、当社務ニ居へ、及老年候迄随身仕、格別懇意被致、亡父茂至極太（大）切ニ相勤、不相替私共迄茂、是迄無別条社役相続罷有候處、不存寄不興を請、甚迷惑仕候、社中へ被申渡候趣茂、私野心を差挟、社務之権を奪取、対社務江弓をひき申ニ付、退役申付候由、祇園社社中門前境内ハ宝寿院領掌仕、其支配を社代相勤、御公辺江茂罷出候儀ニ而御座候、私家者古来より社代役相勤、数百年来之家筋之者ニ

百年来社代ヲ勤ムル家柄

悴主計ノ社代相続ヲ願フ

祇園社領

祇園廻り

御座候を、中杓(傷)仕候輩御座候様ニ被存候、右中杓仕候者共、及露顕候時節茂可有御座与差扣罷有候内、去ル七月ニ永逼塞申付、家領取上ヶ五人扶持当暮ゟ可指越旨、堀池左近・本願・江戸備中与申者、右三人口上ニ而被申越候、何とも不得其意、全中杓之者共之所為、右中杓之者共江対談可仕奉存、彼是見合候内、風聞共及承候得者、弥中杓之者共之所為、梅本坊・藤岡幸円・嶋田半之丞・長谷川宗次、彼等か取計ひ、眼前之儀ニ御座候得共、一旦社務より申渡候儀無間茂彼是申出候而は、社務・社中江下知之妨ニ茂可相成与様子相考罷有候内、梅本坊八月六日ニ急病ニ而相果、其後小林采女と申梅本坊由緒之由、半之丞同役ニ被申付、小林杢之進与相改、去ル八月十九日ゟ出勤仕候、兼々梅本坊内談之相談相手と被存候中杓之者共者、昨今新参之者共ニ而色々相妨可申奉存候、夫故内々相願候所、中杓之者不礼至極、傍若無人之様子ニ相聞、無是悲(非)御願申上候、何卒同名大蔵名跡、悴主計江相続仕候様奉願候、何之故茂無ク暦(歴)代仕候役儀、家領迄茂被為役(没)収、殊更私家領者執行ゟ申請候儀ニ而ハ全無御座、祇園社領百四拾石御朱印高之内弐拾三石余、祇園廻り之内、岡崎村之内、千本廻り之内、西院村之内、三条台之内、中堂寺村之内、東九條村之内ニ而、数年頂戴仕候家領ニ而御座候、右之家領を被為役（没）収候而は対先祖申訳も無御座、歎ケ敷奉存候、全中杓之者共社法を猥し、新規之事相企申者共ニ御座候得者、中杓之者とも所為何共迷惑仕候、何分和順仕、相続仕候様、乍恐奉願候、被為　聞召分御憐愍を以、願之通被為　仰付被下候ハヽ、難有可奉存候、已上

宝暦三年酉十二月

祇園社
山本隼人印

御奉行様

（貼紙）（朱筆）
「一旦社務ゟ申渡候儀、無間も彼是申出候而者、社務・社中江下知之妨ニ茂相成へく
と書載仕候、左様ニ社務之下知太（大）切ニ存居申候隼人儀、社務ゟ申付置候下知を破り、
却而公事を申掛ケ、隼人申分相立候時ハ、社務之下知者自今相立可申哉之事」

（貼紙）（朱筆）
「私家領者執行ゟ申請候儀ニ而ハ全無御座と書載仕候得とも、別紙証文之写之通、執
行御披官ニ被召置候、押へ置候弐十三石七斗之地為扶持被仰付候事、忝存候と申趣、
別紙証文と御引合御読可被下候」

（貼紙）（朱筆）
「右家領を被為役（没）収候而ハ対先祖申訳も無御座候と書載致候、則隼人先祖之者ゟ差出

置候別紙誤り証文と御引合御覧可被下候」

山本隼人・松坊ニ荷担セザルコトヲ誓フ

二四三　宝光院等社家下知遵守約定

(端裏書)
「松坊・山本隼人等社務之不興を請候節、社務へ社中ゟ差出候一札社務与社中与之差別、是ニ而御賢察可被下候」

奉指上候一札

此度山本隼人・松坊背御意候段、社中被召寄被仰渡、何連茂承知仕候、依之元来　御社家様御下知相背候儀者無之者共ニ御座候、向後猶以　御社家様御下知如何様之義ニ而茂相背不申上候、勿論、松坊・隼人へ荷担仕候義者且而無御座候、仍而如件

宝暦三年酉四月十一日

宝光院（印）
竹坊（印）
神福院（印）
堀池左近（印）

梅本坊（印）
新坊（印）
東梅坊（印）
西梅坊
代判国宿玄喜（印）
本願（印）
江戸備中（印）
藤岡幸円（印）
仰木隆慶（印）
狛平治（印）
上田左内（印）
上田助進（印）
狛源丞（印）
藤岡平進（印）
植田喜内（印）

御社家様

上田平丞（印）
上田瀬平（印）

二四四　山本隼人隠居願書

山本隼人隠居ヲ願ヒ出ル

（端裏書）
「此書付者宝暦四戌年出入内済之節、隼人隠居いたし、家督忰主計江相続之条、社務江願出候書付ニ御座候」

御願申上候口上書

一拙者儀近年病身ニ被成候ニ付隠居御願申上候、跡役同宿主計江先規之通ニ仰付被下候様御願申上候、以上

宝暦四年戌閏二月

社代
山本隼人（印）

御社家様

山本隼人ハ
社務ノ家来
ナルベシ

二四五　東梅坊等社代一件請書写

（端裏書）
「戌七月九日坊中ゟ差出候口上書写」

申上候口上書

一社代山本隼人儀、御社務様之背御意、及御公辺候所、御社務様之御家来ニ而者無之旨を被申、私共甚驚入候、社代山本氏儀者、従先々御社務様之御家来と申儀申伝、能存知罷在候、今日之勤方、毎度御家来之役筋を被相勤候儀ハ眼前之儀ニ御座候、夫故私共御家来と奉存候、万一御公辺ニ而私共江右之段御尋御座候者、御家来ニ相違無御座候趣可申上候、已上

宝暦四年戌七月九日

東梅坊印
新坊印
竹坊代
□□印
□□院印

五人組

二四六　松原町祇園社領年貢米算用覚

覚

雑米共

一米高合八石弐斗壱升三合四夕

此代銀五百弐拾五匁六分六厘

但シ石ニ付六拾四匁替

一役銀百拾四匁

二口合

以上

五人組
京屋久右衛門（印）

宝暦四戌年
十二月十一日

行吏
茗荷や正蔵（印）

二四七　松原町年貢米算用覚

覚

雑米共

一米高合八石弐斗壱升三合四夕
　此代銀六百九拾八匁壱分五厘
　　但シ石ニ付八拾五匁替
一役銀百拾四匁
　二口合
　　以上

北門前松原町
年寄六右衛門（印）
宝暦五年亥極月十日
行事利兵衛（印）

祇園社衆議
座中

二四八　祇園社領年貢米皆済控

（端裏書）
「安井江進候皆済之扣」

納　祇園社領年貢米之事
合六石壱斗五合壱夕
此外雑米壱斗八升三合壱夕五才三毛
右者借地合千弐百廿壱坪弐厘也
年貢米皆済如件
外ニ鳥居通川下ﾐ川原新在家
十九間四尺五寸役銀十九匁七分納之
宝暦六丙子年極月十一日　　　祇ﾐ園ﾐ社ﾐ中ﾐ
祇園社
衆議座中
右趣安永四年書改メ遣し候
蓮華光院

御役人中

当年ゟ右之通相認遣ス

外ニ下河原と申文章当年初而書記遣ス

二四九　松原町年貢米算用覚

覚

雑米共

一米高合八石弐斗壱升三合四夕

此代銀六百弐拾四匁弐分弐厘四毛

但シ石ニ付七拾六匁替

一役銀百拾四目

弐口合

以上

松原町

宝暦六年子十二月十一日

年寄六右衛門（印）

行事源太（印）

二五〇 祇園社惣代東梅坊等返済銀赦免願書

口上覚

一藤岡幸円儀、万屋久兵衛と申者引請居候上納銀借り受、右返納相滞候内、幸円致病死、其後社中引請候様ニ相成、何茂難義之処、御世話ヲ以銀子相調、御公辺表相済、忝致大慶候、右銀返済者銘々割合を以可差出筈御座候得共、時節柄差滞甚致迷惑候、是迄も御救を蒙り居候得者、何とも惶入候得共、右返済銀此上社中江御救ニ被下置候様ニ奉願度候、以上

惣代
東梅坊（印）

同
宝光院（印）

宝暦六丙子年極月

林御衆中

右社中一統へ　御救被成下候へハ林中之者共一致ニ有難奉存候已上

山本主計（印）
松　坊（印）
新　坊（印）
仰木隆慶（印）
上田左内（印）

二五一　松原町年貢米算用覚

覚

雑米共
一米高合八石弐斗壱升三合四夕
此代銀五百五拾八匁五分壱厘壱毛
但シ石ニ付六拾八匁替
一役銀百拾四匁

二口合

以上

宝暦七丁丑年十二月十一日

北門前松原町
年寄六右衛門（印）
行事嘉右衛門（印）

北門前松原町

二五二　山本主計大政所御旅所支配返答書

大政所御旅所ハ祇園末社

御尋ニ付口上書

一祇園末社大政所御旅所之儀、本社祇園社之支配ニ候哉、又者支配ニ而無之哉と御尋被成候

此儀、末社之儀ニ御座候得者、本社社務宝寿院支配ニ相違無御座候、

御尋ニ付口上書奉差上候、以上

宝暦八年寅三月十三日

祇園社
社代
山本主計

御奉行様

蓮華光院

二五三　祇園社領年貢米皆済控

（端裏書）
「安井へ遣ス皆済之案文」
納　祇園社領年貢米之事
合六石壱斗五合壱夕
此外雑米壱斗八升三合壱夕五才三毛
右者借地合千弐百（弐拾）壱坪弐厘也、年貢米皆済如件
外ニ鳥居通下川原新在家
拾九間四尺五寸役銀拾九匁七分納之
宝暦八戊寅年極月十一日　祇園社中
蓮華光院
御役人中
（裏書）
「表書坪数廿坪落書有之付安井御役人堀尾右近へ申達、当年廿之二字之文字加

御門前松原町

へ遣、此義ハ阿野飛弾守へも先達社代申達置事也」

二五四　松原町年貢米算用覚

覚

雑米共

一米高合八石弐斗壱升三合四夕

此代銀五百八拾三匁壱分五厘壱毛

一役銀百拾四匁

二口合

以上

宝暦八年戊寅極月十一日

御門前松原町

年寄弥兵衛（印）

行事利兵衛（印）

林評議座中寛文十年以来中絶延宝六年ニ再興ス

二五五　林評議座中定（冊子）

「（表紙）
定」

覚

一林評議座中之支、前々ゟ勤来之処、寛文十戌年之難以来中絶、其後延宝六午年従　公儀当社北林之内江知恩院山門道開発被成為易地、則知恩院門前在家之内を御渡被下候、此地子米毎年八石弐斗、又右三門道相当ル松木皆売払代銀四貫三百目餘、此両様之代銀其時ゟ永代社頭小破御修理料ニ定之、則評議座中之事令再興訖、今般又於　御奉行所諸社永々修理料之事御裁判有之、当社御修理之儀御社領百四拾石之外、三門道易地之地子米、又新開之年貢米、又社中自分所持屋敷之地子米、合弐拾七石五斗三升、此外座中用餘之有銀五貫目共ニ当年ゟ積置之、重而社屋破損之時、修理料ニ可用之由以御書付被仰渡候、如此之上ハ向後弥以大切之事ニ候、座中会計厳密ニ被為沙汰、毎歳末勘定之趣、此方へ可被相届者也

元禄四辛未年六月廿二日　社務執行
　　　　　　　　　　　　宝寿院
右御書付之趣、奉得其意候、仍連署如件
東梅坊
　順松印
兵部卿
　順誠印
梅本坊
　順良印
山本大蔵
　憲之印
上河原右京
　勝政印
藤岡幸円
　房利印

上田左京
正吉印

前書之趣を以、今般申渡相糺之條々

一来ル七月御勘定之砌ゟ此方立会可申事

一御払之餘銀有之候ハヽ、社務封印致シ御箱ニ入、錠前ニも封印致シ、五役人江相預ケ、鍵ハ此方ニ預り置可申事

一右御餘銀慥成拝借人有之、相願出候ハヽ、此方へ相届、其以後評義之上、逐吟味貸附可申事

一貸附方証文宛所者、祇園社御役人中と可致事

（頭注）貸附方証文ノ宛所ハ祇園社役人中トスベシ

一御餘銀幷貸附方之品ハ其時々一社中江も可申聞事

右之通可致候ハヽ、互ニ明白之致方ニ存候、仍而状如件

宝暦九己卯年五月廿四日

社務執行
宝寿院

右御書付之趣、奉得其意候、仍連署如件

松坊

順恵印

東梅坊

順昌印

山本主計

憲顕印

仰木隆慶

秀臻印

上田左内

光秋印

右御書付之趣、社中一統奉得其意候、以上

宝光院印

兵部卿印

本　願印

江戸備中印

狛平次印

狛源之丞印
藤岡平之進印
植田喜内印
上田平之丞印
上田助之進代
近藤金次印

二五六　松原町年貢米算用覚

覚

雑米共

一米高合八石弐斗壱升三合四夕
代銀五百拾七匁四分五厘
但シ石ニ付六十三匁替

一役銀百拾四匁

御門前松原
町

二口合
以上
宝暦九年己卯十二月十日
御門前松原町
年寄 弥兵衛（印）
行事 甚兵衛（印）

二五七 松原町年貢米算用覚

覚
一米高合八石弐斗壱升三合四夕 雑米共
此代銀五百拾七匁四分五厘五（ママ）
但シ石ニ付六拾三匁替
一役銀百拾四匁
二口合
以上

御門前松原町
　　　　年寄
　　　　　弥兵衛（印）
宝暦十庚辰年十二月十一日
　　　　行事
　　　　　六兵衛（印）

二五八　松本正蔵参府入用銀子借用証文

奉預候銀子之叓
合銀壱貫五百目也
右者御参府御入用ニ付拝借仕候処実正也、来巳極月十一日急度返上可仕候、
為後日仍而証文如件
宝暦十年辰十二月廿一日
　　　　　　松本正蔵（印）
林
御役人中

徳川家治社領安堵ノ朱印ヲ與フ

二五九　徳川家治朱印状

（包紙ウハ書）
「（貼紙）「浚明院様　御本紙」京都祇園社領
社家中」

祇園社領山城国愛宕郡祇園廻之内九拾四石六斗餘、岡崎村之内五斗餘、千本廻之内五石四斗餘、天部村之内弐斗餘、葛野郡中堂寺村之内六石五斗餘、西院村之内八石八斗餘、五條橋下西側六斗餘、三條台之内四石九斗餘、紀伊郡東九條村之内拾八石弐斗餘、都合百四拾石事、如先規社家中収納幷門前境内諸役等免除依当家先判之例、永不可有相違之状如件

宝暦十二年八月十一日　（徳川家治）（朱印）

府内・山城一国ノ勧化ヲ願ヒ出ル

二六〇　祇園社修復勧化願書写（続紙）

（端裏書）
「宝暦十四申年願書写」

奉願口上書

徳川秀忠太刀ヲ奉納ス
徳川吉宗ノ上覧アリ

一京都祇園社者、正保二乙酉年御造営被成下候処、同三丙戌年炎焼、其後承応二癸巳年御造営被成下候儀ニ付、御修覆之儀先達而奉願上候処、右願之趣難相成段被仰渡、願書御差戻被成下、奉願〈畏〉候、然ル上又候奉願上候儀、恐多奉存候処、甚及大破修復自力難叶、既承応二巳年御造営被成下候以来、小破之分相補候様被仰渡、祇園一社中江被下置候御朱印百四拾石、銘々配当之内を除置被仰渡を奉重、小破者勿論、中破迄も年々自力加、小破・中破迄修補仕、是迄ハ社相続仕候得共、御造営被成候而ゟ数十年自力ニ難叶罷成候、然ル上者、社も追日々大破仕退転可仕与歎ケ鋪奉願〈存〉候、承応二巳年御造営之侭ニ而、其後少(小)破取繕自力も加江、是迄社相続仕候処、今度御修覆地を放レ候様ニ相成候而者、神位茂軽ク相成、自然と人々之信仰茂薄罷成、社中者不及申上、氏子共迄何程歟歎ケ鋪奉存候、

祇園社者金気武徳者、神霊院台徳院(徳川秀忠)様御代御太刀御奉納茂被成下候御由緒も御座候右御太刀、享保十三申年有徳院(徳川吉宗)様被為遊上覧候儀ニ御座候、如斯之社之儀破壊仕候様ニ相成、対神霊恐多奉存候、再応御修復之儀、奉願上度奉存候得共、難相成旨被為為仰出候上、奉願候儀、是以奉恐入候

右申上候通、追日破損相増候得共、最早自力を以取繕可仕手段尽申候得者、何卒御憐愍を以御府内諸御武家方幷寺社在町方又山城一国勧化仕、信心之輩江武徳[redacted]祇園守厄除之御府(符)相配、助力を以、承応二巳年御造営之社順御修復仕度奉願上候、勧化願之通御免被成下候ハヽ、御府内諸御武家方幷寺社在町之分、江戸表ニ而勧化所相定、勧物取納、山城一国者、京祇園社内於勧化所勧物取納候様仕度奉存候、乍恐右之趣、被為聞召分、願之通勧化御免被為成下候者、御修復地之訳茂相立、社中一統難有可奉存候、以上

宝暦十四甲申年五月

京祇園 宝寿院

同所 社代 山本大蔵

御奉行所

二六一　関口清左衛門新道普請願書

右道筋去年ゟ申出シ置候処、大蔵様御留守故、是迄相待居申候処、此度大工勝

手ニ付急之普請仕度、殊ニ去年春建家之願相済御坐候間何卒右道筋御貸シ
被下候様奉頼上候、尤壱坪ニ附毎年極月御年貢節ニ五合宛之積を以、壱間ニ弐
拾軒之間年貢指上可申候間、御許容被成下候様奉願候、已上

関口清左衛門（印）

明和元申年十一月

山本主計様

二六二　関口清左衛門借地証文幷同絵図

安井月見町裏畑地ニ新在家ヲ願ヒ出ル

一札之事

一安井月見町裏御畑地新在家奉願候ニ付、右地境細道東西弐拾三間之内、西
ゟ拾七間ヶ間幅壱間、是ゟ東六間ヶ間幅間半之処、別帋絵図之通拝借仕度
旨奉願候処、御許容被成下難有奉存候、然ル上者毎年十二月十一日右地面
之間壱坪ニ付五合宛之積リ御社領御相場を以、永々相納メ可申候、勿論右
地面建物仕候義、一切無御坐、有来通ニ而拝借仕候義ニ御座候、万一相違之

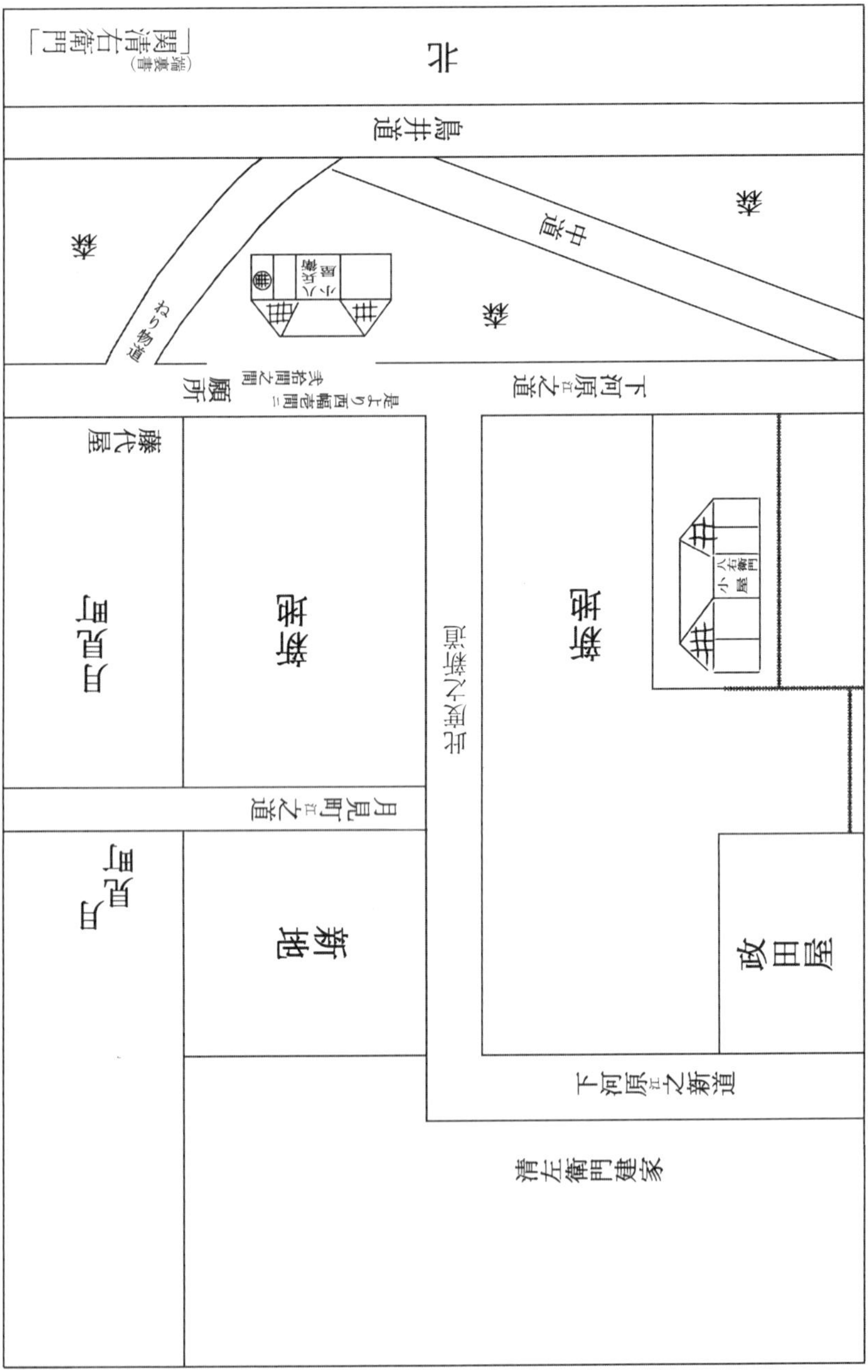
北
鳥井道
中道
下河原江之道
是より西幅壱間ニ弐拾間之間
願所
藤代屋
新地
月見町江之道
「関清右衛門」（端裏書）

儀御坐候ハヽ、早速御取上ヶ可被成候、但シ右御地面西者溝限ニ而、東江弐拾三間也、万一御入用之儀御座候ハヽ、何時ニ而茂返上可仕候、為後日之一札仍而如件

明和弐年酉正月　関口清左衛門（印）

御社代
山本大蔵様
山本主計様

府内・山城一国ノ勧化ノ許可ヲ報ズ

二六三　勧化御免ニ付江戸よりの書状控

（端裏書）
「勧化願之通於　江戸表御免ニ付江戸ゟ書状来り、社中江達之書付控

明和二年酉四月　」

一去三月廿七日松平伊賀守（忠順）殿御屋敷御内寄合於御席、先達願上候御社為修覆御府内諸御武家方幷寺社在町方山城一国勧化之儀、願之通首尾能被仰出候

一御触流之儀幷勧化状之儀、二三日中ニ可被　仰出候

四月二日

二六四　東梅坊等銀子借用証文（全文を抹削す）

月切ニ借受

（包紙ウハ書）
「酉七月

御社中御三人ゟ当坊へ之銀五百目請文

寛政七年卯二月七日新坊ゟ返ル」

（端裏書）
「寛政七年卯二月返ル済、新坊ゟ」

預申銀子之事

合銀五百目也　利月一歩之定
六ヶ月分相済也

右之銀子従万屋久兵衛、来極月切御借受御用方へ被差出、拙者共慥預申候処
実正也、返達右限月無相違返済可致候、尚々御用銀御調達御座候者、相調次第
返上可申候、為之連印如件

東梅坊（印）

明和二年酉七月

松　坊（印）

宝光院（印）

新坊房丸殿

二六五　松本正蔵銀子借用証文

預り申銀子之㕝

合銀百目也

右之銀子就要用拝借仕候処実正也、何時ニ而茂御用之節返上可仕候、為其証文仍而如件

明和弐年酉十二月

松本正蔵（印）

御役人中

二六六　宝寿院代山本隼人社殿修復願書

正保二年ノ造営
同三年ノ炎焼

祇園社ハ二条城ノ鎮守

奉願口上書

一京都祇園社者、正保二乙酉年御造営被成下候處、同三丙戌年炎焼、其後承応二癸巳年　御造営被成下候儀ニ付、御修復之儀奉願候處、右願之趣難相成段被　仰渡、願書御差戻被成奉畏候、然ル上又候奉願上候儀、恐多奉存候得共、祇園社者、於京都二條　御城鎮守ニ而尊敬之社ニ御座候処、甚大破修復自力ニ難叶、既ニ承応二巳年　御造営被成下候以来小破之分相補候様被仰渡、祇園一社中江被下置候御朱印百四拾石、銘々配当之内を除置被　仰渡を奉重、小破者勿論、中破迄茂年々自力を加江、中破迄茂修補仕、是迄社頭相続仕候得共、　御造営被成下候而ゟ数十年、自力を以修理仕置候迄ニ御座候得者、此節至り候而者修復茂相増、最早自力ニ難叶罷成候、然ル上者社茂追日大破仕退転可仕与歎ヶ敷奉存候、承応二巳年　御造営之侭ニ而、其後小破取繕自力茂加江、是迄相続仕候處、今度御修理地を放レ候様ニ相成候而者、神位茂軽ク罷成、自然と人々之

徳川秀忠太刀ヲ奉納ス

徳川吉宗ノ上覧アリ

信仰茂薄ク罷成、社中者不及申上氏子共迄何程歟歎ヶ敷奉存候、祇園社者
金気武徳之神霊、既
台徳院（徳川秀忠）様　御代　御太刀御奉納被成下候御由緒茂御座候、右　御太刀享保
十三申年
有徳院（徳川吉宗）様被為遊　上覧候儀御座候、如斯之社之儀破壊仕候様ニ相成、対神霊
恐多奉存候、再応御修復之儀、奉願上度奉存候得共、難相成旨被為　仰出候
上、奉願候儀、是以奉恐入候、右申上候通、追日破損相増候得者、最早自力を以
取繕可仕手段尽申候得者、何卒　御憐愍を以御府内諸御武家方幷寺社在
町方、且又山城一国勧化仕、右助力を以、承応二巳年　御造営之社頭御修復
仕度奉願上候、勧化願之通　御免被成下候ハヽ、御府内諸御武家方幷寺社
在町之分江戸表ニ而勧化所相定勧化取納、山城一国者京祇園社内於勧化
所、勧化物取納申度奉願上候処、去酉三月廿七日、守之儀押而相弘メ申間敷
勧化之儀、願之通　御免勧化奉蒙　仰、冥加至極、社中一統難有奉存候、則去
酉七月ゟ今戌九月迄、勧化物取集申度、御当地本石町四丁目勧化所取繕、山
城一国者京都祇園社内勧化所江勧化物相納候様、願之通、御触流被　仰出、

京都祇園氏子町ハ凡ソ六百町計リ

毎月一度宛ノ富興行ヲ願ヒ出ル

難有奉存候、然ル所、今戌九月限月も過候得共、時節柄ニ而御座候哉、勧化集り兼、御憐愍御蔭を以、修復取繕申度奉存候得共、此分ニ而者中々修復助力ニ茂難相成候、近比恐多奉存候得共、此上於京都富拾ヶ年　御免被成下候様奉願上候、一通り富之儀奉願上候儀、恐多奉存候得共、京都祇園氏子町凡六百町計り御座候得者、右氏子町々壱町ニ札三枚宛相対仕、都合千八百枚と仕、右千八百枚之札数ニ仕、氏子町之者共江相対仕、十ヶ年之間、京都祇園社於神前、毎月一度宛富興行之儀、何卒　御憐愍を以　御免被成下候ハヽ、右助力を以、承応二巳年　御造営被成下候社頭修復仕、相続仕候御儀ニ御座候得者、御憐愍を以、被為　聞召分、願之通何卒　御免被成下候ハヽ、此上社中一統難有可奉存候、尤不実紛敷儀等、決而無御座候様ニ仕、氏子之外相頼候儀者無御座候、何分ニ茂　御憐愍を以、承応二巳年　御造営被成下候社頭修復仕度、乍恐願上候、以上

京都祇園社務
宝寿院代
社代
山本隼人（印）

明和三戌年十二月

二六七　松原町年貢算用覚

覚

雑米共

一米高合八石弐斗壱升三合四夕

此代銀六百四拾匁六分四厘五毛

但シ
石ニ付七十八匁替

一御役銀百拾四匁

二口合七百五拾四匁六分四厘五毛

以上

御門前松原町

明和三年戌極月

年寄九郎右衛門（印）

行事庄兵衛（印）

祇園衆議座中

二六八　祇園衆議座中年貢米納状

（端裏書）
「明和五子年扣　安井年貢」

納　祇園社領年貢米之事

合六石壱斗五合壱夕

此外

雑米壱斗八升三合壱夕五才三毛

右者借〔貸〕地合千弐百弐拾壱坪弐厘也

年貢米皆済如件

外ニ鳥居通下河原新在家

拾九間四尺五寸役銀拾九匁七分納之

明和五戊子年極月十一日

祇園

衆議座中

社中（印）

蓮華光院

御役人中

二六九　社代上河原主税家領配当請書

（押紙）「上河原家領者社務宝寿院ゟ分與いたし遣し候義、此請書ニ而御賢察可被下候」

御請書

一私家領八石八斗余、元禄十一酉年曽祖父和泉及老年病身ニ付退役御願申上候砌、右家領差出隠居仕候、其年極月ゟ　御院内江御預り被成置、則為上河原分別帳被除置候處、相続キ祖父内記・養父外記病身ニ付早世仕、不被及御沙汰、然ル処、私義　俊峯院様御在世之節、社代役義被　仰付、是迄相勤罷在候処、此節　御宮御修理方御用何角差集候段被　聞召、依之御朱印高之内右家領先矩（規）之通配当頂戴仕候様被　仰付、忝仕合ニ奉存候、仍而御請書差上申候、以上

明和六丑年極月

社代
上河原主税（印）

御社家様

五條橋下

二七〇　五條橋下年貢米皆済案（切紙）

（端裏書）
「五條橋下　皆済之案文」

納　祇園社領年貢米之事

一八斗九升弐合五夕六才

新家建次増米

壱石壱斗七合四夕四才

合弐石也

右、皆済如件

五條橋下引受人
金屋伊右衛門
伊丹屋庄介

明和七寅年極月十日

惣納
山（ママ）
松（ママ）

御門前松原町

二七一　松原町年貢算用覚（切紙）

覚

但シ米八拾三匁替

御年貢

高合八石弐斗壱升三合四夕

雑米共

代銀六百八拾壱匁七分壱厘弐毛

銀百拾四匁　右役銀高也

弐口合

七百九拾五匁七分壱厘弐毛

以上

御門前松原町

明和七年寅極月十一日　年寄庄兵衛（印）

行事仁兵衛（印）

二七二　祇園社本殿修復成就正遷宮願書控（切紙）

御免勧化

勅使参向ヲ願ヒ出ル

奉差上候口上書

一祇園社大破ニ付修覆為助成
御免之勧化奉蒙　仰、難有奉存候、御蔭を以修覆取掛り御本殿計り者此程
修覆成就可仕奉存候間、近々以別紙出来御届可奉申上候、依之御本殿之儀
者修覆出来次第正遷宮も奉願上度奉存候間、任旧例ニ遷宮之節
勅使御参向之儀、兼而
御所表江奉願置度奉存候間、則例書等奉差上候、此段御聞置被成下様社中
一統奉願上候、以上

祇園社
社代
山本隼人
社務執行
宝寿院

明和八年卯三月

御奉行所

二七三　宝光院等銀子年賦証文

修復ノ入用ヲ借用ス

（端裏書）
「井筒や吉兵衛ゟ戻ル」

預申銀子之事

一合銀四貫八百二拾目也

右之銀子此度　御当社御修覆入用ニ付借用申処実正也、然ル所返済方之儀差支在之候ニ付、此度御頼申入、当卯年ゟ来ル丑年迄十一ヶ年賦ニ御請取被下候様、段々御頼申入候処、御承知被下忝存候、然ル上者毎年極月十五日ニ四百四拾匁九分宛相渡、都合十一ヶ年賦ニ無相違急度返弁可申候、為後日連印年賦証文仍而如件

祇園社
社僧
宝光院（印）
同
松坊（印）

明和八卯年七月

同
社代東梅坊（印）
社
役者山本主計（印）
仰木隆慶（印）

森嶋吉兵衛殿

（捺印部分をいずれも墨筆にて抹消、あるいは切り取る）

二七四　山本主計等銀子借用証文（切紙）

預り申銀子之事

合銀弐百目也

右之銀子急

御社用ニ付預り候処実正也、入用次第急度可令返弁候、為後日一札仍而如件

安永二巳年九月

山本主計（印）

宝光院（印）

丹波屋
七兵衛方

社用ノタメ銀子ヲ借用ス

二七五　松原町年貢算用覚（切紙）

覚

一米高合八石弐斗壱升三合四夕 雑米共

此代銀六百拾六匁五毛

但シ石ニ付七拾五匁替

一役銀百拾四匁

二口合七百三拾匁五毛

以上

安永元辰十二月

御門前松原町

年寄 大和屋武兵衛（印）

行吏 丹波屋佐兵衛（印）

千文祓神事料ヨリ借用ス

二七六　長谷川元右衛門等銀子借用証文（切紙）

拝借仕候銀子之事

一七百四拾五匁　利息八朱、酉十月ゟ戌三月迄六ヶ月相済

右之銀子者、当五月ゟ御賄料相滞候ニ付千文祓御神事料之内ニ而御差操被下候ニ付、右銀高慥ニ奉拝借候、返納者御社御入用次第不寄何時返上可仕候、右預り一札為後証依而如件

安永六酉年十月

長谷川元右衛門（印）

松本市之進（印）

御役人御中

二七七　松原町年貢算用覚（切紙）

覚

雑米共

御門前松原町

一米高合八石弐斗壱升三合四夕
此代銀六百三拾弐匁四分三厘壱毛八才
但シ石ニ付七拾七匁替
一役銀百拾四匁
二口合七百四拾六匁四分三厘壱毛八才
以上
安永六年
酉十二月
御門前松原町
年寄忠右衛門（印）
行亊武助（印）

二七八　松原町年貢算用覚（切紙）

覚
一米高八石弐斗壱升三合四夕
但雑米共
此代銀五百四拾弐匁八厘

御門前松原町

山鉾町々山鉾ノ曳キ方ノ危義ナキコトヲ祇園社ニ誓フ

但シ石ニ付六拾六匁替
一役銀百拾四匁
都合二口合六百五拾六匁八厘
安永八戊亥
十二月十一日

御門前松原町
年寄 忠右衛門（印）
行司 半兵衛（印）

二七九　山鉾町願書案文（冊子）

（表紙）「七月
山鉾町願書之案文
十四日」

乍恐奉願口上書

一私共町之祇園会山鉾差出し町々曳通候節、私共町々不行届候趣達　御聞、
当二日被　召出、不埒之旨被仰渡、以来相雇候人足共手荒かさつヶ間鋪無
之様急度申渡シ、町々ゟ付添罷出候者共心を付候様被　仰渡、則右之段御
請書奉差上、一統恐入奉承知候、例年町々ゟ相雇候車方幷ニ人足共手荒か
さつ無之様入念取計可仕旨、年々証文取之相雇、尤私共町々ゟ銘々家別ニ
人数罷出無油断心を附、危義無之様世話仕、山鉾ニ付添罷越シ、別而曳帰候
節者尚以心ヲ付、世話仕罷在候得共、全躰大業之山鉾之義ニ而危義有之、一
統安心不仕候ニ付、以来左之通被仰付被下度奉願候覚

一山鉾曳通り候最中無躰ニ往来仕候もの多有之混雑仕候、尤　御用ニ而御
往来被成候義者随分御差支無之様取計可仕候得共、自分勝手ニ而右之節
往来仕候儀、御差留メ被成下、曳通り候道筋町々ゟも心を附差留呉候様被
仰付被下度奉願候

一山鉾曳通り候道筋町々ゟ茂人数罷出、世話仕呉候得共、不行届世話之致方
之町々も御座候、以来家別ニ罷出、急度心を付、実躰ニ世話仕呉候様ニ被仰付

寺町三条辻・同四条辻ノ山鉾ノ曳廻シ

町幅狭ク埒等モナシ

山鉾木戸ヲ損ス

被下度奉願候
一寺町通東側溝筋ゟ町幅江二尺程も出張、蓋を仕、見物人差置候ニ付、おのつから町幅狭キ様相成危候付、以来右躰之義相止候様被仰付被下度奉願候
一寺町三条辻、同四条辻、山鉾曳廻候節、曳綱之先キ東江引込不申候而者、鉾廻り不申候付、右辻之見物人中江綱先キ引込候故、見物人相除ヶ呉候様申聞候得共、多人数殊ニ俄ニ相除ヶ候義付、格別除ヶ候義も相成不申、甚混雑仕危義有之候付、以来右辻之曳綱引込候程之間ゟ、見物人差置不申候様、右辻之近町ゟ世話仕、兼而見物人相除ヶ置呉候様被仰付被下度奉願候
一松原通寺町ゟ西ハ町幅狭く幷東洞院通者らち等も致無之町々有之候故、見物人往還江罷出居候義も有之、危奉存候付、松原通幷ニ東洞院通町之溝石限ニ随分丈夫ニらち仕置、右らちより外江見物人差出し不申候様其家々ゟ世話仕呉候様被仰付被下度奉願候
右之通奉願候、且又曳通候道筋町々木戸際何れ町ニ而も狭ク山鉾幅一はいニ而木戸江すれ合候様相成、摺れ合せ候而者山鉾等も損シ迷惑仕候ニ付、木戸際ニ而者猶以無油断世話仕候義御座候得共、何分仰山成山鉾之義ニ

車方人足ヨリ証文ヲ取ルベシ

付、例年こまり入罷在、其上毎度被　仰渡も有之候付、山鉾町々ゟ銘々付添罷越無如才世話仕、車方人足共も手荒かさつ無之様厳敷申付、少も等閑ニ仕候義一切無御座候処、不行届趣達御聞甚恐多一統歎ヵ敷奉存候、此上恐多候義御座候得とも前条之通車方ゟ茂毎年入念証文取之候得共、尚亦麁末不仕候様車方之者共へ御声被為掛被下度奉願候、勿論此度被仰渡候趣急度相守、猶亦車方人足共へも得と申付、町々ゟも随分無油断世話仕、麁末無之様取計可仕候間、御慈悲ニ前段之通御聞届ケ被成下候ハ者一統は難有可奉存候、以上

山鉾町々

安永八年己亥六月

御奉行様

二八〇　祇園会神輿舁につき触廻状写（切紙）

（端裏書）
「祇園会神輿舁願舁出間敷旨御触

天明三癸卯五月廿八日未刻方樹院ゟ来法皇寺へ送　　「三三」

□通

神輿舁キハ長柄町ノ者ニ限ル

祇園会祭礼神輿舁之儀、長柄町之者共ゟ雇出候外ニ願舁之者一切出間敷旨、先年ゟ度々相触候処、亦候近キ比猥ニ相成、願舁之者多出候由相聞江、不埒ニ候、先達而触置候通弥相守、願舁之者堅出間敷候、若以来願舁之者罷出候ハヽ、急度可申付候

右之通洛中洛外へ可申通もの也

卯五月

右之通相触候様被仰出候ニ付申進候、以上

卯五月　　荻野七郎左衛門

触願了

二八一　多賀要人等社用銀勘定立会人一件請書写

（前欠）

一祇園社務執行宝寿院相手取、社中ゟ御願申上候ニ付、今日被召呼、右願書御見せ被成下候而、対談仕相済可申儀ニ御座候ハヽ、埒明可申旨、相済不申候ハヽ、来辰正月廿七日明六ツ時、相手取候者共一同返答書仕罷出候様ニ被仰渡、奉承知候、右御請書奉指上候、以上

天明三年卯十二月廿日

祇園社
社務執行
宝寿院家来
多賀要人印

同
付添
大久保専次印

御奉行所

二八二　宝寿院等社用銀勘定立会人一件請書写（続紙）

（端裏書）
「御訴訟
来正月廿七日呼もの（ママ）
祇園社中
松坊
其外」

祇園社中社用銀勘定ノ仕方ニ付キ宝寿院ヲ訴フ

林衆議座中

乍恐奉願上候口上

一例年極月十日門前境内年貢銀納、同十一日境内除地米銀并境内夫役銀・社用銀之利息等取集メ、右両日集り銀社用箪笥ニ入レ立会封印仕、宝寿院方へ預ケ置、同十三日右年貢銀一社中江銘々家領割渡シ、同十四日社用銀を以年中小破之補ひ料并年中社用銘々共ゟ控置候分相渡し、猶又修覆之節引残り借用物等元入利払仕候義ニ御座候、右取計方ハ往古ゟ林衆議座中と名目相立、社僧之内三綱一臈・小綱一臈・社代両人・役者両人立会勘定仕来り候事ニ御座候、然ル所当月九日宝寿院ゟ役者仰木伊織へ申聞ケ候ハ、当年ゟ勘定之節、家来多賀要人・樋口平四郎両人立会セ可申段申聞候ニ付、同席之者内談仕、往古ゟ社務家来之立会候例無之、尤宝暦三酉年故社務宝寿院・故社代山本隼人争論之節、押而嶋田半之丞・小林杢之進と申者差出候より事起り、宝暦八寅年ニ至り御裁許被成下候以後諸事先極之通相守、社中一統平和ニ罷有候処、此節先例も無之義申聞候ニ付不承知之旨書付を以申入候処、猶又役者狛平次を呼、左候ハヽ、社務宝寿院自身ニ立会可申候得共、此節所労ニ付為名代右両

銀子入ノ箪笥

人可指出旨、又々申聞候ニ付、社務自身立会之儀ハ定例も無之候得共、社務職之義ニ御座候故、申立候通自身ニ出役之義ハ随分承知仕候、併為名代家来殊ニ昨今者を指出候儀及断之段申入候、然ル所十三日恒例之通家領共相渡し申度、預ケ置候銀子入之箪笥請取ニ役者共罷越候処、此間ゟ申達候義不承知之趣、猶又対談致し候上ニ而箪笥可相渡旨申之候ニ付、十三日ゟ数度掛合候得共、宝寿院此節所労之由を申、多賀要人取次を以いろ〳〵難渋共申掛、右銀子入箪笥相渡し不申候ニ付、万一争論ケ間敷相成候事を恐入、平和ニ相渡候様ニ色々申入候へ共、聞入不申、仕り方も無御座候、銘々家領と申も、社家中と申宛ニ而頂戴仕候　御朱印ニ而御座候処、宝寿院一分として勝手侭ニ押へ置候訳ニ而ハ無之、猶又年貢銀之内ニハ日供料・神酒料、承応年中従

御公儀様御造営被　成下候節之燈籠之常燈明料等迄入込有之候、ケ様之儀共指支候而ハ神慮之程も恐入奉存候、且又社用箪笥ニ有之候銀子者先年被為　仰渡候本社諸堂之小破補ひ料を始メ日々社用公務之手当テニ御座候処、勝手侭ニ押へ置不相渡、勿論社中一統家領頂戴不仕候而ハ社役

銀子入箪笥ノ引渡シヲ求メル

林衆儀座中

難勤、別而当年者一統困窮之上、甚難義迷惑仕候、乍恐右之段被為　聞召分、早々右銀子入箪笥二本共相渡、不相変家領等頂戴仕、御社役無恙相勤申度、且又諸職人共諸払も仕度奉存候間、宝寿院幷取次を以、口達仕候多賀要人、且樋口平四郎等被為　召出、ケ様之新規之義不申出候様、且指留置候銀子入之箪笥相渡呉候様ニ御憐愍を以被　仰付被下候ハヽ、社中一統難有可奉存候、以上

天明三卯年十二月

祇園社
林衆儀座中
三綱一﨟　松坊印
小綱一﨟　東梅坊印
社代　山本陸奥守印
同　上河原大隅守印
役者

仰木伊織印

同　狛平次印

一社中惣代　新坊印

同　上田左内印

同　上田瀬平印

御奉行所

右之本紙十二月廿日五ツ時、東御役所へ罷出候様被仰渡、左之通罷出候処、公事方同心藤井才次郎写取候様ニと申相渡し、別紙壱通も同様ニ受取、町宿近江屋喜重方ニ而写取、直ニ請書相添返上致し罷帰ル

祇園社
社務執行
宝寿院
病気不参

家来
多賀要人

名札

同
病気不参　樋口平四郎
同付添　大久保専次

二八三　宝寿院代等社用銀勘定立会人一件願書写（続紙）

宝寿院代内済ノ延引ヲ願ヒ出ル

乍恐口上書

一当社中ゟ御願申上候儀ニ付、先月十七日双方被召出、御吟味之上、元禄年中・宝暦年中、社務ゟ申渡候社法・定書も御座候へハ、一社之義旁如何様ニも右定書之趣ヲ以執計申候て、内済相調可申儀と被思召、社中之もの共江日数廿日之御日延被仰付、尤宝寿院義も所労平臥ニ居候共、及面談可申段被仰出、奉畏候、然ル所社用勧(勘)定相済候由ニ候得共、今日迄一向相届不申候、其後社中之もの共社務方へ罷越候ニ付及面談候処、右被仰渡候通、内済之義双方互ニ熟談も出来不申候ニ付難渋ニ奉存、何とそ被仰出候御憐愍之御思

召之通相調候様仕度候所折節所労別而不勝ニ罷有候ニ付、家来多賀要人へ
存念も有之候ハヽ、承候而和談相調候様相心得、熟談之趣申聞候様申付、此
段社中之もの共へも申聞遣候得共、社中之者共申候ハ、家来要人ニ面談仕
候様被仰付候而も、其段ハ不同心之由申、取合不申候ニ付、無是非御日延日
限も空敷相成申候而恐入奉存候、御上御苦労ニも相成不申候様致方も可
有之義ニ候へ共、何分此方ゟ申聞候義不同心と申候而無是非候、右最初御
願申上候義も此方へ相届も不仕、万事我侭申募申候、社法定申渡に仕候社
務之職分ニ御座候得共、近年一向何事ニ而も相届不申、蔑ニ仕、社務職も難立
歎ヶ敷奉存候、依之先達而奉申上候通、蔑ニ仕候趣共品々有之、一々ケ條ヲ以
奉願度奉存候得共、右之内ニハ恐多事共も有之ニ付、可成たけハケ條を以申
上候義も差延罷有候義ニ御座候間、何とそ御憐愍ヲ以、如先規社務職相立
候様被仰付被下候ハヽ、難有可奉存候、以上

祇園社
社務執行
宝寿院
代北村右京

天明四年
辰二月十日

家来
多賀要人
同
樋口平四郎
代
樋屋源吾

御奉行所

二八四　宝寿院等社用銀勘定立会人一件返答書写断簡（続紙）

宝寿院代ノ祇園社中ヘノ返答

（前欠）

入用済次第私方へ即日指□（返カ）し候仕来ニ御座候、右之訳合ニ而彼方之筆筒之様中上候段、願方之もの共心得違之御義ニ奉存候

一右筆筒之儀ハ右之通毎年勘定之節渡来候之義ニ付御理解被為　仰聞候通仕来之趣を以相渡可申候得共、右筆筒之内ニハ諸帳面等も入有之候得ハ此節出入中之事故、彼方へ其侭相渡候ハヽ、彼方差障ニ可成義ハ帳面等も

抜取、又ハ取拵候義に可有之哉、且金銀員数をも相改置不申而ハ後而（ママ）勘定之
始末も難相分、此上追々私方ゟ奉願御吟味被成下候迚も、私方ゟ申立候趣
無詮様ニ可相成哉と、此所甚以難ヶ敷奉恐入候間、此度及出入候上之義ニ
御座候へハ御理解被仰聞候通、右箪笥ハ随分案内次第相渡可遣候間、右之
内ニ有之候金銀高相改、勿論諸帳面之義ハ双方立合帳数迄も相改、合封印
仕、猶又為証拠請取書取置候様仕度奉存候、尤此度之出入中之義故、右之通
奉願候へ共、向後右之通ニ可仕と申訳ニハ決而無御座候

勘定ノ場所

一前方ハ本願と申方ニ而勘定仕候へ共、近来勝手侭ニ場所ヲ替、西梅坊方ニ而
勘定仕候段、願方之もの趣意有之義と奉存候得共、是以当年之所ハ出入中
之義故差障候存念無御座、右之義、此外共紛敷義共追々ケ條を以御吟味可
奉願と奉存候、差掛り箪笥不相渡候而者社用指支候段、御理解之趣御尤ニ奉
承知候ニ付不得止事、先ッ箪笥之一条、前書之通奉願之義ニ御座候間、右之
趣御聞届被成下候ハヽ、難有可奉存候、以上

天明四年
辰閏正月十一日

祇園社
社務執行
宝寿院

代
大久保専次

御奉行所

二八五　東清井町年貢夫役銀指出

（端裏書）
「天明四辰年十二月指出シ」

東清井町

辰御年貢并夫役銀覚

但 米壱石ニ付九拾三匁相場
夫役銀表口壱間ニ付三匁定

建家地面拾弐ヶ所之内 壱ヶ所者御年貢夫役免除
三ヶ所者建家未出来 除之

残八ヶ所分左之通

米五斗五升八合九夕八才雑米共
一銀五拾壱匁九分八厘五毛　伊勢屋喜兵衛分

一銀拾八匁　夫役銀

米三斗四升三夕九才雑米共
一銀三拾壱匁六分五厘六毛　丸屋嘉兵衛分

一銀拾五匁　夫役銀

米四斗七升五合四夕九才雑米共
一銀四拾四匁弐分弐厘壱毛　吉野屋次郎三郎分

一銀弐拾三匁七分三厘　夫役銀

米三斗四升壱合四夕四才雑米共
一銀三拾壱匁七分五厘四毛　右同人分

一銀拾九匁五分　夫役銀

米四斗六升四合四夕三才雑米共
一銀四拾三匁壱分九厘弐毛　菊屋平兵衛分

一銀拾九匁五分　夫役銀

米三斗五升六合壱夕雑米共
一銀三拾三匁壱分壱厘七毛　甲屋かよ分

一銀拾六匁五分　夫役銀

米五斗八升四夕弐才雑米共
一銀五拾三匁九分七厘九毛　芳野屋幸蔵分

一銀三拾目　夫役銀

米壱斗九升七夕壱才雑米共
一銀拾七匁七分三厘六毛　右同人分

一銀三拾弐匁　夫役銀
〆四百八拾壱匁八分七厘
内
三百七匁六分四厘　御年貢米代
百七拾四匁弐分三厘　夫役銀
外ニ
米弐斗弐升壱合四夕五才　買添地
銀弐拾目五分九厘五毛　御年貢米代
右之通取立御社納仕候処、如件
天明四年辰十二月　児嶋幸蔵（印）
御社代中様

二八六　上田瀬平等南馬場崎的場年貢本高等請書

南馬場的場新在家ノ半成ヲ願ヒ出ル

奉願候口上之覚
一私共家領之内南馬場崎的場年貢、先達而新在家ニ相成申、年々御取立被成下、不相替拝納仕難有奉存候、元来右場所半成之所新在家立揃申候ハヽ、本高ニ可被　成下候段承知仕罷在候得者、奉願候義恐入奉存候へ共、追々立

揃申候ハヽ、当年ニ不相限、本高ニ被　仰付被下候ハヽ、永々格別之奉蒙
御社恩、難有可奉存候、此段可然御沙汰被成下候様奉願候、以上
天明四年辰十二月
上田瀬平（印）
上田左門（印）
上田助之進（印）
藤岡平之進代
狛　平次（印）
林衆議御座中

二八七　祇園社修復幷正遷宮等例書

（端裏附箋）
「宝暦十一御修覆届例書」
（端裏書）
「天明六年丙午三月廿五日荻野七郎左衛門へ為持遣ス」

覚

一当社修覆之儀、宝暦十一巳年、東御役所江御願申上候、其後於東御役所御添
翰頂戴参　府仕、御願申上候

一下遷宮之儀、
東御役所江御願申上、明和五戊子年五月廿八日相勤申候
一正遷宮之儀、
東御役所江御願申上、明和八辛卯年七月八日相勤申候
一正遷宮之儀ニ付
勅使御参向之儀、東御役所江御願申上候
一勅使御参向ニ付規式万端東御役所江御願申上候
右之通御座候、以上

祇園社代

天明六年午三月　　山本陸奥守

同

上河原主税　無印

二八八　松原町年貢算用覚

覚

御門前松原町

一米高合八石弐斗壱升三合四夕 雑米共
此代銀七百拾四匁五分六厘六毛
但シ壱石ニ付八拾七匁替

一役銀百拾四匁
二口合

以上

天明七申(ママ)年十二月十一日

御門前松原町
年寄清兵衛（印）
行支源八（印）

二八九　松原町年貢算用覚（切紙）

覚

一米高合八石弐斗壱升三合四夕 雑米共
此代銀八百四匁九分壱厘三毛

御門前松原町

一役銀百拾四匁　　但シ石ニ付九十八匁替
　二口合
　　　以上
天明七年未十二月十一日
　　　　　　　　　　御門前松原町
　　　　　　　　　　　年寄清兵衛（印）
　　　　　　　　　　　行支半助（印）

二九〇　清本町社用銀子借用証文

（端裏書）
「清本町江」

覚

一銀百八拾五匁
右　御社用ニ付借り入候處実正也、然ル上者来申年ゟ丑年迄六ヶ年賦壱
町宛可令返弁候、万一相滞候ハヽ御役銀を以差引可致事

但来申年ゟ毎年極月十六日可令返弁候事
天明七年未十二月　会合所（印）
清本町
年寄方

清本町

二九一　東梅坊等銀子借用証文（全文を抹削す）

（端裏書）
「未年○御借入之銀子、寛政七卯七月元銀返相済」松坊ゟ

神前石燈籠油料参府入用ニ社用銀ヲ預カル

預り申銀子之事
合銀壱貫三百目也
右者　御神前石燈籠燈油料也、此度参府入用ニ　御社用江預ル処実正也、其許御入用之節、　御社用銀を以返済可致候、為後日預り証文仍如件
但此利壱歩毎年極月御社用御勘定之節可相渡候、以上
天明七未年十二月
東梅坊（印）
山本陸奥守（印）

病気ニ付無印 上河原主税
仰木伊織（印）
狛　平次（印）

松坊殿

社用銀ヲ預ル

二九二　元吉町社用銀子借用証文（全文を抹削す）

（端裏書）
「新地六年賦元吉町へ相渡、当年ニて皆済也
元吉町江」

覚

一銀百八拾五匁

右　御社用ニ付借り入候処実正也、然ル上者来申年ゟ丑年迄六ヶ年賦壱町宛可令返弁候、万一相滞候ハヽ、御役銀を以差引可致事

但来申年ゟ毎年極月十六日可令返弁候事

天明七年未十二月　会合所（印）

参府入用ニ社用銀ヲ預ル

二九三　松坊等参府入用金借用証文（全文を抹削す）

元吉町
年寄方

借用申金子之事
合金五拾両也　但判金三拾両
弐朱弐拾両
右者　御宮
御朱印御改ニ付、此度　参府入用金ニ御社用江慥借入候処明白也、返済之儀者当十二月御社領御収納米代金ヲ以無滞返弁可致候、右之通聊無相違候条、為後日金子借用証文仍而如件
天明八年申五月九日
松坊（印）
〻東梅坊（印）
〻山本陸奥守（印）
仰木伊織（印）
〻狛　平次（印）
此節出府ニ付無印
帰京ニ付
五月十二日加印

中屋仁兵衛殿

二九四　徳川家斉朱印状

（包紙ウハ書）
「（貼紙）
「文恭院様御朱印」　京都
祇園社領
社家中」

祇園社領山城国愛宕郡祇園廻之内九拾四石六斗餘、岡崎村之内五斗餘、千本廻之内五石四斗餘、天部村之内弐斗餘、葛野郡中堂寺村之内六石五斗餘、西院村之内八石八斗餘、五條橋下西側六斗餘、三條台之内四石九斗餘、紀伊郡東九條村之内拾八石弐斗餘、都合百四拾石事、如先規社家中収納幷門前境内諸役等免除、依当家先判之例、永不可有相違之状如件

天明八年九月十一日

（徳川家斉）
（朱印）

徳川家斉社領安堵ノ朱印ヲ與フ

二九五　宝寿院代々役方年月届書写（続紙）

（前欠）

宝寿院歴代ノ戒師名前

宝寿院初代ゟ代々役方年月日戒師等之名前取調可申上趣被仰下候處、急取調之義仕兼候旨御理申上置候處、先代先々代又者相分り候分有之候ハヽ、差出旨、猶又一昨日被仰下候ニ付天文以来之處、漸取調申候間左ニ書付申上候、右年間以前之處者容易ニ取調兼候間、此段御承知被下度奉存候

二月五日　　宝寿院使者
小川進太良（郎）

祇園社務執行

権大僧都法印常泉

天文十三年十二月於
青門様得度

祐雅

権大僧都法印祐雅

天正十五年正月於

祐満

青門様得度
権大僧都法印祐満

祐円

元和二年十一月於
青門様得度
権律師法橋祐円

行快

寛文十一年五月於
青門様得度
権律師法橋行快

行顕

宝永三年四月於
妙門様得度
権少僧都法眼行顕

賢円

享保十一年十一月於
妙門様得度
権律師法橋賢円
天明九年八月於自坊得度

御門前松原町

但御袈裟剃刀之両品従
妙門様□□
以上

二九六　松原町年貢算用覚（切紙）

覚
一米高八石弐斗壱升三合四夕
代六百四拾八匁八分五厘八毛
一役銀百拾四匁
二口
合
寛政元年酉十二月
御門前松原町
年寄　十郎兵衛（印）
行吏　伊兵衛（印）

二九七　祇園社境内建物建替願書

右絵図□(墨)引□(之)□(通)□(当)院境内諸建物之内、西北之方物置及破損候、其上不勝手ニ付取崩、右跡江間口三間半・奥行弐間半之部屋相建、弐ツ仕切、右南之方へ□(小)□(屋)建直申度朱引之通奉願□

一東之方物見及破損候ニ付朽損柱根繕仕少々池□上ヶ左□　□塀取繕申度、朱引之通奉願候、尤御制禁之作事者勿論、何方江も差障之儀無御座候間、願之通御許容被成下候ハヽ、難有□　□存候、以上

寛政三年亥七月

祇園社務執行
宝寿院
代　松本市之進（印）

同　役者
狛　平次（印）

御奉行所様

二九八　宝寿院印形改願書（切紙）

乍恐御届申上候書

一此度拙僧印形相改申候ニ付別紙印鑑差上申候、此段御聞置被成下候様奉願上候、以上

寛政三年亥九月

祇園社
社務執行
宝寿院

御奉行所

二九九　松原町屋地子米皆済状控

（端裏書）
「寛政六甲寅年ゟ銘々納ニ相成仍皆済別々ニ仕　松原町皆済扣」

祇園社領北林易地屋地子米之支

納

合八石弐斗壱升三合四夕　雑米共

松原町
北林易地屋
地子米

外ニ
役銀
合百拾四匁
右皆済仍而如件
会合所
寛政四壬子年十二月十一日
年寄
重郎兵衛
行支
半助

三〇〇 津国屋かち借地料減免願書

地子銀ノ減免ヲ願ヒ出ル

奉願口上書

一是迄御拝借申上候御地面之儀、壱ヶ月分七百文宛之積を以地子銀上納仕来候処、近年商売体不景気ニ御座候故、何共申上兼恐入奉存候得共、当年ゟ五ヶ年之間六百文宛之積を以減少上納之儀御願申上度奉存候、何卒此段

御聞済被成下候様奉願上候、以上

寛政九巳
十二月十一日

願主
津国や(屋)かち (印)

年寄
丸屋甚右衛門 (印)

五人組
丹波屋安之介 (印)

御地頭様

借入銀ノ返済ヲ求ム

三〇一　山本采女等借銀返済願書

奉差上一札之事

一元銀合弐百目

右者安永二巳年御社用銀と申立、先山本主計・先宝光院御連印、祇園町丹波屋七兵衛ゟ借入候處、此節七兵衛ゟ段々御下ヶ願候ニ付難相分、我等江御尋候ニ付相調候処、先代之者ゟ御社用ニ遣り候義相違無之趣控御座候段申入候得共、連印之処役中ニ而無之分明之由御尤奉存候、併シ右之分ヶニ

付御歎申上候処、御社用ゟ七兵衛江御返シ被下難有奉存候、万一外ゟ不筋之儀申候ハヽ、我等罷出急度其明メ申入、御役人中江御難義相掛ヶ申間敷候、右連印不筋之段奉恐入候ニ付一札差上置候処、仍而如件

寛政十年
午十二月
願主 山本采女（印）
同 宝光院（印）
林
御座中

林御座中

三〇二 津国屋かち借地料減免願書

地子銀ノ減免ヲ願ヒ出ル

「(包紙ウハ書)文化元甲子年
願書 津国屋かち」

奉願口上書

一是迄御拝借申上候御地面之儀、壱ヶ月分七百文宛之積を以地子銀上納仕来候処、近年商売体不景気ニ御座候故、何共申上兼恐入奉存候得共、当年ゟ

又々五ヶ年之間六百文宛之積を以減少上納之儀御願申上度奉存候、何卒
此段御聞済被下候様奉願候、以上

文化元年子十二月十一日

願主清井町
津国屋かち（印）

年寄
丸屋甚右衛門（印）

五人組
銭屋伊三郎（印）

御地頭様

三〇三　井筒屋吉兵衛金子請取証文

（包紙ウハ書）
「三條通井筒屋吉兵衛方四貫八百五拾目年賦証文并
金子三両受取証文二通
文化二年丑五月中屋仁兵衛取次ニ而右事済」

請取申金子之事

一金三両也

右者祇園御社用方ゟ私方江可被下年賦銀残銀之分、今度其元殿御取次を以御渡シ被下、書面之金子慥ニ請取申候、尤御皆済ニ相成候ニ付、右年賦銀四貫八百五拾目之御証文壱通返上仕候、依之祇園御社用方取引ニ付金銀之出入書付等出候とも可為反古候、為後日書札仍而如件

文化弐年丑五月

井筒屋
吉兵衛（印）

中川仁兵衛殿

三〇四　東梅坊祠堂銭借用証文幷同添証文写（切紙）

祠堂銀ヲ預ル

預り申御祠堂銀之事

一金銀弐貫目也、但し利足月壱歩定

右者此度無拠要用之儀有之預り申処実正明白也、返弁之儀者、当御社領之内当坊江配当領納米之内を以、来ル未年ゟ毎冬十二月廿日限、拾石宛元利相済候迄地方役人共方ゟ急度為致直納可申候、勿論於此方如何躰之儀致出来候共、右御約定之通聊相違之儀致間敷候、為後証文旁連印仍而如件

等持院役人

祇園社地方役人

等持院役人

東山祇園社中

文化七庚午年

十二月

預り主 東梅坊印

証人 梅本坊印

等持院

御役人中

添証文之事

一此度梅坊無拠要用之儀有之ニ付、其御寺御祠堂銀之内弐貫匁(ママ)被致借用候処相違無御座候、御返弁之儀者、来ル未年ゟ毎冬元利之内へ坊領納米拾石宛無相違急度致直納可申候、為念拙者共ゟ指入置一札、仍而如件

東山祇園社地方役人

小林文治印

文化七庚午年

十二月

等持院

御役人中

一残〆
元銀壱貫五百三拾弐匁五分九り五も八弗
一不納
利息八百三拾八匁七分三り三も壱弗
但し当未ノ十一月迄〆ニ而
元利
金弐貫三百七拾壱匁三分弐り八も九弗
右写之通相違無之候
以上

三〇五　藤井主膳御旅所神役弟鉄之介相続願書

（端裏書）
「御旅所藤井主膳相続人之願　二九」

口上書

一私義近頃病気ニ付難勤御神役候ニ付、弟鉄之介儀を主膳ト改名為致、家督相

藤井主膳

多賀大社太々神楽ノ再興ヲ願ヒ出ル

御免勧化物ノ取リ集

続為仕申度候間、此段宜御取計奉願候、以上

文化九申年

二月廿一日　藤井主膳（印）

御社代御中

三〇六　多賀大社太々神楽再興願書

乍恐以書付御届奉申上候

一安永二巳年四月江州多賀大社神社仏閣不残類焼仕候ニ付、同年九月先規之通御造営被成下置候様奉願上候処、御時節柄ニ付御造営之儀者難被為仰付、併格別之訳ヲ以、諸国勧化御免被成下、右助力ヲ以連々ニ茂造立可仕旨、天明三卯年四月廿七日阿部備中守（正倫）様於御内寄合御掛り牧野豊前守（惟成）様被為　仰付、難有御請奉申上候、且又先例茂御座候間、御寄附銀被成下置候儀、同五巳年二月廿七日井上河内守（岑有）様於御内寄合　御寄附銀之儀者再建取掛り候節御沙汰可有之旨被為　仰渡候段、難有御請奉申上候、於　御免勧化物取集之儀、同五巳年三月堀田相模守（正順）様江奉願上候処、同七未年二

メヲ府内・大坂・多賀三ヶ所ニ於イテ行ナフ
幕府ヨリノ寄附銀百枚
文化五六年ノ大雪
月六日願之通被為　仰渡、則未年ゟ酉年迄三ヶ年之間御府内・大坂・多
賀三ヶ所勧化所江向々取集、御触流被為成下、難有仕合奉存候、然処去ル午
年秋、上方筋一統両度大風御座候処、仮建之堂社共悉及破損、就中元禄年中
ゟ御修復無之零落之諸末社吹倒レ候場所茂御座候故、無拠取繕相加候上、
此度再建取掛り申候ニ付、先達而御沙汰可有之旨被為　仰渡候御寄附銀
此節被下置候様、寛政元酉年五月十八日牧野備前守様江奉願上候処、同年
八月六日牧野備前守(忠精)様於御内寄合御寄附銀願之通、先例茂有之儀ニ候得
共、此節御事多御時節柄ニ付、難被為及御沙汰ニ茂候得共、多賀大社之儀者
格別之訳柄ヲ以銀百枚被為下置候様、板倉周防守(勝政)様御掛り被為　仰渡、難
有御請奉申上候、同年八月十一日御寄附銀請取証文奉差上、同八月廿四日
於御金蔵御寄附銀四貫三百目頂戴仕、難有仕合奉存候、右御寄附銀并　御
免被成下候勧化物等ヲ以、御本宮造営過半成就仕候、然処、仮宮大破之上、文
化五六両年之大雪ニ而家(屋)根等末社ニ至迄悉及大破雨漏ニ相成、　神慮之
程茂恐入、当時新薦等ヲ以相防罷在候、　御祈願所之儀ニ茂御座候間、右躰ニ而
者何共奉恐入候、右申上候新殿過半成就仕候儀ニ茂御座候故、新殿江奉遷

永代太々神楽講ヲ修行ス

座度奉存候得共、遷座入用手当無之候ニ付歎敷次第、当惑心痛仕候、依之先例茂有之候儀ニ御座候間、御遷座御供養料先規之通拝領被為　仰付被下置候様奉願上度奉存候得共、当時御倹約被　仰出候趣奉承知、右御年限中江右様御願申上候儀奉恐入候間、此儀者差扣罷在候、然共前文奉申上候通御仮殿及大破、雨漏等　神慮恐多奉存候間、何卒当九月中（文化九年）　御蔭ヲ以造営成就仕候御新殿江奉迁座度、御供養料等御願之儀者追而御年限茂被為済候上御願申上度奉存候、右之段御届奉申上候、何分　御聞届被成下置候者、難有仕合奉存候、猶又元禄年中多賀社頭御修復被成下置候、其砌御届申上置候永代太々神楽講修行仕候儀ニ御座候、尤此儀者信心之輩相勤メ少々宛初穂取集メ、例月於神前太々神楽修行仕、其餘助力ヲ以連々諸末社社堂修復手当ニ仕罷在候、然處去ル安永二巳年四月本宮始社内不残類焼仕、右神楽所茂焼失仕、不得止事其後中絶仕罷在候、前段御届奉申上候通、御本宮御迁座仕度候ニ付、此度神楽所再建出来仕候間、如先規太々神楽執行仕、右餘助力ヲ以諸堂社連々建立手当ニ仕度奉存候、右之段、乍恐御届奉申上候、右両様共

摂津国今宮
村神人

御聞届被成下置候者、難有仕合奉存候、以上

（後欠）

三〇七　大久保忠真祇園社大宮駕輿丁等諸役免状写

祇園社大宮駕輿丁摂津国今宮村神人等事、任先規諸役被免除之訖、弥守古例可専神役者也、仍下知如件

文化十三年二月

加賀守藤原朝臣御判

三〇八　平野屋喜兵衛銀子借用証文

（包紙ウハ書）
「上　文化十三子極月
元百目
一札
平野屋
喜兵衛」

一銀百目也、
右者此度無拠要用御座候ニ付御願申上拝借仕候処実正也、返上之儀者来
丑年三月・七月両度ニ急度返上可仕候、為後日拝借一札、依而如件

文化十三丙子年
十二月十四日
御門前町
平野屋
喜兵衛（印）

祇園御社
衆議御座中様

右御利足之儀者、月八朱之割を以上納可仕候、已上

三〇九　上田左内借用銀返済猶豫願書

奉願口上之覚

一御社用銀御利息、去ル酉年分不納、今子年分合六百七拾目〇（ママ）四分四厘五毛
当冬皆納可仕之処、当時甚以難渋ニ罷成不納之段、甚以奉恐入候、右御利足
之内江今年頂戴仕候広小路之分ヲ銀弐百目奉差上候、残之分来丑ノ七月

迄、何卒御用捨被成下候ハヽ、難有奉存候、右願之通御許容之段奉希候、以上

文化十三子十二月

上田左内（印）

御勘定所

御役人御中

三一〇　宝寿院賢円社用銀返済猶豫願書

借金ノ用捨ヲ願ヒ出ル

一境内勝手向不如意ニ付、

御社用銀拝借之内、古借之分都合拾七貫目、外ニ元入弐百目共、御用捨相願候處、願之通、衆儀座中格別に取計給致満足候、依至後々為証拠書付如件

文化十三丙子年十二月

社務執行

賢円（印）

衆儀座中

衆儀座中

三一一　山本大蔵社務代勤方請書（続紙）

社代見習之請書

（端裏書）

「山本大蔵社代見習之義、社務ゟ申付節、大蔵ゟ差出し候請書

社代与申ハ社務代ニ而社務之手代を勤候義、是ニ而御賢察可被下候」

御請書之事

一此度私社代見習出勤候旨被　仰渡候ニ付、近比社代勤方不行届之儀も有之、一社不取締りニ付、向後右社代勤方之儀者、前々通相改候様被　仰渡、承知仕候、依之左之通可相改事

一公辺向往来何等之儀ニ而茂、一々言上仕、猶又　御役所御様子等一々可申上事

一社中幷境内向ゟ願、且届出候儀者、其旨一々早速可申上候事

一是迄社司社代与相認メ候儀茂御座候哉ニ付、書損ニ而茂可有之候得共、向後右社司之文字、決而相用間敷旨被　仰渡、承知仕候、然ル上者右社司ト申文字之儀者、急度相改惣而紛敷文字無之様可仕事

社司社代ノ文字ハ用ヒズ

一社内社外地貸等之儀ハ其場所差支有無夫々江相談いたし、御社家様江御伺申上候上、貸付可申事

但し、右地貸料之儀者、由緒有之、前々より山本江為納来り候ニ付已来迚も相違無之由、格別之思召ニ候段、難有奉存候事

一右箇條々相洩候儀有之、仮令御沙汰無之共、前々之振合ニ可相勤事

右之外　御社法御定通幷御社家様ゟ被　仰出候儀、聊麁略之取計仕間敷候、此度何角前々通相改候様被　仰渡候旨奉畏、依之御請書奉指上候處、如件

文化十四丁丑年五月

山本采女実子
社代見習
山本大蔵（印）

御社家様

三一二　宝寿院名代東梅坊等暇乞覚（切紙）

文政元寅年七月十二日

御所司代へ御暇乞

関東御下向ニ付

御名代　東梅坊

社代　代　助之進

御進物ハ無之趣ニ相見候也

三一三　山本大内蔵社務代退役申渡書幷不荷担誓約書（続紙）

（端裏押紙）
「山本大内蔵不埒有之、社代退役申付候節右大内蔵不埒之ヶ條書
大内蔵事、当時加賀義、不穏者ニ御座候、是ニ而御賢察可被下候」

社代退役ヲ申シ渡ス

申渡

一去丑年九月十一日、社代本役申付候処、前々七月廿九日社代本役相勤候旨、御役所江届出候儀、社務を蔑ニいたし候事

門前町・境内デ家屋敷買得ノ砌ハ両役ニ各銀三両弐包ヲ持参ス

一門前町幷境内抔ニ家屋鋪買得之砌、為祝儀銀三両ッ、持参いたし候由、当時其方一役ニ而両役分銀三両弐包ッ、持参可致旨申付取之、幷年頭・八朔付届、右同様両役分申付取之、且又町内他所抱屋鋪持共ゟ以来年・八付届可致旨、新規之義申付取之候段、下を困候いたし方之事

八軒辺ノ茶屋

一去ル五月比、八軒辺茶屋共掛行燈打落し、幷門前町万屋次郎右衛門近辺ニ而

途中行合不礼咎抔ニ事寄、茶屋共宅江入込、喧嘩いたし狼藉之振舞有之候趣、為役人ものゝ、有間敷いたし方、不埒之至ニ候事

二軒茶屋

一先達而本社煤払之砌、東二軒茶屋ニおゐて取扱不行届抔与申立、膳部打砕候義、為役人ものゝいたす間敷義、不埒之至ニ候事

一此度年寄幸蔵、五人組喜兵衛等退役申付、并伊兵衛退役相願候事共、乍新役若年一己之了簡を以、取計いたし、剰此方喪中之義も不憚之上、兼而右躰之義、一々相伺候様申付置候處、伺等之儀も不相伺、既利助抔ハ去ル二月町役一統ゟ退役致させ度旨相願候程之ものへ、右躰役義を一己ニ而申付、贔屓之取計、旁重々不埒之至ニ候事

文政元寅年八月廿五日

山本大内蔵

申渡

社代役見習

其方義、昨丑年五月社代役見習申付候砌、社代勤方之義相改候様箇條を以申渡、請書等指出相勤罷在候処、同六月父采女義死去いたし候、依而無人旁以同

九月乍若輩社代本役之義申付候ニ付、役義太（大）切ニ相心得誠直可勤之処、無其義、兼而申付置候請書之趣意相戻キ、此方を蔑ニいたし一己之了簡を以、取計候事共多、其上前段読聞シ候通役人之有間敷儀共有之、旁不埒ニ付社代退役申付候もの也

但、右申付候ニ付、自今以後本社出仕指留候間、其旨可存候

文政元寅年八月廿五日

前文被　仰渡書之通、山本大内蔵義、不埒之義有之、社代役被　召上候趣、一統承知仕候、以来大内蔵義、如何様之義申立候共、決而荷擔ケ間敷義仕間敷候、依連判如件

宝光院（印）

竹　坊（印）

神福院（印）

新　坊（印）

東梅坊（印）

松坊繁丸（印）
上河原勇吉郎（押紙）「勇吉郎義幼年、其上忌中ニ付無印」
江戸丹後（印）
仰木隆慶（印）
上田瀬平（印）
上田助之進（印）
植田喜内（印）
上田左内（印）
狛　平治（印）

御社家様

三一四　祇園社務執行等新道作事再願書幷絵図（続紙）

奉願口上之覚

一本願寺御門跡廟所大谷通行道筋之儀、当春連印を以奉願候処、御聞届無御

廟所通行道筋ノ作事ヲ願ヒ出ル

参詣者小道往来デ混雑ス

座、願書御下ヶニ相成候得共、無拠差支御座候ハ、追而可願出旨御利解被成下、難有奉存候、右大谷地面彼方江拝領被　仰付候砌ゟ、当方地面を道筋ニ借請度旨引合御座候得共、熟談難相整、年月相重り漸当春熟談仕候義ニ而、御門跡御通行之砌、廟所参詣之もの共行合候節者片寄候場所も無之ニ付、畑作物之内江扣居候義ニ而、別而雨中之節差支多、且非常之節、多人数駈付候砌、小道往来甚混雑仕及難渋候儀等及見聞罷在候ニ付、不得止事再応奉願候、尤彼方法会之節者、廟所江参詣之もの群集仕候義ニ付、此上道幅省略仕候而者、参詣人混雑可仕哉ニも奉存候得共、在来通ニ而年来済来候御利解之趣も御座候義ニ付、麁絵図面墨引之内朱引之通、此度者下河原ゟ取掛候処ニ而、東西拾間を八間、南北拾壱間を九間、道幅五間半之処を四間半ニ省略仕、諸事手軽ニ取繕候義ニ御座候、当春御利解ニ而願書御下ヶニ相成候儀、此度遮而奉願候義奉恐入候得共、前文之仕合ニ付不得止事、再連印を以、奉願候間、此段　御憐察被成下御聞届被成下候ハ、、難有可奉存候、以上

文政元寅年九月七日

祇園社務執行

宝寿院（印）

三一四　祇園社務執行等新道作事再願書（絵図）

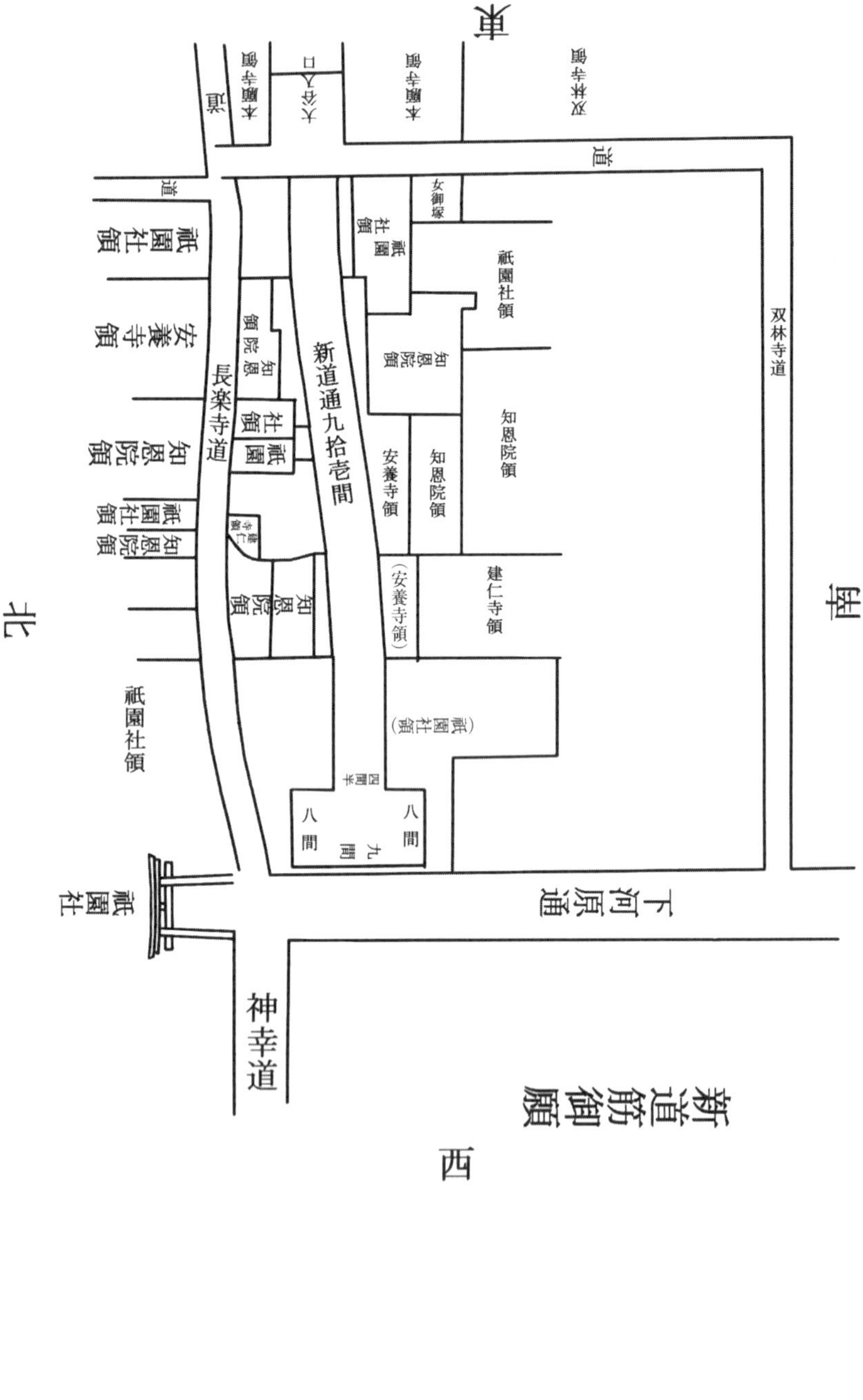

代　中村左馬（印）

同　役者
上田助之進（印）

円山安養寺役者
長寿院（印）

代　勝興庵（印）

御奉行所

三一五　山本大内蔵等社務代相論内済添状

乍恐済状

中村左馬ノ社代帰役ヲ認ム

一社務宝寿院家来中村左馬相手取、社代帰役之儀ニ付、御願奉申上、先月廿七日、対決之上、御聞懸ニ相成、其後追々御吟味之上、厚御憐愍之御理解等被為成下、難有奉存候、依之段々及対談候処、右御願之儀ニ付而ハ、私不行届之儀も有之候付、追而社代再役之儀、社務ゟ被申付候時節を相待、此上神妙ニ相

慎罷在候様可仕筈ニ而和談内済仕候上者、左馬江対シ申分等無之、右出入
事済仕、以来互ニ何之申分無御座候付、乍恐連印を以、済状奉差上候間、御慈
悲ニ右之趣、御聞届被成下候ハヽ、難有奉存候、以上

文政元年寅十二月廿二日

祇園元社代
山本大内蔵（印）

付添
西本願寺家来
松林中務

代西田五太夫

同宝寿院家来
中村左馬（印）

付添
江戸丹後

御奉行様

三一六　某社地地代猶豫願書

御請書

一私義、御社地拝借仕、射┌　┘御地面御入用ニ付、急之┌　┘仕候様被仰付奉畏候、然ル処、指┌　┘四月中御猶豫奉願、御聞届被┌　┘然(共)□猶又追々御猶豫奉願┌　┘北之方壱ヶ所者、来ル十日┌　┘来ル□月迄御猶豫被成下┌　┘然ル上者、右日限迄無相違取┌　┘返上可仕候、若聊ニ而も相違仕候┌　┘一言之御断申上間敷┌　┘

文政二卯年閏四月　┌

御社代様

三一七　東本願寺家来等新道作事願書幷絵図

（包紙ウハ書）
「東本願寺大谷廟所新道附候場所杭木打渡裏書絵図　弐通

祇園社務家雑掌
中村左馬邦脩

同　社代
上田助之進良泰」

文政三辰年五月廿日

（後筆）
「天保十五年辰十二月ゟ御箱江入レ置」

本願寺大谷廟所通行道筋ノ作事ヲ願ヒ出ル

茶店等ノ小屋掛ケヲ禁止ス

杭木ヲ打ツ

東本願寺東山大谷廟所通行道筋之儀、従来之道筋道幅狭ク品々差支御座候付、相対之上、祇園林地并社領円山安養寺領荒畑地之内、表絵図之通、永々借地ニ致し、新道筋を附申度旨被申立、祇園社代役・安養寺役者より茂右地所者荒地ニ而作物等茂難生立場所ニ付、貸渡度旨奉願候處、先達而右場所為見分、本多祐次郎殿・神沢条之助殿御出、御吟味有之候処、地境并近町之もの等、何之差支無御座旨申上候付、被申立之趣御聞届被成候間、茶店其外小屋掛等之儀者、決而仕間敷、尤門前境内ニ紛敷儀無之様可仕旨被仰渡、今日本多祐次郎殿・四方田重丞殿御出、右場所六尺五寸棹を以、間数御改、杭木御打渡、表絵図面之通、相違無御座候、為後証絵図裏書ニ連印仕差上申候所、仍如件

文政三辰年五月廿日

東本願寺家来
田中一学（印）

祇園社代役
上田助之進（印）

円山安養寺役者
延寿庵（印）

地境
知恩院

地方年番
既成院（印）

同
山役者
保徳院（印）

地境
建仁寺役者
興雲庵（印）

同
役人
遠藤以般（印）

地境
右官掌
座田大蔵大録検地
畑持主
祇園町
年寄六兵衛（印）
庄屋幸　蔵（印）

御奉行所

（押紙）
「文政三年辰五月廿日
東本願寺大谷廟所新道附候場所杭木打渡裏書絵図」

三一七　東本願寺家来等新道作事願書（絵図）

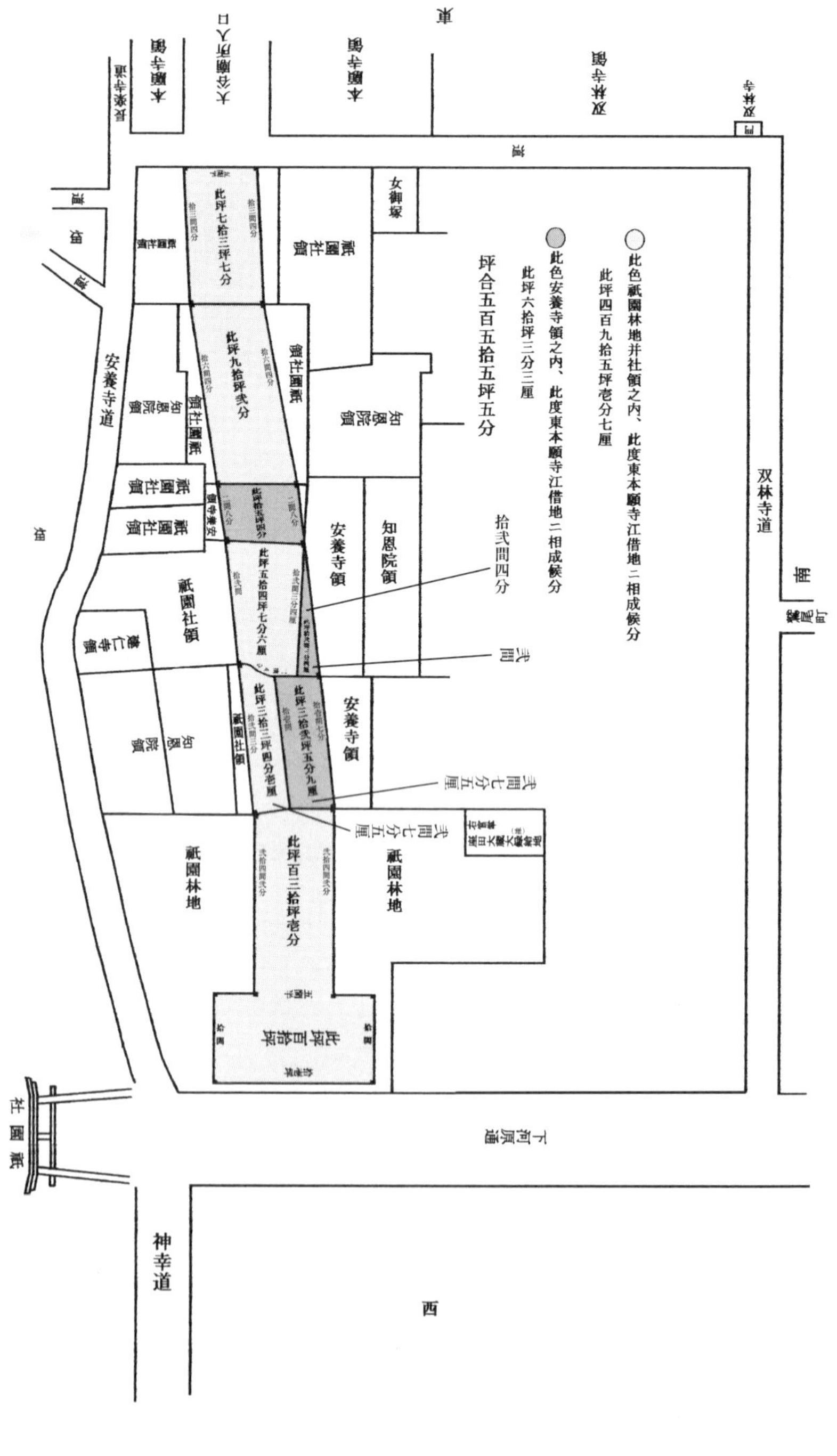

社地ヲ大谷廟所通行道ニ借用ス

三一八　粟津出羽介等祇園社地借用証文

御社地永代借請申証文之事

一其御社地南林之内、別紙絵図面之通、当御門跡大谷御通行道ニ御借用被成度、近来御懇望ニ付、先般御頼被仰入候所、預御許容、何角御取持を以致成就、御大慶不浅思召候、然ル上者、左之通堅相守可申候事

一御社地之儀ニ付、葬式不浄之類一切通行致間敷候、門末共江茂此旨急度申渡置候事

一従　公儀万々一用地ニ被　召上候ハヽ、御替地者其御方江御請取可被成候事

一新道筋入口升形別帋絵図面之通、下河原通ゟ東江御社地南林之内、凡四拾間有之候処、右下河原通ゟ東江弐拾間之間、燈籠幷建石等堅居置申間敷候、其外何等之儀ニ而も品替り之儀者、御指問有無及御相対御得心之上取計可申事

一御林借地之内、伐木堅致間敷候事

右、借地坪数六百四拾坪余、但シ壱坪ニ付米七合宛之勘定を以、都合四石四斗八升御立相場之通、当辰年ゟ永々十二月御定日ニ無相違相納可申候事

右之通、永々堅相守可申候、若相違於有之者、右借地御取戻可被成候、其節一切違背申間敷候、為後証仍如件

文政三辰年五月

粟津出羽介（印）

下間宮内卿（印）

祇園社
御役人御中

三一九　松原町年貢請書

一家ニ而三軒役仕来り之通、壱軒売渡ニ而、年貢後々無滞可納一札

（包紙ウハ書）
「御社代様

文政三庚辰年霜月

御門前松原町」

一札之事

一当町大黒屋伊助義、三軒役仕来り候所、此度沢村勘解（由欠カ）と申人江壱軒役分売仕度候ニ付、御願奉申上候所、御聞済被成下、御添翰□下御陰ニ而　御公儀

三軒役ノ内一軒役ヲ売リ渡ス

様ニ而御割印頂戴仕、難有奉存候、然ル上者、御年貢壱石八斗壱升六合之所売渡し候、壱軒役ニ八斗壱升六合為差出、大黒屋伊助ゟ壱石為差出候様御願申上候所、是亦御聞済被成下、難有奉存候、右沢村勘解由一軒役之所、明地ニ而御座候共、御年貢者勿論、町式来之通り急度相勤させ可申候、万一御年貢相滞候義御座候得者、町内ゟ□弁上納可仕候、依而連印奉差上候上者、御年貢ニ付荒地抔と佞ヶ間敷義申間敷候、為後日一札如件

文政三辰霜月

御門前松原町
年寄　葉屋源助　（印）
五人組　鍵屋庄蔵　（印）
町惣代　米沢屋九右衛門　（印）

御社代様

三二〇　東梅坊等氏子町小屋掛茶店取払願書

氏子町ノ小屋掛ケ取払ヒヲ願ヒ出ル

（端裏押紙）
「四通之内宝寿院ゟ上ル」

口上書

一此度正遷宮之節

勅使御参候之御目障ニ付、私共門前小屋掛茶店御取払ニ相成、則自坊表側修覆出来仕、御社内見込大ニ宜敷、轅町者不及申、氏子町ニ茂已後此形ニ而小屋掛御止メ被下候方ニ致度存候者多ク、殊ニ非常之恐茂有之、小屋掛御止メ被下候ハ丶、神威茂相増、自然与参詣人茂多ク世間之外見ニも相成候、旁以已来者御取立無之様、以連印奉願上候、以上

文政四年巳八月廿日

東梅坊（印）
宝光院彦麿（印）
竹　坊（印）

御社務様

中村左馬ニ出勤差留メヲ申渡ス

三二一　中村左馬出勤差止申渡書

（端裏押紙）
「山本監物義、社務家来中村左馬幷社役人江戸丹後此外轅町之者を相手取及出入、右出入事済之上、中村左馬へ咎申付候申渡書」

申渡

中村左馬

其方儀、此度山本監物ゟ被相手取、及出入候儀、都而取計不行届ゟ事発り候儀、為役人もの丶不覚至、仍之出勤指留候者也

文政四巳年十二月廿一日

右之趣被　仰渡、奉恐入奉畏候

中村左馬（印）

江戸丹後ニ役者退役ヲ申渡ス

三二二　江戸丹後出勤差止申渡書

（端裏押紙）
「山本監物義、社務家来中村左馬幷社役人江戸丹後、此外轅町之者を相手取及出入、右出入事済之上、江戸丹後義、役者退役申付候節之申渡書」

申渡

江戸丹後

其方儀、此度山本監物ゟ被相手取、及出入候儀、都而取計不行届ゟ事発り候儀、為役人不覚之至、仍之役者退役申付候者也

文政四巳年十二月廿一日

右御申渡之状奉畏候、以上

江戸丹後　(印)

山本監物ニ

三二三　山本監物出勤差止申渡書

（端裏押紙）
「山本監物義、社務家来中村左馬幷社役人江戸丹後、此外轅町之者を相手取及出入候ニ付、右出

社代役見習出勤差留メヲ申渡ス

入事済之上右監物義、社代見習出勤差留候節之申渡書

監物義不穏者ニ付、社代役ハ難申付候義、是ニ而御賢察可被下候」

申渡

山本監物

其方儀、此度中村左馬外弐人相手取、及訴訟候始末、第一公儀不恐、其上社頭修理再建等之指妨ニ可相成義を茂不顧、右躰及出入一社中為致混雑、剰轅町之者迄相手取候儀、対氏地一社ゟ無申訳次第、甚不束成致方、依之昨辰年三月社代役見習出勤申付置候処、此度右社代役見習出勤指留候者也

文政四巳年十二月廿一日

右被　仰渡候之通、奉畏候

山本監物　（印）

三二四　いせや松兵衛等娘仲居奉公金子請取証文

指上申一札

一私娘りよ義ニ付恐入候御義奉願候処、万弥方へ御利解被成下候ニ付、金子八両弐部（分）、右万弥殿ゟ相渡し被呉難有、右金子八両弐部（分）慥ニ奉請取候、然ル上者、以来何等之義も万弥へ出入申掛候筋、聊無御座候、為念書付指上候、以上

文政五午年
霜月十八日

いせや
松兵衛（印）
妻るい（印）
娘りよ（印）

仲仁（人）世話人
万屋
結兵衛（印）

中村様

大和勇隠居養子取ヲ願ヒ出ル

大和勇

大和勇大政

三二五　大和勇御旅所大政所社役譲渡願書

乍恐奉願上口上書

御旅所大政所
大和勇

一私儀、兼々病身ニ御座候處、病症弥増候ニ付、社役相続難仕候、依之隠居仕度、則名跡之儀ハ従弟中村左内倅竹次郎事左門ト相改、相続為仕度奉願上候、何卒右両様願之通、御聞届被成下候ハヽ、難有仕合奉存候、以上

大和勇（印）
文政八酉年六月　母八重（印）

祇園御社代
御衆中

三二六　大和勇御旅所大政所養子相続破談届書

口上覚

所養子ノ破談ヲ届出ル

一私儀、近来病身ニ而御社役勤兼候ニ付、従弟中村竹次郎与申者養子仕、御社役為相勤度段、先達而御願申上置候処、右竹次郎儀者差支之儀出来仕候ニ付、猶追而外相応之人躰相撰、養子相続之儀、御願申上度奉存候、右竹次郎義、養子仕候儀、破談仕候ニ付此段御届奉申上候、以上

御旅所大政所

大和勇

文政九年戌七月　　　大和勇（印）

母八重（印）

御社代御中

三二七　因幡堂薬王院南御旅所再建願書写（続紙）

因幡堂薬王院南御旅所ノ再建ヲ願ヒ出ル

一当院兼帯所四條寺町南御旅所右諸建物神輿舎・神楽所廻、其外共去ル天明八申年類焼後之仮建物之儀ニ付雨漏強、其上所々大破ニ相成候ニ付、不得止事、此度朱引絵図面之通再建仕度、左ニ奉願上候

因幡堂薬王院南御旅所再建願書（絵図）

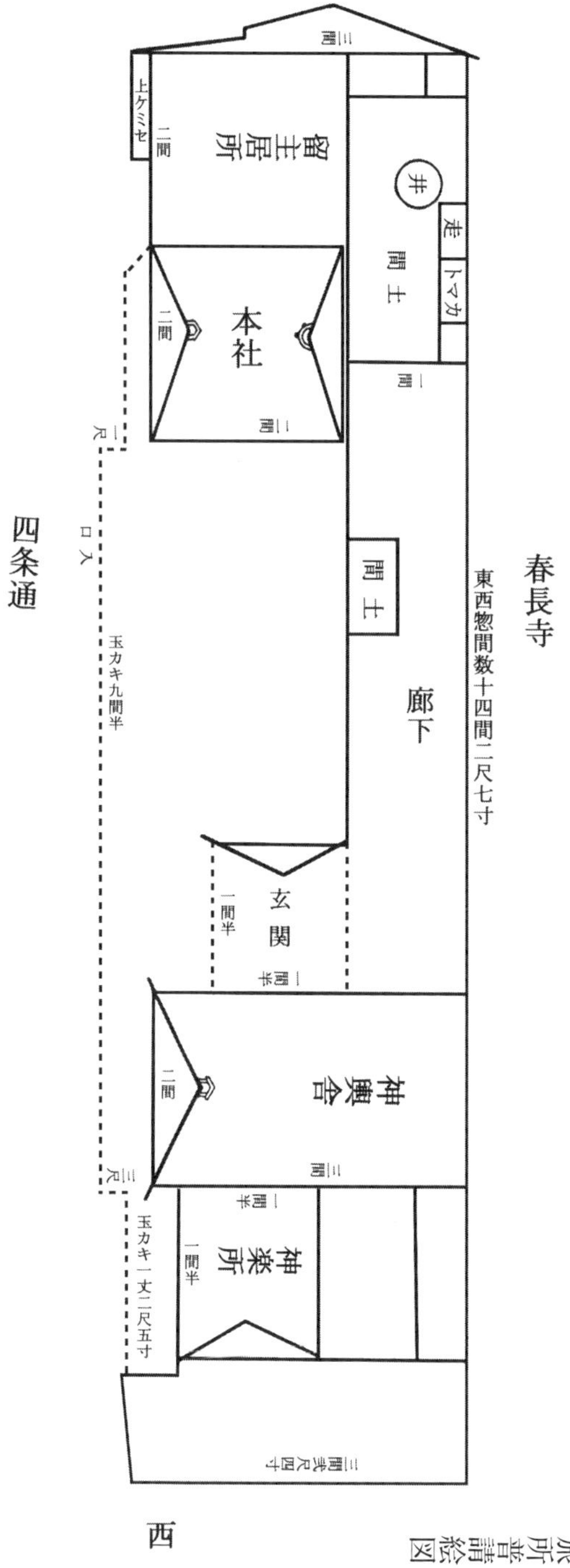

南御旅所普請絵図

（絵図アリ）

一神輿舎（梁行弐間 桁行三間）舟肘木造前側虹梁入屋根瓦葺ニ仕、前書奉申上候本社棟包南北ニ上ヶ有之候獅子口、右両妻ニ上ヶ有之候獅子口を此度奉願候神輿舎北妻之方江相用、本社南妻者鬼板ニ仕度奉願上候、且北之方者切妻破風・羽目張、竪まいら取附、懸魚付、下廻掛板張、北側格子戸入、惣体天井張廻、長押等取附申度奉願上候、且北構玉垣朱引之通取建、尤神用之節、取置之積取建申度奉願上候

一神輿所（梁行壱間半 桁行壱間半）北側格子戸入、西之方切妻破風ニ仕、妻羽目張竪舞良ニ仕、懸魚取附、同南続三帖幷土間共（壱間半 壱間一小間）屋根瓦葺ニ仕取建申度奉願上候

一玄関（梁行壱間半 桁行壱間半）東北折廻格子戸、入東妻者切妻破風ニ仕、妻羽目張、竪舞良入、懸魚取付、南続廊下（梁行壱間 桁行五間半）北流片羽屋根仕、瓦葺、土間・板間等、絵図面之通、取建申度奉願上候

一留主居部屋（梁行弐間 桁行壱間弐尺）二階建仕、同西続ニ而土間・板間共（壱間 四尺五寸）北庇（弐間 壱間）同部屋之内本社南ニ而（梁行弐間半 桁行壱間）共取建、所々内間仕切表上ヶ見世等絵図面之通、取建申度、其外高塀廻等何レ茂朱引絵図面ニ相記候通、此度再建仕

因幡堂執行
薬王院

南御旅所普
請絵図
因幡堂執行
薬王院

度、尤境内限之儀ニ付、他之差障等毛頭無御座、勿論御制禁之造作等無御座
候間、右願之通、何卒御許容被為　成下候者、難有可奉存候、以上

文政六年未二月

四條寺町南御旅所兼帯所
因幡堂執行
薬王院

御奉行所

右普請御願、文政六年未七月九日於御奉行所、御聞済有之候事

右、南御旅所普請絵図面等之義、依御尋書写差上申候、以上

文政九年戌八月

南御旅所兼帯所
因幡堂執行
薬王院

役者　（印）

祇園御社務
御役者中

粟田御殿ノ祠堂銀ヲ借用ス

三二八　祇園社衆儀座中銀子借用証文（続紙）

添一札

一当御殿御祠堂銀之内銀高六貫目、此度当社無拠就要用拝借仕候処、相違無
御座候、右返納方之儀者、当時御取組之月次御講、来ル子三月御満会之上ニ而、
尚又御催ニ相成候新御講江札数五枚加入仕、掛銀無滞懸ケ詰、右御満会御
渡シ銀を以、無相違返納可仕候、万一懸ケ銀相滞候歟、又者拝借銀御利息御
定之限月上納及遅滞候儀茂御座候ハ、、当社門前境内新地六町ゟ毎歳二
月九日相納候間口銀都合三貫七百七拾匁を以上納可仕候ニ付、右間口銀
相納候節、御立会被成下、拝借銀元利相済候迄、年々御引取可被下候、右ニ付
違乱申上者毛頭無御座候、若又急御入用之儀も御座候ハ、、右御講幷間口
銀等ニ不抱（拘）、別段調達仕返納可仕候、仮令如何躰之差支之儀出来仕候共、右
御約定之通、聊相違仕間鋪候、為後証添一札依而如件

祇園社
衆儀座中（印いずれも墨筆にて抹消）

粟田御殿役人中

文政九丙戌年九月

一臈　東梅坊（印）

同断社代　上田助之進（印）

同断社役人　仰木隆慶（印）

同断同　植田喜内（印）

同断同　上田左内（印）

粟田御殿
　御役人御中

三二九　祇園社衆儀座中銀子借用証文（続紙）

奉拝借御用銀之事

合銀六貫目也　　御利足月九朱定

右者、

粟田御殿ノ祠堂銀ヲ借用ス

粟田御殿御祠堂銀之内、今度当社無拠就要用奉拝借候処、実証明白也、返納之儀者、来亥二月廿五日限、無相違返納可仕候、万一及遅滞候儀茂御座候ハヽ、当社門前境内新地六町ゟ例歳相納候間口銀都合三貫七百七拾匁を以返納可仕候ニ付、毎歳二月九日右間口銀取立候節、御立会被成下、拝借元利相済候迄、年々御引取可被下候、尤右拝借之義者当社無拠入用ニ付拝借仕候儀ニ御座候得者、仮令連印之者相変候共、跡役之者江引請、無相違返納可仕候、且又右間口銀是迄外方江引宛ニ差入候義無御座候、為後日奉拝借証文、仍而如件

文政九丙戌年九月

祇園社
衆儀座中

一臈　東梅坊（印）

同断
社代　上田助之進（印）

同断
社役人　仰木隆慶（印）

同断
同　植田喜内（印）

衆儀座中

粟田御殿役人中

祇園社領七人組今林衆中

同断
同　上田左内（印）

此所御当職印形有之事

（印いずれも墨筆にて抹消）

粟田御殿
　御役人御中

三三〇　上田某年貢米請取状（竪切紙）

納　祇園社領七人組年貢米之事　安

合　壱斗〇七合四夕
　今林衆中　弁
　三郎左衛門

右皆済仍如件

上田（印）

文政九丙戌年十二月十七日

三三一　藤岡某年貢米請取状（竪切紙）

納　祇園社領年貢米之事　北
合　壱斗七升三合七夕　今祇園廻り
　　　　　　　　　　　庄屋
右皆済仍如件
文政九丙戌年十二月　藤岡（印）

三三二　上河原某地子請取状（竪切紙）

（端裏書）
「清井
上河原」
　奉請取覚
米合　壱斗壱升弐合
　　　銀五拾五匁
右者引米所持之地面的場貸附置候処、東清井町為建家在地面差上候ニ付、此

今林御中

南馬場先

地子　御社用ゟ被下之、慥ニ奉請取如件

文政九戌年十二月　　上河原（印）

三三三　上田瀬平年貢米請取状（竪切紙）

納　祇園社領年貢米之事

合　五斗七升弐合九夕六才

今林御中弁

庄次郎

右皆済仍如件

文政九戌年十二月　　上田瀬平（印）

三三四　上田瀬平年貢米請取状（竪切紙）

皆済手形之事

南馬場先

元名

納米　三斗四夕

祇園廻り

壱斗弐升弐合弐才　　寿林

合四斗弐升弐合四夕弐才　　同 次郎左衛門

右者家領之内、両清井町建家奉願候ニ付、
御社用ゟ被下之、慥拝受候處、如件

文政九戌年十二月　　上田瀬平（印）

三三五　新坊年貢米請取状（竪切紙）

納　祇園御社領之内新坊領年貢米之事

合壱升四合六夕壱才

　　祇園廻り
　　庄屋

右坊納所如件　　新（印）

文政九丙戌年十二月

今林御中

南馬場先

三三六　上田左内年貢米請取状（竪切紙）

納　祇園社領年貢米之事

合壱斗六升五合九夕四才

右皆済仍如件

文政九丙戌年十二月

今林御中弁

三右衛門

上田左内（印）

三三七　植田喜内年貢米請取状（竪切紙）

納　皆済手形之事

清

米壱斗六升七合

南馬場先

寿伯

右者家領之内両清井町建家奉願候ニ付、

御社用ゟ被下之、慥ニ拝受候処、如件

文政九丙戌年十二月

植田喜内（印）

南馬場先

三三八　竹坊年貢米請取状（竪切紙）

納　祇園社領年貢米之事
　合九升弐合七夕
　右皆済如件
文政九年戌十二月
　　　　竹坊（印）
　　　　　　　御社用納計り口
　　　　　　　　庄屋弁

三三九　狛平治年貢米請取状（竪切紙）

　皆済手形之事
納米六升五合
右者家領之内、両清井町建家奉願候ニ付、
御社用ゟ被下之、慥ニ拝受候處、如件
文政九丙戌年十二月
　　　　藤岡分預り
　　　　狛平治（印）
　　　　　　　南馬場先
　　　　　　　　元名
　　　　　　　　寿伯

三四〇　四坊組年貢米請取状（竪切紙）

祇園社領内四坊組年貢米之事

今祇園廻り
庄屋弁

納
合弐升七合
右皆済如件
文政九丙戌十二月　四坊組（印）

三四一　宝光院納所年貢米請取状（竪切紙）

祇園社領年貢米之事

安井納
納
合弐斗七升弐合弐夕弐才
七右衛門
右皆済如件
文政九年戌十二月
宝光院納所（印）

今林衆中

今林御中

三四二　宝光院納所年貢米請取状（竪切紙）

祇園社領年貢米之事

納　北林納

合弐斗七升弐合弐夕六才

右皆済如件

文政九年
戌十二月　宝光院納所（印）

今林衆中弁
吉兵衛

三四三　上田左内年貢米請取状（竪切紙）

納　祇園社領年貢米之事

合六升壱合八夕

右皆済仍如件

安

今林御中弁
見古

文政九丙戌年十二月　上田左内（印）

今林御中

三四四　上田左内年貢米請取状（竪切紙）

納　祇園社領年貢米之事　安

合四升三合九夕弐才　今林御中弁
丞

右皆済如件

文政九丙戌年十二月　上田左内（印）

今林御中

三四五　上田左内年貢米請取状（竪切紙）

納　祇園社領年貢米之事　安

合六合九夕六才　今林御中弁
孫太郎

右皆済如件

今林御中

文政九丙戌年十二月　上田左内（印）

今林御中

三四六　上田左内年貢米請取状（竪切紙）

納　祇園社領年貢米之事　安

合三斗七升壱合八夕六才　今林御中弁　与三郎

右皆済如件

文政九丙戌年十二月　上田左内（印）

今門前町

三四七　山本年貢米請取状（竪切紙）

祇園社領山本年貢米之事　安

納　合七斗五升九合四夕　今門前町庄屋弁　丞

右皆済如件

今林御中

文政九戌年十二月　　山本（印）

三四八　上田左内年貢米請取状（竪切紙）

納　祇園社領年貢米之事　　安

合三斗壱升六合七夕四才　　与惣次郎

今林御中弁

右皆済仍如件　　上田左内（印）

文政九丙戌年十二月

三四九　上田助之進社用米請取状（竪切紙）

皆済手形之事　　清

納米弐斗三升四合

右者我等家領之内西清井町建家奉願候ニ付、従　御社用被下之、慥ニ拝受

候處、如件

文政九丙戌年十二月　　上田助之進（印）

三五〇　東九条村戌年年貢米目録（続紙）

祇園御領東九條村戌年御年貢目録

一高拾八石弐斗弐升九合

内三石弐斗八升三合　　川成り引

残而毛付高拾四石九斗四升六合

物成拾石七斗六升七合壱夕三才

幷五斗五升者川成之内播花見處ゟ物成り

御取弐口合拾壱石三斗壱升七合壱夕三才

口米三斗三升九合三夕三才

本米口米合拾壱石六斗五升六合四夕六才

内諸下行方

一三斗　　庄屋給米

東九條村年貢皆済目録

一壱斗壱升五合　定使給米
一壱斗　井手料
一壱斗　庄屋定使給米
引方合六斗壱升五合
残而拾壱石四升壱合四夕六才　御蔵入
御社家様
一四石弐斗八升三合弐夕　高六つ五厘六九　物成り弐石五斗九升四合弐夕九才
山本様
一三石七斗壱合八夕　物成り弐石弐斗四升弐合壱夕四才
上河原様
一九斗九升九合五夕　物成り六斗五合四夕
四坊組西梅坊様
一弐石六斗三升弐合　物成り壱石五斗九升四合壱夕八才
新坊様
一弐石三斗八升壱合　物成り壱石四斗四升弐合壱夕九才
七人組様
一四石弐斗三升弐合　物成り弐石五斗六升三合三夕
合拾壱石四升壱合四夕六才

右勘定書差上候通、相違無御座候、以上

文政九年戌十二月

東九条村庄屋
藤右衛門（印）

祇園
御役人中様

東九條村庄屋

三五一　大和勇御旅所相続御尋ニ付返答書（続紙）

大和益膳ハ入座セズ

入座ノ願出

就御尋口上書

一私祖父益膳死去後相続人入座不仕、且宗門御改之節、町分江名前差出し候訳御尋ニ御座候、右者益膳倅両人共有之候得共、多病ニ而養生仕罷在候而、延引ニ相成候内、相続両人とも死去仕候、依之養子仕候得共、久々相煩、私出生後無程、右養子死去仕、私幼少ニ付成長之上、入座御願申上度奉存罷在候内、病気ニ取散相臥居、不得止事、入座之義延引仕、此度御察当之段、奉恐入候、依之養子仕候上ハ、入座御願申上候而、御神役無怠慢相勤可申候、且又宗門御改之節、町分江名前差出し候儀ハ私出生已前より之仕来りニ而、如何様之訳与申義難相分候得共、全心得違之義と奉存候、今更後悔仕候義ニ御座候、幷此度養子ニ仕候ハヽ、心得振御尋御座候、依之左ニ奉申上候

一此度養子御願　御聞済被成下候上ハ、御旅所町ニ住居仕、都而御預り之箇所麁略無之様仕、且入座御願申上、御神役大切ニ相勤可申候事

一已来　御宮本之社人衆中ニ准シ、何事茂　御社務様御支配可奉請候事

一宗門御改之節、御宮本御帳面御加へ被成り度奉存候事

一何等之義ニ而茂品替之義者、一々　御社務様江奉伺、御下知之通、取計可仕候事

一御旅所棚守職之義者、藤井主膳方江被　仰付置、宮仕之義者、私方江被　仰付置候処、是迄心得違之義も有之候之段、被為入御念御尋之趣、奉恐入候、已来双方共相互ニ実意を以申談、睦敷可仕候事

右之趣、毛頭相違無之候、且又此度相談御願之義ニ付、御旅所ハ勿論、親類縁者其外何之差支無之候ニ付、連印を以御答奉申上候、以上

文政十年亥
正月

大和　勇（印）

母　八重（印）

御旅所棚守
職

大和勇

藤岡竹次御代勤
中田左門（印）

御社務様
御役人御中

三五二　大和勇御旅所社役養子相続願書

大和勇隠居養子取ヲ願ヒ出ル

乍恐奉願口上書

一御旅所宮仕大和益膳遠去後孫勇義兼々病身御座候処、病症弥増候ニ付、御社役難相勤ニ付隠居仕、従兄岡本主計倅安次郎与申者養子仕、大和左近与相改御社役為相勤度、此段奉願上候、何卒右願之通御聞済被成下候ハヽ、難有仕合奉存候、以上

文政十年亥二月三日

藤岡竹次郎（印）
代中田左門（印）
大和　勇（印）
母　八重（印）

大和勇

御社代御中

三五三　大和勇御旅所養子相続ニ付請書

奉差上一札

一此度養子相続之儀、奉願候所、右養子相続之儀ニ付金銀之出入縺合等出来可申哉ニ御聞取之儀茂有之、右様之儀有無御尋ニ御座候、此儀家事暮方等之儀ニ付而ハ格別右養子相続ニ拘り候金銀之出入等毛頭無御座候、勿論株譲りと申御社法ニ相振候義、決而無御座候、右之趣、若相違之儀御座候ハヽ、御社法通を以、如何様ニも可被為　仰付候、仍而一札奉差上候、以上

文政十年亥二月　大和　勇（印）

岡本安次郎（印）

御社代御中

神幸道南側ノ除地ノ永借ヲ願ヒ出ル

三五四　江戸丹後永借地願絵図幷同裏書

（袋表書・後筆）
「文政十年
永借地券　四通」

（貼紙）
「承仕江戸丹後居宅地永借奉願候ニ付杭木打渡、裏書絵図本紙三通之内壱通　文政十」

承仕江戸丹後居宅之義、神福院敷地之内借り請、建物有来候得共、社中一統拝領地ニ住居罷在候処、丹後ニ限、右神福院之敷地借り請罷在候義、歎ヶ敷奉存、此度神幸道筋南側御社林除地之内百弐拾壱坪七歩八厘之御地面永借仕、居宅取建申度奉存候ニ付、右御地面永借之義奉願候処、御許容被成下、今日御役人中御立会之上、地境夫々御取調御座候処、何之差支も無之候ニ付、六尺五寸棹を以、間数御改之上、杭木御打渡被成下、表絵図朱引之通、相違無御座候、為後年裏書仍而如件

文政十丁亥閏六月十一日

御地面拝借主
江戸丹後（印）

証人
中田左門（印）

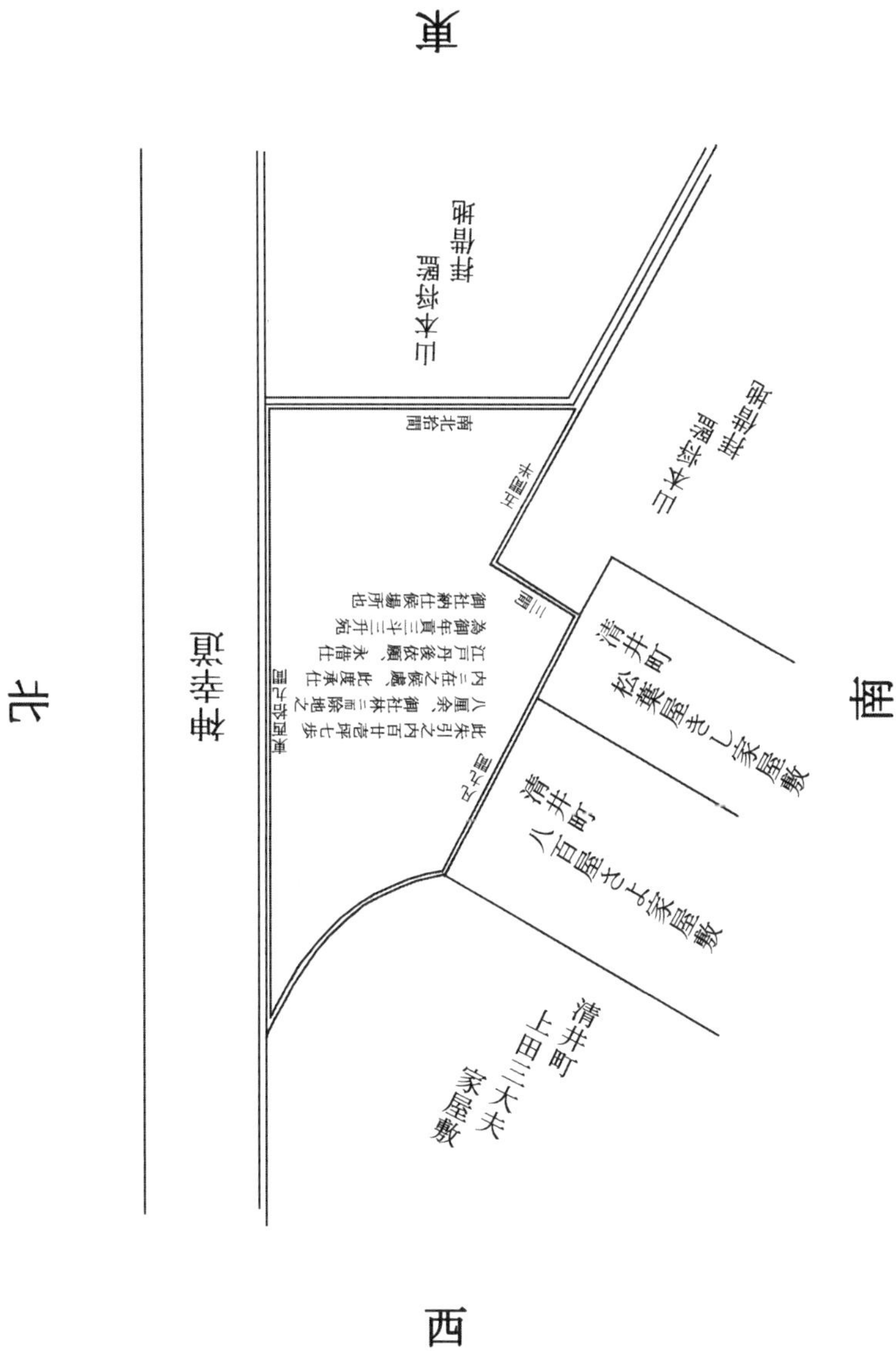
南
東
西
北
南北拾間
清井町
上田三大夫
家屋敷

西ノ方地境
清井町
上田三大夫（印）

南ノ方地境
同町
八百屋さよ（印）

同断
同町
松葉屋きし（印）

東之方地境
山本監物（印）

表絵図面之通、立会相改、永御貸渡相違無之候、以上

一老
東梅坊（印）

御院内役人
松本左馬（印）

社代役不参ニ付代り
松本東馬（印）

役者惣代
植田喜内（印）

三五五　江戸丹後永借地願絵図幷同裏書

江戸丹後永借地絵図

神幸道南側ノ除地ノ永借ヲ願ヒ出ル

（貼紙）
「承仕江戸丹後居宅地永借奉存（願）候ニ付杭木打渡、裏書絵図本紙三通之内壱通　文政十」

承仕江戸丹後居宅之義、神福院敷地之内借り請、建物有来候得共、社中一統拝領地ニ住居罷在候処、丹後ニ限、右神福院之敷地借り請罷在候義、歎ヶ敷奉存、此度神幸道筋南側御社林除地之内百弐拾壱坪七歩八厘之御地面永借仕居宅取建申度奉存候ニ付、右御地面永借之義奉願候處、御許容被成下、今日御役人中御立会之上、地境夫々御取調御座候處、何之差支も無之候ニ付、六尺五寸棹を以、間数御改之上、杭木御打渡被成下、表絵図朱引之通、相違無御座候、為後年裏書、仍而如件

文政十亥閏六月十一日

御地面拝借主
江戸丹後（印）

証人
中田左門（印）

西ノ方地境
清井町
上田三大夫（印）

南ノ方地境
同町
八百屋さよ（印）

同断
同町
松葉屋きし（印）

東之方地境
山本監物（印）

表絵図面之通、立会相改、永御貸渡相違無之候、以上

一老
東梅坊（印）

御院内役人
松本左馬（印）

社代役不参ニ付代り
松本東馬（印）

役者惣代
植田喜内（印）

三五六　山本監物永借地願絵図幷同裏書

山本監物永借地絵図

林地ノ永借ヲ願ヒ出ル

（貼紙）
「山本監物永借地奉願候ニ付、杭木打渡裏書絵図本紙三通之内壱通　文政十」

神幸道南頬下河原通東向ニ楊弓日小屋数軒有来、右楊弓小屋之義者、地所月貸之場所ニ而、尤御林地ニ御座候得共、地料之義者、社士山本監物へ相納仕来候処、右地所幷地続之御林地共坪数合百八拾六坪七分五厘余、且又清井町藤屋伊兵衛へ月貸ニ被成置候地所此坪数百廿弐坪七分四厘余監物請持、都合三百九坪五分之所、此度永借仕、往々建家仕度奉存候ニ付、右永借之義奉願候処、御許容被成下、今日御役人中御立会之上、地境夫々御取調御座候処、何之差支も無之候ニ付、六尺五寸棹を以、間数御改、杭木御打渡被成下、表絵図朱引之通、相違無御座候、為後年裏書、仍而如件

文政十丁亥閏六月

御地面拝借主
山本監物　（印）

証人
山本加賀　（印）

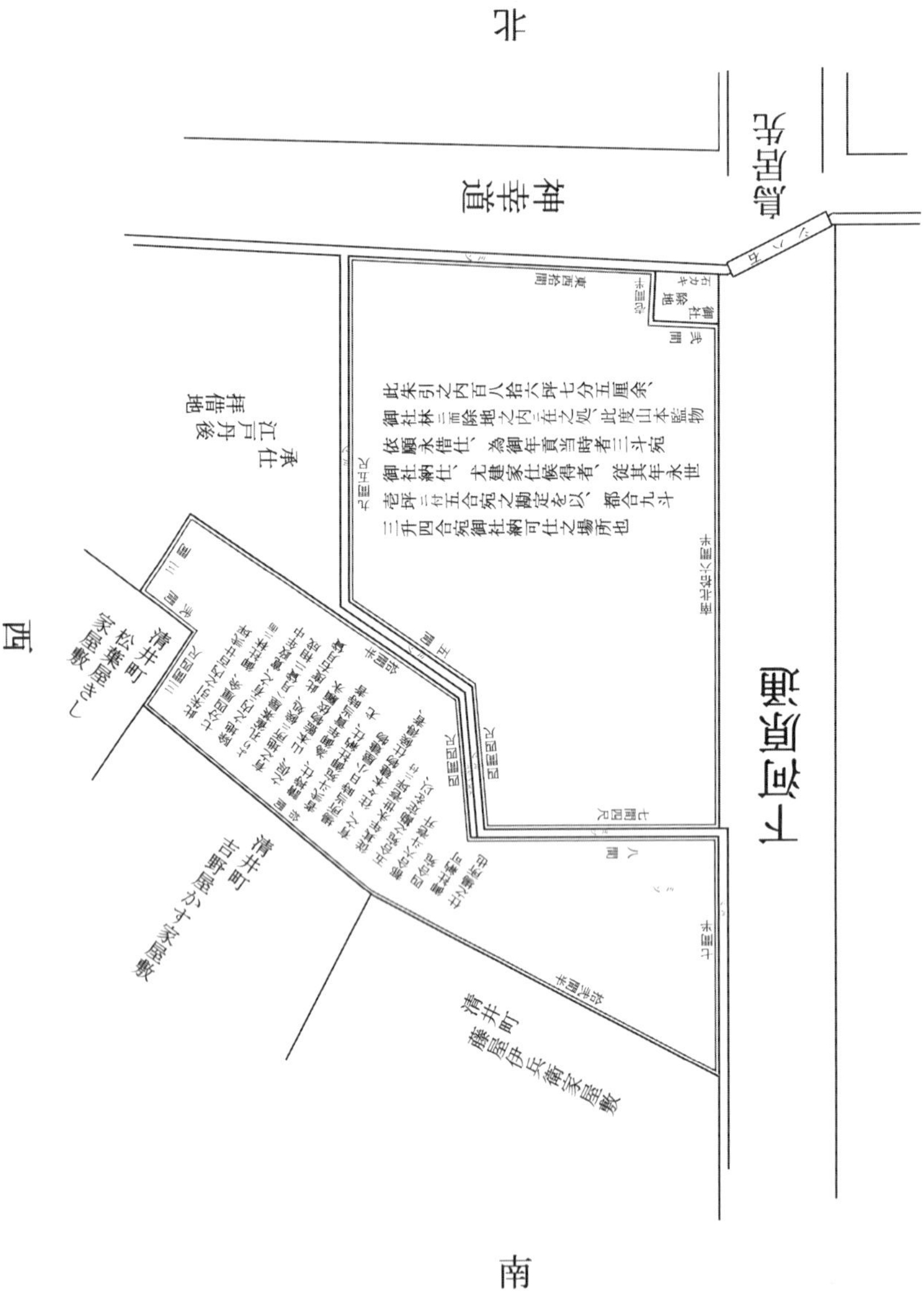
北
鳥居先
神幸道
東
下河原通
西
南
此朱引之内百八拾六坪七分五厘余、
御社林ニ而除地之内ニ在之処、此度山本監物
依願永借仕、為御年貢当時者三斗宛
御社納仕、尤建家仕候得者、従其年永世
壱坪ニ付五合宛之勘定を以、都合九斗
三升四合宛御社納可仕之場所也
承仕
江戸丹後
拝借地
清井町
松葉屋きし
家屋敷
清井町
吉野屋かすゑ家屋敷
清井町
藤屋伊兵衛家屋敷

御地面乍月借主
南地境
清井町
藤屋伊兵衛（印）

南地境
同町
吉野屋かす（印）

同断
同町
松葉屋きし（印）

南地境
江戸丹後（印）

表絵図面之通、立会相改、永御貸渡、相違無之候、以上

一老
東梅坊（印）

御院内役人
松本左馬（印）

社代役
上田助之進（印）

役者惣代
植田喜内（印）

松本左馬永
借地絵図

三五七　松本左馬永借地絵図并裏書（続紙）

（貼紙）
「松本左馬永借地奉願候ニ付杭木打渡裏書絵図本紙三通之内壱通　文政十」

神幸道北側御林地之内百六拾五坪之御地面、松本左馬拝借仕、往々建家仕度奉存候ニ付、地境其外入念問合候処、何之差支も無之候ニ付、右御地面永借之義奉願候処、御許容被成下、今日御役人中御立会之上、六尺五寸棹を以、間数御改、杭木御打渡被成下、表絵図朱引之通、相違無御座候、為後年裏書仍而如件

文政十丁亥閏六月

御地面拝借主　松本左馬（印）

証人　嶋田左京（印）

北地境　宝光院（印）

同断　東梅坊（印）

西地境

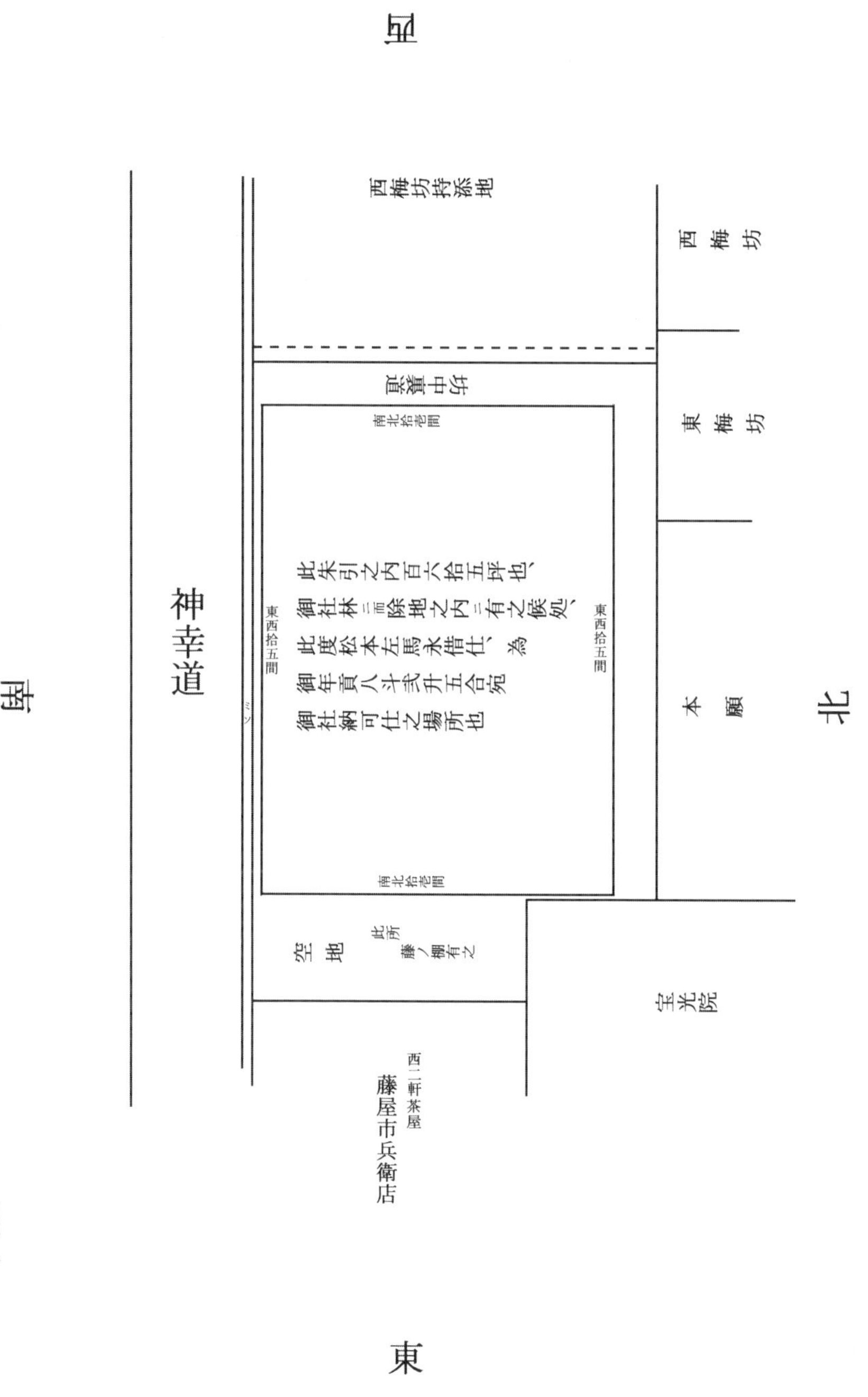
西
北
南
東
西梅坊持添地
西梅坊
東梅坊
坊中裏道
南北拾壱間
東西拾五間
此朱引之内百六拾五坪也、
御社林ニ而除地之内ニ有之候処、
此度松本左馬永借仕、為
御年貢八斗弐升五合宛
御社納可仕之場所也
東西拾五間
南北拾壱間
本願
神幸道
空地
此所藤ノ棚有之
宝光院
西ニ軒茶屋
藤屋市兵衛店

西梅坊武丸（印）

北地境
本□（願）（印）

御社地拝借罷在候ニ付
東地境
藤屋市兵衛（印）

表絵図面之通、立会相改、永御貸渡、相違無之候、以上

一老
東梅坊（印）

社代役
上田助之進（印）

役者惣代
植田喜内（印）

三五八　下岡崎村平兵衛家地改願絵図幷同裏書

（表書）
「御奉行様

（貼紙）
「文政十亥年十二月十四日

三五八　下岡崎村百姓平兵衛受持地家地改願絵図

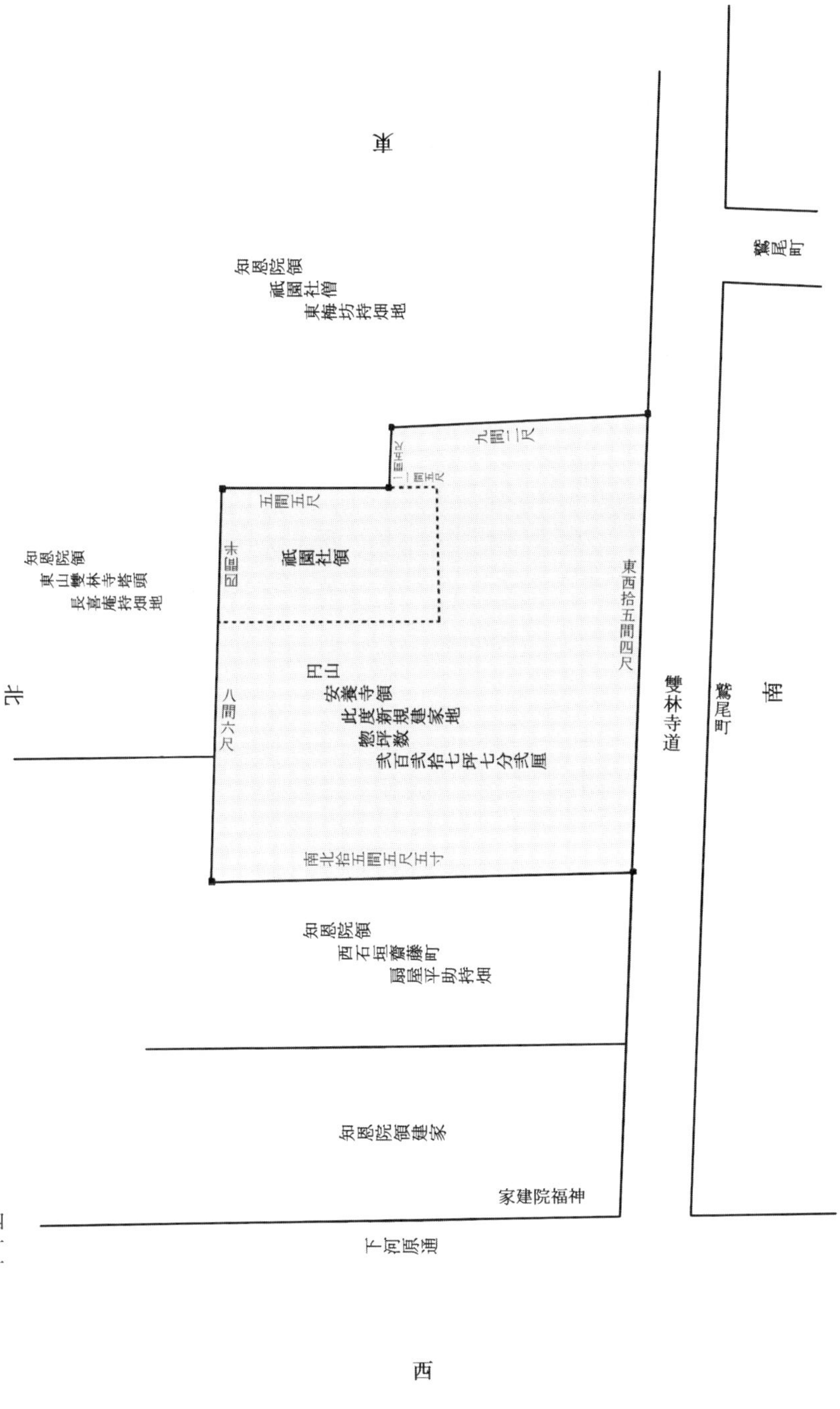

地味悪キ畑
地ヲ建家地
トスル

城州愛宕郡下岡崎村百姓平兵衛受持祇□
同州同郡祇園廻り字女御畑荒畑地之内、此度建家仕度願場［所］

城州愛宕郡下岡崎村百姓平兵衛受持祇園社領并円山安養寺領字女御畑与申畑地之内、全躰地味悪敷作物難生立荒地ニ相成候付、此度坪数弐百弐拾七坪七分弐厘之所建家地ニ仕度、尤地頭并地境等何之差障茂無御座旨奉願候処、地所為御見分四方田重丞殿・下田菅五郎殿御出御吟味之上、願之通御免被成仕下、難有奉存候、依之今日四方田重丞殿・下田菅五郎殿御出、六尺五寸棹を以、間数御改、杭木御打渡被成下、表絵図之通、相違無御座候、為後証裏書ニ連印仕、奉差上候処、仍如件

文政十亥年十二月十四日

城州愛宕郡下岡崎村
百姓平兵衛（印）
庄屋庄兵衛（印）
年寄吉左衛門（印）

知恩院領
東境田地持主
祇園社僧
東梅坊（印）

代 松本東馬（印）

同北領境
田地持主
東山双林寺塔頭
長喜庵（印）

同西領境
田地持主
西石垣斎藤町
扇屋平助（印）
代伊八（印）

南境
高台寺門前鷲尾町
年寄 新右衛門（印）
代次郎（印）
五人組 半兵衛（印）

祇園社代役
上田助之進（印）

円山安養寺役者
長寿院（印）

右
知恩院地方年番
良正院（印）

同
山役者
福寿院（印）

三五九　東九條村亥年年貢目録（続紙）

祇園御領東九條村亥年御年貢目録

一高拾八石弐斗弐升九合
内三石弐斗八升三合　川成り引
残而毛付高拾四石九斗四升六合
物成拾石七斗六升七合壱夕三才
幷五斗五升者川成之内播花見處ゟ物成り
御取弐口合拾壱石三斗壱升七合壱夕三才
口米三斗三升九合三夕三才
本米口米合拾壱石六斗五升六合四夕六才
内諸下行方
一三斗　庄屋給米

一壱斗壱升五合　定使給米
一壱斗　井手料
一壱斗　庄屋定使給米
引方合六斗壱升五合
残而拾壱石四升壱合四夕六才　御蔵入

御社家様
一四石弐斗八升三合弐夕　高六つ五厘六九　物成り弐石五斗四合弐夕九才
山本様
一三石七斗壱合八夕　物成り弐石弐斗四升弐合壱夕四才
上河原様
一九斗九升九合五夕　物成り六斗五合四夕
四坊組西梅坊様
一弐石六斗三升弐合　物成壱石五斗九升四合壱夕八才
新坊様
一弐石三斗八升壱合　物成壱石四斗四升弐合壱夕九才
七人組様
一四石弐斗三升弐合　物成弐石五斗六升三合三夕
合拾壱石四升壱合四夕六才

右勘定書差上候通、相違無御座候、以上

文政十年亥十二月

東九條村庄屋
藤右衛門（印）

祇園
御役人中様

三六〇　西院村亥年年貢米勘定覚

祇園御領西院村亥年御年貢米勘定覚

一高八石八斗壱升

此御納五石三斗九升六合六夕

口米壱斗六升弐合

納米合五石五斗五升八合六夕

内壱斗七升　庄屋給米被下

八升　井料米被下

残而五石三斗八合六夕

一御社家様入
壱石四升九合七夕五才

一山本様入
九斗七升九合五夕

一上河原様入
六斗五升五合三夕八才

一新坊様入
六斗弐升

一竹坊様入
弐斗弐升八合壱夕弐才

一宝光院様入
壱斗五升

一西梅坊様入
壱斗

一中田左門様入
壱石四斗

一植田喜内様入
壱斗弐升五合九夕壱毛

〆五石三斗八合六夕

右之通御年貢相納皆済仕候、以上

文政十年亥十二月

西院村
庄屋半兵衛（印）

祇園
御役人中様

三六一　中堂寺村亥年年貢米勘定覚（続紙）

覚

一高九石壱斗壱升三合

此御取
六石六斗四升七合六夕五才

内
壱斗五升　庄屋給井料

残而
六石四斗九升七合六夕五才

御社家様

一　　四石壱斗五升三合五夕九才八毛

一　同所三代入
　　壱斗八夕四才

一　上河原様
　　壱斗四升六合七夕四才

一　山本様
　　八斗五合三夕五才

一　丹後様
　　壱斗七升八合五才(ママ)八才

一　平治様
　　壱斗八合七夕三才

一　上田左内様
　　弐斗九升七合三夕九才弐毛

一　松之坊様
　　壱斗四升八合壱夕三才

一　同所入
　　壱斗五升四夕壱才

一　新坊様
　　弐斗四升九合四夕四才三毛

今林衆中

一　藤岡分
　惣高　壱斗五升八合四夕弐才弐毛
　〆六石四升(ママ)九升七合六夕五才
右勘定書差上候通、相違無御座候、以上
　文政十亥年
　十二月
　　　　　　　中堂寺村
　　　　　　　庄屋甚之丞（印）
　祇園御社領
　御役人中様

三六二　宝光院納所年貢米請取状（竪切紙）

祇園社領年貢米之事
北林納
納　合弐斗七升弐合弐夕六才
右皆済如件
　　　　　　　今林衆中分
　　　　　　　吉兵衛

今祇園廻り

文政十年亥十二月　　宝光院納所（印）

三六三　竹坊年貢米請取状（竪切紙）

納　祇園社領年貢米之事

合九升弐合七夕

右皆済如件　　竹坊（印）

文政十年亥十二月

御社用納計り口
庄屋弁

三六四　藤岡某年貢米請取状（竪切紙）

納　祇園社領年貢米之事

合壱斗七升三合七夕

右皆済如件

今祇園廻り
庄屋

今林御中

祇園廻り

文政十丁亥年十二月　藤岡（印）

三六五　上田瀬平年貢米請取状（竪切紙）

納　祇園社領年貢米之事

合五斗七升弐合九夕六才

今林御中弁
庄次郎

右皆済仍而如件

文政十亥年十二月

上田瀬平（印）

三六六　新坊年貢米請取状（竪切紙）

納　祇園御社領之内新坊領年貢米之叓

合壱升四合六夕壱才

祇園廻り
庄屋弁

右、坊納所如件

今門前町

文政十丁亥年十二月　新（印）

三六七　山本某年貢米請取状（竪切紙）

祇園社領山本年貢米之事
納　合七斗五升九合四夕
今門前町庄屋弁
丞石（印）
右、皆済如件
文政十亥年十二月　山本（印）

三六八　上河原某地子米請取状

奉請取覚
米合　壱斗壱升弐合
銀五拾五匁
右者、引米所持之地面的場貸附置候処、東清井町為建家、右地面差上候ニ付、

此地子御社用ゟ被下之、慥ニ奉請取如件

文政十亥年
十二月　　上河原（印）

三六九　梅本飛騨永拝借願居宅地絵図幷同裏書

（貼紙）
「梅本飛騨居宅地永借奉願候ニ付、杭木打渡、裏書絵図本紙三通之内壱通　文政十一」

梅本坊之儀、年久敷空坊ニ相成有之、歎ヶ敷奉存、梅本飛騨名前を以、　御社林除地之内、東西八間半、南北拾壱間半、此坪九拾七坪七分五厘之御地面拝借仕、飛騨居宅取建、往々梅本坊与相改申度ニ付、此度右御地面永拝借仕度段奉願候處、
御許容被成下、御役人中御立会之上、六尺五寸棹を以、間数御改、杭木御打渡被成下、表絵図朱引之通、相違無之候、為後年裏書、仍而如件

文政十一子年二月　　東梅坊（印）
　　　　　　　　　　梅本飛騨（印）

梅本飛騨永借居宅地絵図

三六九　梅本飛驒永拝借願居宅地絵図

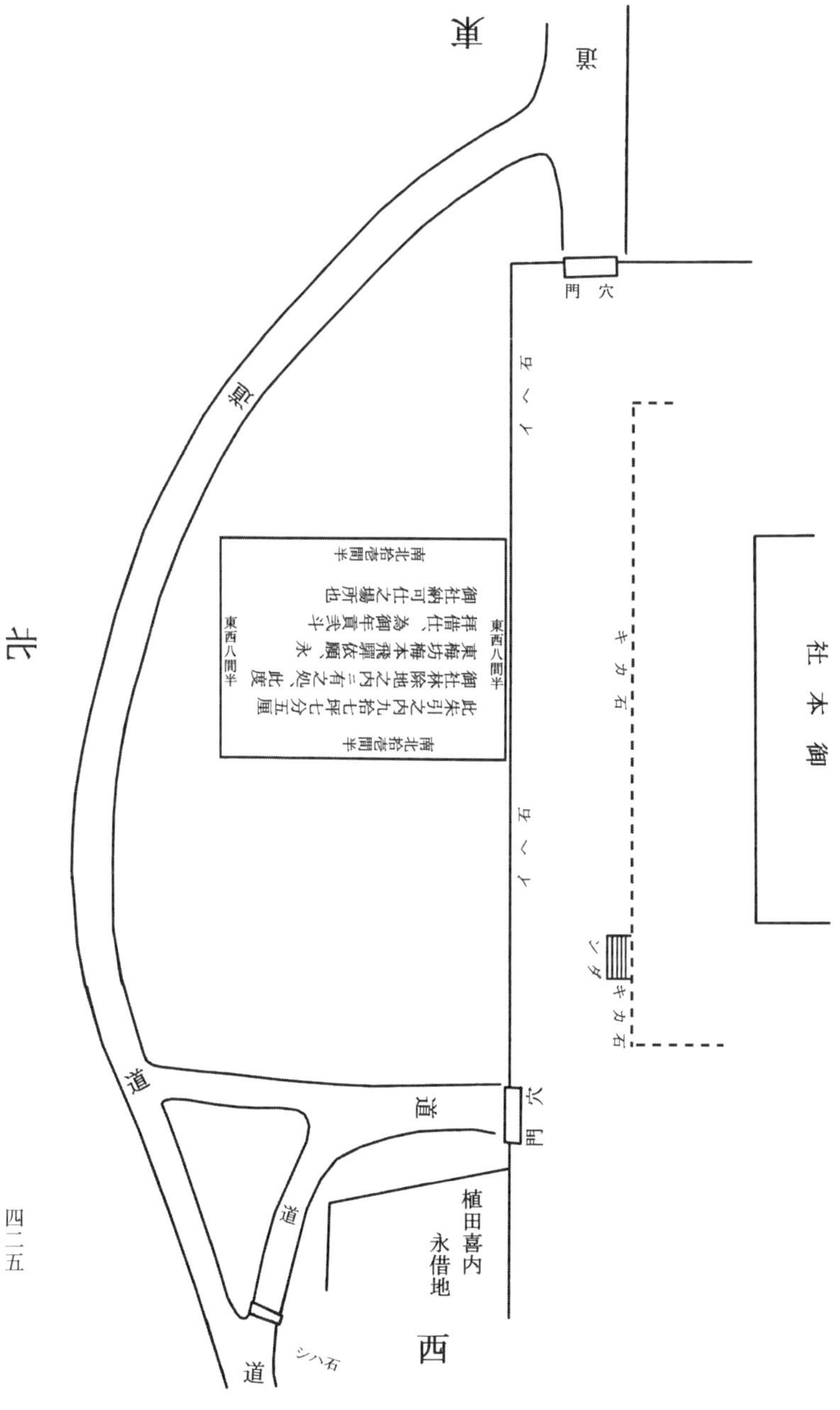

表絵図面之通、立会相改、永御貸渡相違無之候、以上

一老
松　坊（印）

御院内役人
松本左馬（印）

社代役
上田助之進（印）

役者惣代
仰木隆慶（印）

三七〇　植田喜内永拝借願居宅地絵図幷裏書

（袋ウハ書後筆）
「文政十一年
永借地券　〻四五通」

植田喜内居宅之義、是迄御門前町ニ有之候得共、御社頭江手遠ニ而出仕之節々不弁利ニ茂有之、其上近年建物及大破、迚茂修覆ニ而者難及御座候ニ付、竹坊敷地之内、対談を以、永借罷在候場所江居宅引移、

植田喜内永借居宅地絵図

植田喜内永拝借願居宅地絵図

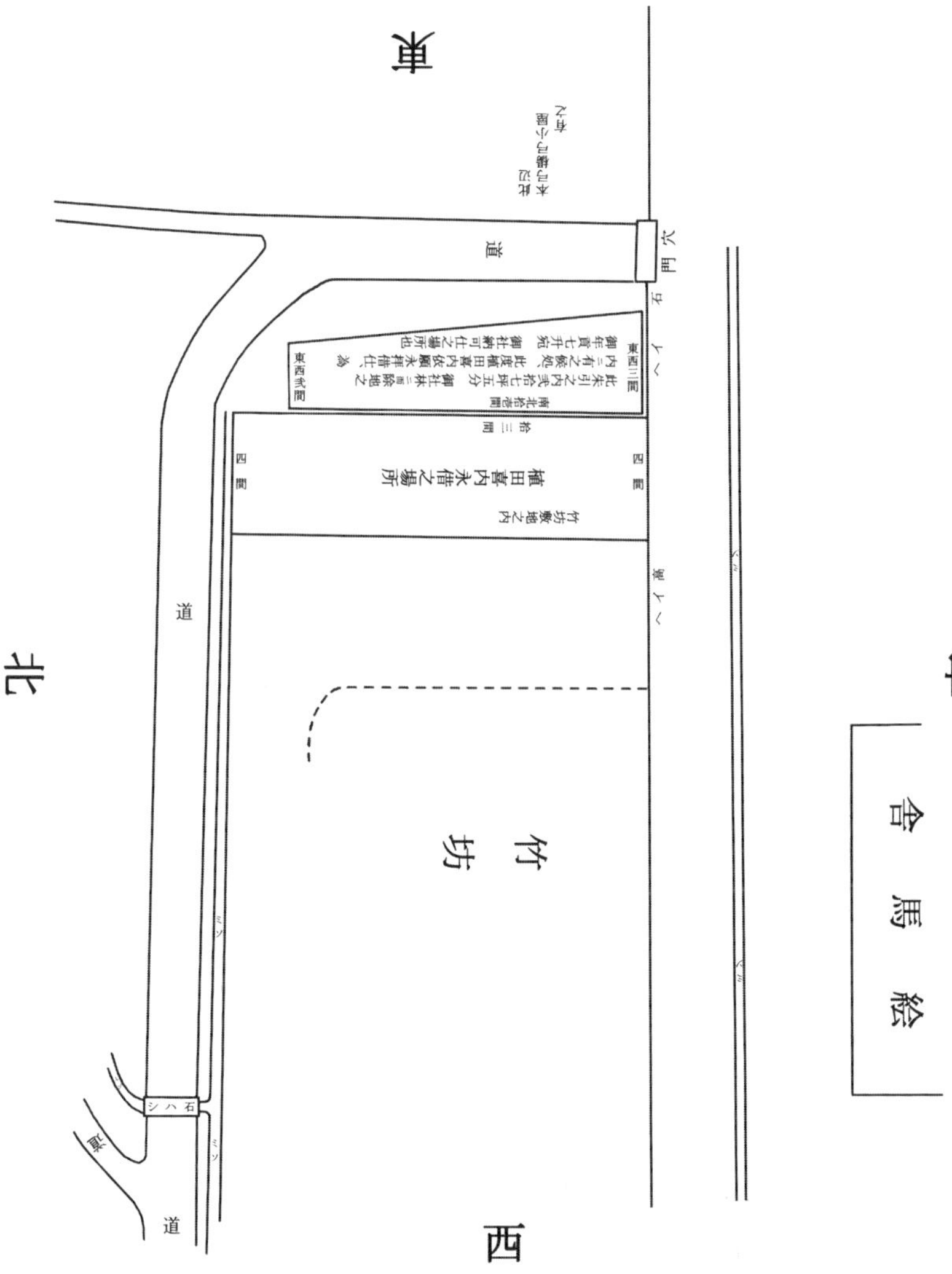

取建申度、尤右借地計ニ而者手狭ニ而不勝手之義茂御座候ニ付、東之方地続
御社林除地之内、東西北ニ而弐間南ニ而三間南北拾壱間、此坪弐拾七坪五分之御地面、此
度永拝借仕度段、奉願候処、
御許容被成下、御役人中御立会之上、六尺五寸棹を以、間数御改、杭木御打渡被
成下、表絵図朱引之通、相違無之候、為後年裏書、仍而如件

文政十一子年二月

植田喜内（印）

証人　上田助之進（印）

表絵図面之通、立会相改、永御貸渡相違無之候、以上

一老
東梅坊（印）

御院内役人
松本左馬（印）

社代役代り
松本東馬（印）

役者惣代
仰木隆慶（印）

三七一　清井町中永拝借願地絵図幷同裏書

（貼紙）
「清井町々中御持家艮之方地続永借地奉願候ニ付、杭木打渡、裏書絵図本紙三通之内壱通」

清井町々中所持艮之方地続
御社林除地之内、是迄月拝借罷在候六拾四坪五分余之御地面、此度永拝借仕度段奉願候處、御許容被成下、地境夫々御取調被成候処、何之差障茂無御座候ニ付、今日御役人様方御立会之上、六尺五寸棹を以、間数御改、杭木御打渡被成下、表絵図朱引之通、相違無御座候、為後年裏書、仍而如件

文政十一戊子年五月

清井町
町中

年寄　藤兵衛（印）

五人組　伊兵衛（印）

和泉屋
禅門
町中惣代　寿仙（印）

清井町中永拝借願地絵図

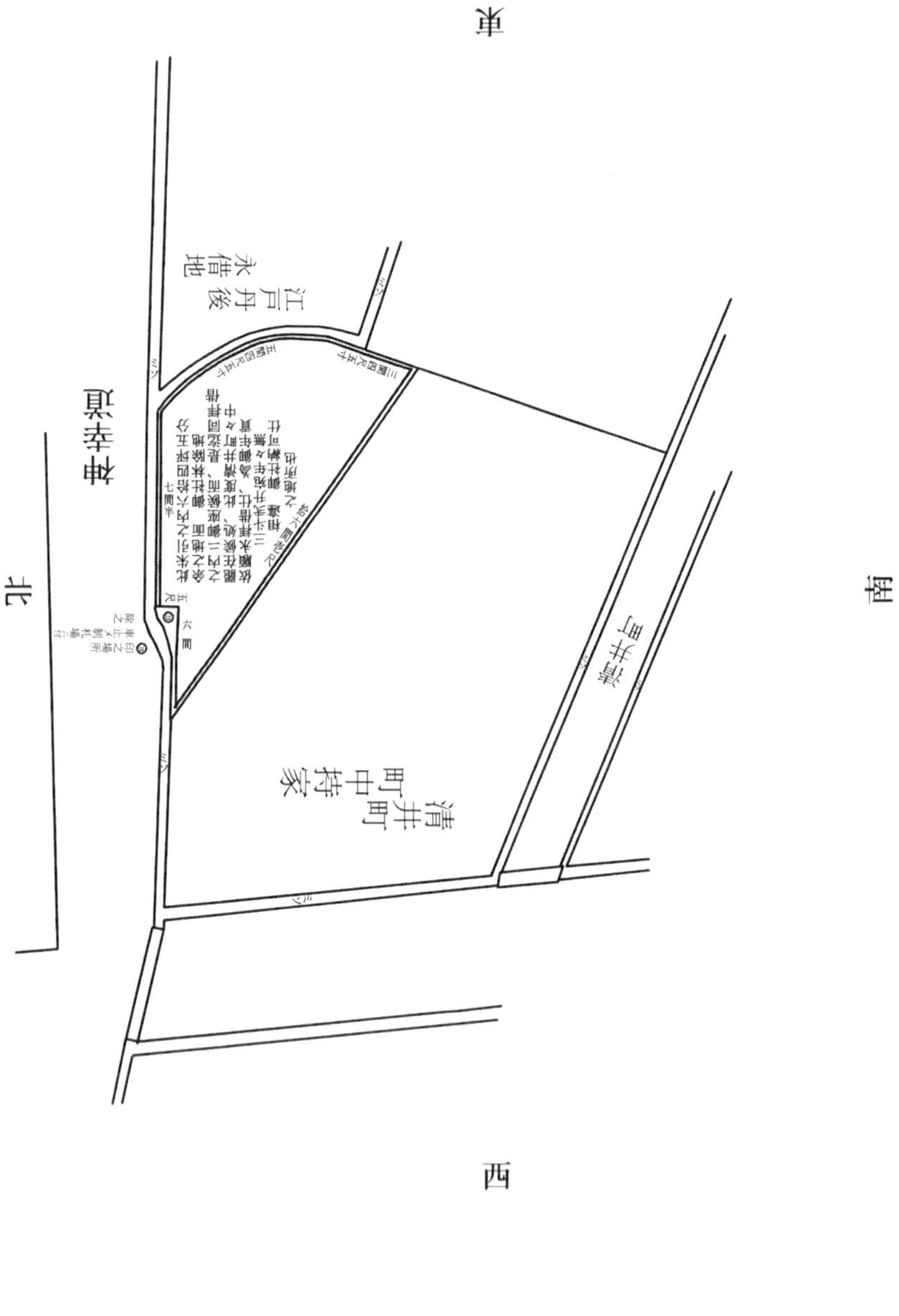

東地境　江戸丹後（印）

表絵図朱引之通、立会相改、永御貸渡相違無之者也

一老　東梅坊（印）

御院内役人　松本東馬（印）

社代　上田助之進（印）

役者惣代　植田喜内（印）

三七二　清井町松葉屋きく永拝借願地絵図并同裏書

清井町松葉屋きく所持家屋敷北之方地続
御社林除地之内、七坪九分余之御地面、此度永拝借仕度段奉願候處、　御許容
被成下、御役人様方御立会之上、六尺五寸棹を以、間数御改、杭木御打渡被成下、

表絵図朱引之通、相違無御座候、為後年裏書、仍而如件

文政十一子年六月

清井町
松葉屋きく（印）

年寄　藤兵衛（印）

五人組　伊兵衛（印）

表絵図朱引之通、立会相改、永御貸渡相違無之者也

一老
東梅坊（印）

御院内役人
松本東馬（印）

社代
上田助之進（印）

役者
植田喜内（印）

三七三　清井町松葉屋きく永拝借願地絵図幷同裏書

（貼紙）
「清井町松葉屋きく永借地奉願候ニ付、杭木打渡、裏書絵図本紙三通之内壱通　文政十一」

清井町松葉屋きく所持家屋敷北之方地続
御社林除地之内、七坪九分余之御地面、此度永拝借仕度段奉願候處、御許容
被成下、御役人様方御立会之上、六尺五寸棹を以、間数御改、杭木御打渡被成下、
表絵図朱引之通、相違無御座候、為後年裏書、仍而如件

文政十一子年六月

清井町
松葉屋きく（印）
年寄　藤兵衛（印）
五人組　伊兵衛（印）

表絵図朱引之通、立会相改、永御貸渡相違無之者也

一老
東梅坊（印）

御院内役人

清井町松葉屋きく永拝借願地絵図

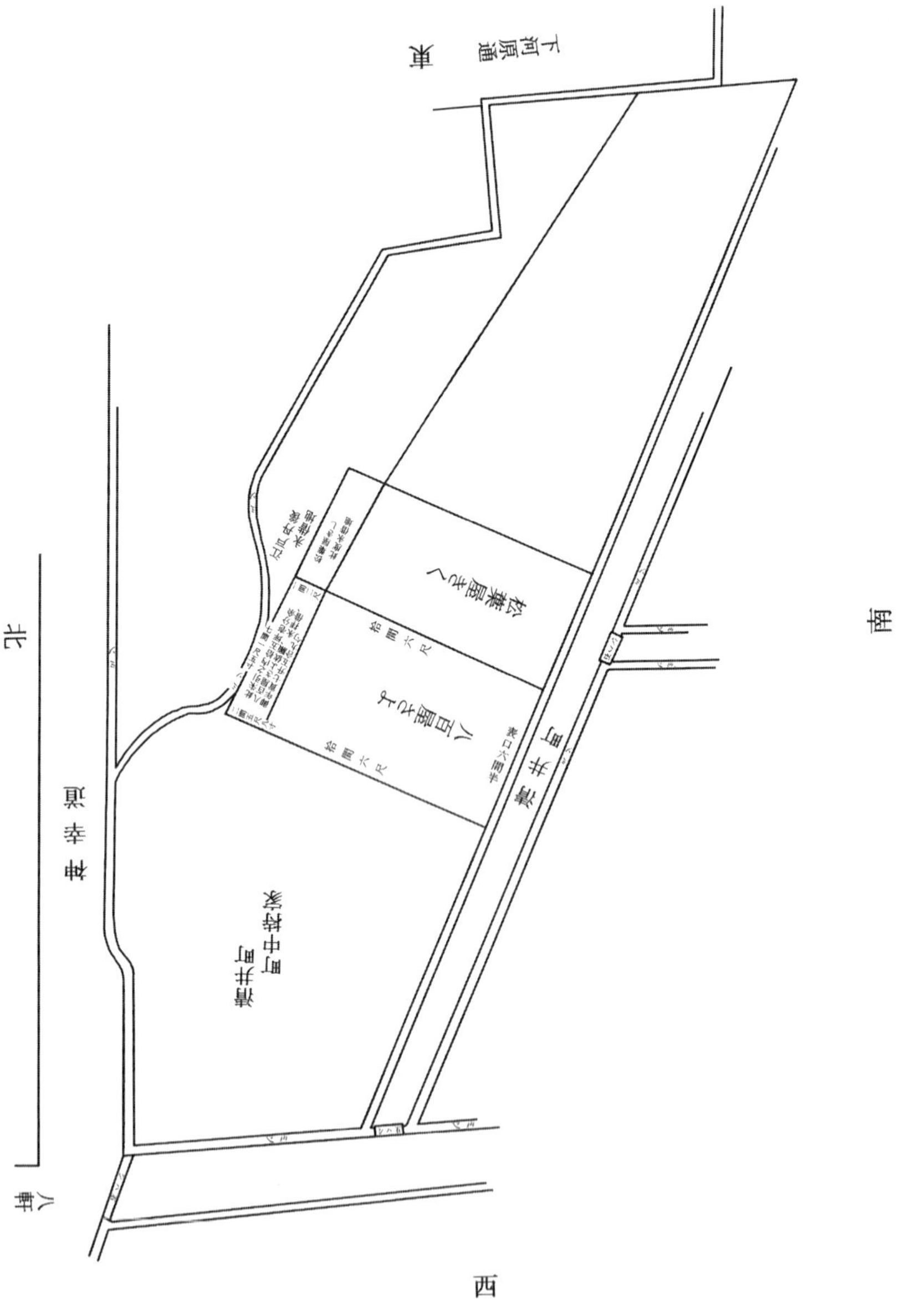

松本東馬（印）

社代
上田助之進（印）

役者
植田喜内（印）

三七四　清井町八百屋さよ永拝借願地絵図幷同裏書

清井町八百屋さよ永拝借願所持家屋敷絵図

（貼紙）
「清井町八百屋さよ永借地奉願候ニ付、杭木打渡、裏書絵図本紙三通之内壱通　文政十一」

清井町八百屋さよ所持家屋敷北之方地続

御社林除地之内、拾五坪壱分余之御地面、此度永拝借仕度段奉願候処、御

許容被成下、御役人様方御立会之上、六尺五寸棹を以、間数御改、杭木御打渡被

成下、表絵図朱引之通、相違無御座候、為後年裏書、仍而如件

文政十一子年六月

清井町
八百屋さよ（印）

年寄　藤兵衛（印）

五人組伊兵衛（印）

表絵図朱引之通、立会相改、永御貸渡相違無之者也

一老
東梅坊（印）

御院内役人
松本東馬（印）

社代
上田助之進（印）

役者
植田喜内（印）

三七五　清井町八百屋さよ永拝借願地絵図并同裏書

（貼紙）
「清井町八百屋さよ永借地奉願候ニ付、杭木打渡、裏書絵図本紙三通之内壱通」

清井町八百屋さよ所持家屋敷北之方地続

御社林除地之内、拾五坪壱分余之御地面、此度永拝借仕度段奉願候處、御許

清井町八百屋さよ永拝借願地絵図

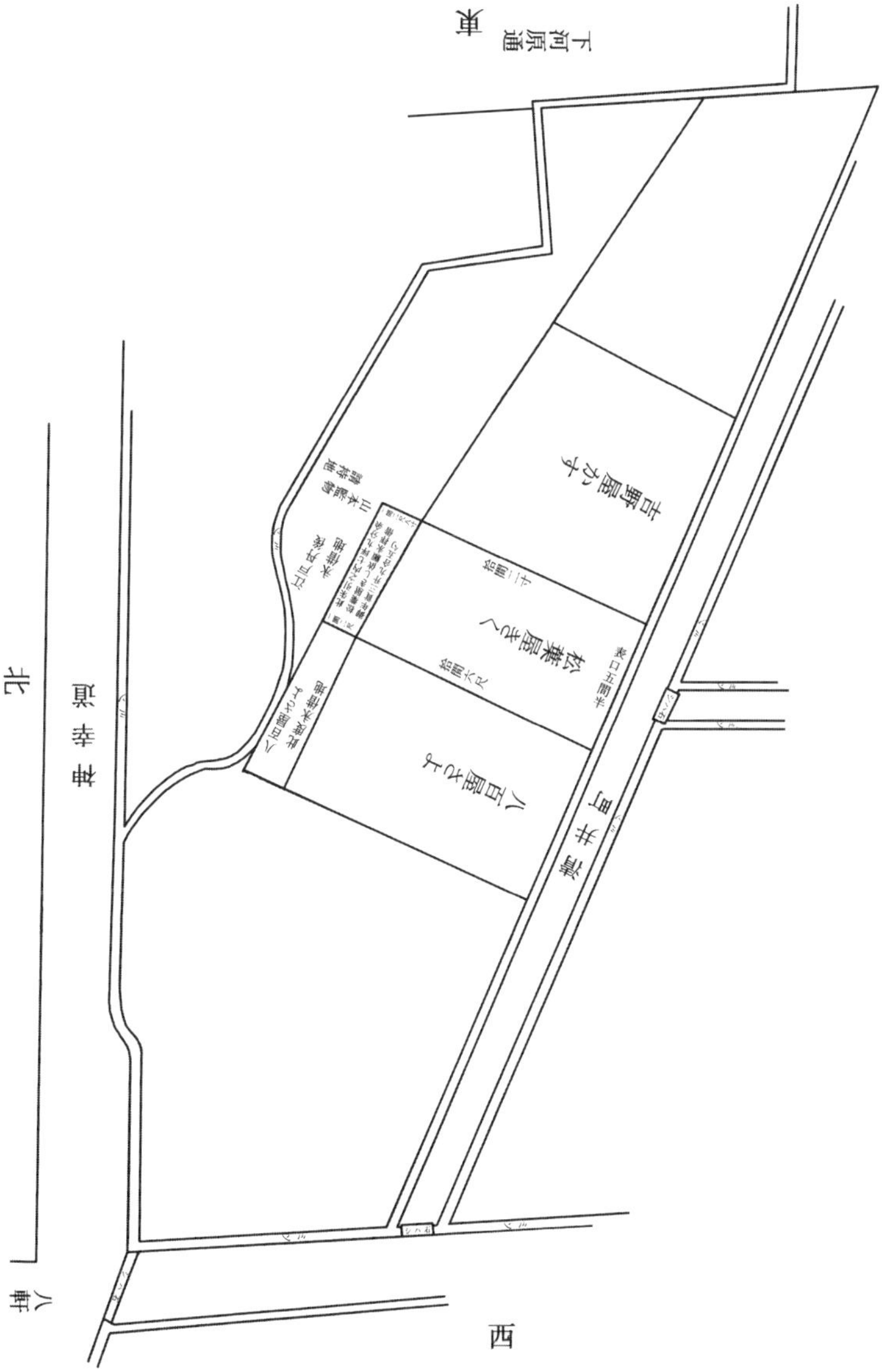
下河原通
東
吉野屋かす
松葉屋きく
八百屋さよ
南
北
西
八軒

容被成下、御役人様方御立会之上、六尺五寸棹を以、間数御改、杭木御打渡被成下、表絵図朱引之通、相違無御座候、為後年裏書、仍而如件

文政十一子年六月

清井町
八百屋さよ（印）
年寄　藤兵衛（印）
五人組伊兵衛（印）

表絵図朱引之通、立会相改、永御貸渡相違無之者也

一老
東梅坊（印）
御院内役人
松本東馬（印）
社代
上田助之進（印）
役者
植田喜内（印）

衆儀座中
松原町年寄

三七六　祇園社衆儀座中年貢幷歩役銀請取状（続紙）

覚

一銀六百五拾七匁八厘
右者、当子年分年貢先納申付候処、八拾目立ニ而被相納、慥ニ請取候、尚来ル
極月御立相場を以、勘定相立、其節皆済書付相渡シ可申候事
一銀百拾四匁
右者、当子年分歩役銀先納申付候処、則被相納、慥ニ請取申候、猶追而本紙請
取書相渡シ可申候事

文政十一子年七月五日

祇園社
衆儀座中（印）（抹消）

松原町
年寄方江

三七七　祇園社衆儀座中年貢幷歩役銀請取状

覚

一銀六百弐拾弐匁三分壱毛五弐
同四百四拾八匁三分七厘
　合
壱貫七拾目五分壱厘弐毛

右者、当子年分年貢幷歩役銀先納申付候処、八拾目立ニ而被相納、慥ニ請取、尚ル極月御勘定之節、御立相場を以、勘定相立、皆済書付相渡シ可申事

文政十一子年七月八日
　　衆儀座中（抹消）（印）

清井町
年寄方江

衆儀座中
清井町年寄

三七八　建仁寺大統院地子年貢米請取状（竪切紙）

納建仁寺大統院領地子年貢米事
　定弐斗四合
　　祇園林中弁

建仁寺大統
院
祇園林中

右、皆済如件　文政十一年子十二月（印）

三七九　元吉町井筒屋伊三郎等人足寄場渡世相続願請書写

境内新地六町中ノ人足寄場渡世ヲ五人ノ者ニ許可スル

御請書之

別紙之事

一御境内ニ而私共義、人足寄場渡世仕来候処、御門前町ニ而寄場渡世義者、西の辻ニ相限り候旨御規定被成置、依之外寄場ゟ人足雇入間敷旨、前々ゟ御門前町中へ被仰渡置候趣之処、私共何之心付も無之、是迄人足差入候方も有之、此度御取調ニ而右前々ゟ御定之趣奉承知奉恐入候、依之御門前町江人足差入候義者今日限ニ相止、以来差入申間敷候、然処私共義、永々御境内ニ而渡世相続仕度奉存ニ付而者、外ニ類商売出来不申様御定被下被成度段奉願候処、御聞届被成下、以来御境内新地六町中ニ而人足寄場渡世之義、私共五人之外同商売致間敷旨、右六町中へ被　仰渡被成下、難有奉存候、尤右ニ付而者、

元吉町
末吉町
富永町
清本町

都而雇方差支ニ不相成様正路誠直ニ可仕旨被仰渡、奉畏候、然上者六町中ニ而
寄場渡世之儀、私共五人ニ相限候迚、賃銭高直ニ不仕、都而正路誠直ニ仕、雇方
差支無之様可仕候、勿論下方之者共、かさつヶ間敷儀無之様常々示聞セ、心
を付可申候、且又西の辻之者与茂睦敷仕、混雑之義無之様可仕候、若右之趣
相違仕候ハヽ、如何様ニとも可被為仰付候、依而連印御請書奉差上候、以上

文政十二丑年正月廿八日

元吉町
井筒屋伊三郎　印

末吉町
丹波屋金蔵　印

同町
万屋源太郎　印

富永町
大坂屋清次郎　印

清本町
万屋弁三郎　印

御地頭様

三八〇　松本東馬永拝借願地絵図幷同裏書

（貼紙）
「松本東馬永借奉願候ニ付、杭木打渡、裏書絵図本紙三通之内壱通　文政十二」

御林地之内九拾壱坪余之御地面、松本東馬拝借仕度ニ付、何角入念取調候処、何之差支も無之ニ付、右御地面永借之義奉願候処、御許容被成下、御役人中御立会之上、六尺五寸棹を以、間数御改、杭木御打渡被成下、表絵図朱引之通、相違無御座候、為後年裏書、仍而如件

文政十二丑年二月　松本東馬（印）
証人　中田左門（印）

表絵図面之通、立会相改、永御貸渡相違無之候、以上、

一老　東梅坊（印）
一老　松　坊（印）

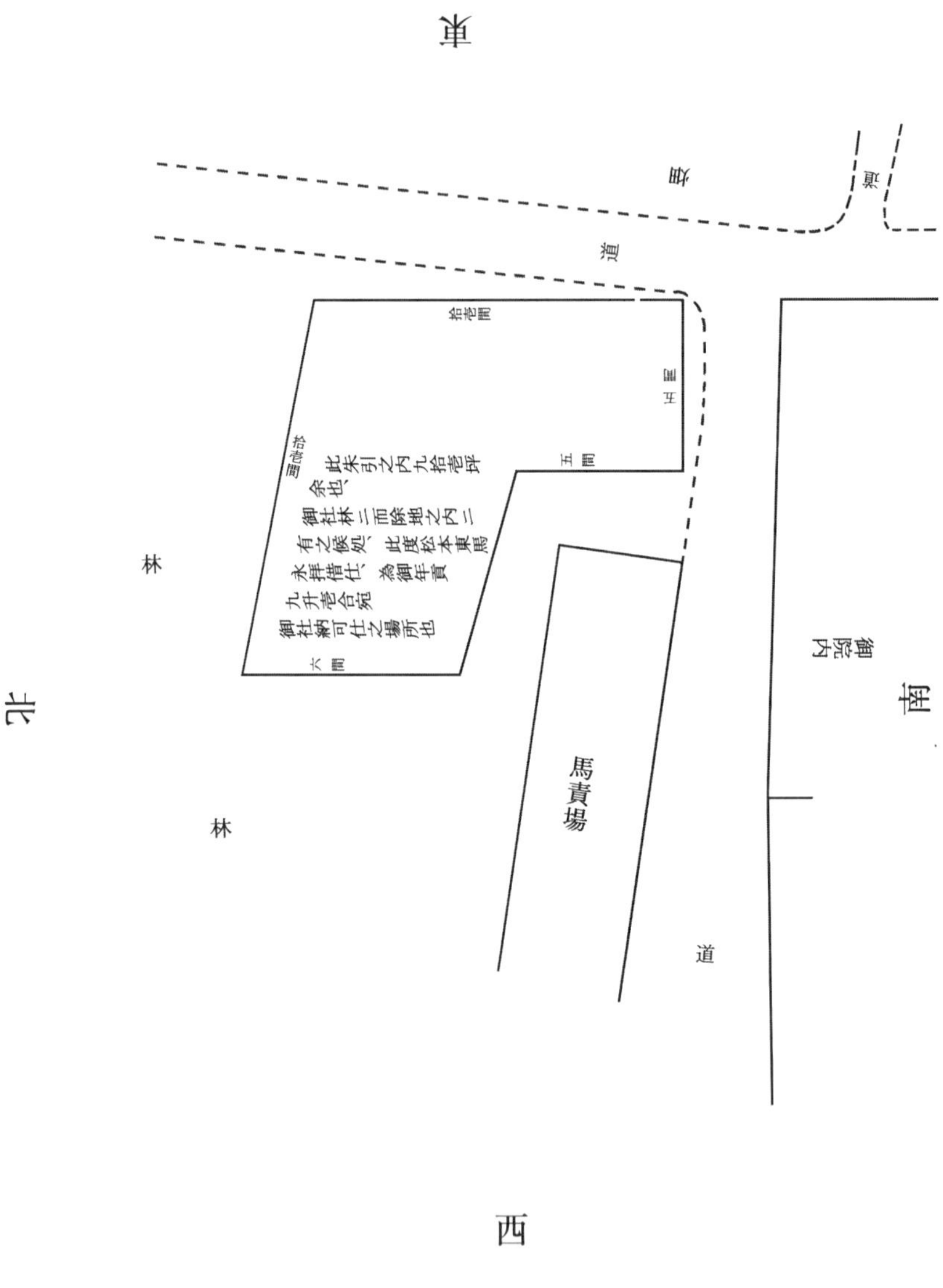
東
道
拾壱間
五間
此朱引之内九拾壱坪
余也、御社林ニ而除地之内ニ
有之候処、此度松本東馬
永拝借仕、為御年貢
九升壱合宛
御社納可仕之場所也
六間
御院内
南
馬責場
道
林
林
北
西

社代
山本大蔵（印）

御院内役人
嶋田左京（印）

役者
仰木隆慶（印）

同
植田喜内（印）

同
上田左内（印）

三八一　松本東馬永拝借願地絵図幷同裏書

松本東馬永拝借願地絵図

（袋ウハ書、後筆）
「文政十二年
慶応辰年　等
地券并地図」

（貼紙）
「松本東馬永借地奉願候ニ付、杭木打渡、裏書絵図本紙三通之内壱通　文政十二」

御林地之内九拾壱坪余之御地面、松本東馬拝借仕度ニ付、何角入念取調候處、
何之差支も無之ニ付、右御地面永借之義奉願候処、

御許容被成下、御役人中御立会之上、六尺五寸棹を以、間数御改、杭木御打渡被
成下、表絵図朱引之通、相違無御座候、為後年裏書、仍而如件

文政十二丑年二月

松本東馬（印）

中田左門（印）

表絵図面之通、立会相改、永御貸渡相違無之候、以上

一老
東梅坊（印）

一老
松　坊（印）

社代
山本大蔵（印）

御院内役人
嶋田左京（印）

役者
仰木隆慶（印）

同
植田喜内（印）

同
上田左内（印）

三八二　大和右京御旅所大和家名相続願請書（続紙）

大和右京御旅所大和家名ヲ相続ス

御請書

一御旅所大和家名相続之儀、此度
御社務様思召を以、私江被　仰付、難有奉存候、尤
御社法太切相守可申候様被　仰渡、奉畏候、然上者、以来左之通、堅相守可申
候

入座ヲ願ヒ出ル

一入座御願申上、御神役太切相勤、
太神宮社其外共麁略無之様可仕候、勿論右御社其外共、都而御預り之儀ニ付、
自分之持社抔与心得違仕間敷候事

寛文十二年以来藤井主膳御旅所棚守ヲ勤仕ス

一御旅所棚守之儀者、寛文十二壬子年五月廿七日ニ藤井主膳方ヘ被　仰付、
其後代々主膳相勤、宮仕之儀者、往古ゟ代々私方ヘ被　仰付候義ニ御座候
処、近来心得違混雑之儀茂有之哉ニ思召、以来混雑等無之様可相勤様被

仰渡奉畏候、勿論右ハ、従
御社務様被　仰付候而相勤候義ニ御座候、自分勝手ニ宮仕ニ相成候抔と心
得違仕間敷候叓
一私儀、当時住宅無之ニ付、此度御伺之上、当分之処神殿詰所ニ仮宅候得共、差
急積り合仕、以前之通、御旅所ニ住居可仕心得ニ御座候、尤例歳宗門人別御
改之節、　御宮本御帳面御加江被成下度奉存候、其外　御宮本之社人衆中ニ
准何等之義ニ而茂宿替り之儀者、一々御伺申上、御下知太切ニ相守、都而
御社務様御支配可奉請候事
右之趣、堅相守可申候、猶又右ヶ條ニ洩候義ニ而茂、都而　御社務様御下知通
仕、何叓ニ不寄、一己之了簡を以、取計仕間敷候、若心得違
御社法相背候ハヽ、如何様ニ茂可被為仰付候、其節一言之歎願申上間敷候、
依而御請書奉差上候、以上
文政十二己丑年三月十八日
大和右京（印）
証人　藤岡竹治郎（印）
右竹治郎幼年ニ付

御社代御中

代
中田左門（印）

三八三　松本東馬拝領願地絵図幷同裏書

（貼紙）
「松本東馬拝領地奉願候ニ付、御許容之上、杭木打渡、裏書絵図本紙弐通之内壱通　文政十二」

御院内西地続ニ而東西八間、南北拾壱間之御地面、松本東馬居宅地ニ拝領仕度、則夫々申談、取調候處、差支之筋茂無之、尤右御地面者、御院内限之御支配地ニ而、社役人も不抱地所ニ御座候得共、御林地続之義ニ付、為念社役人江も及示談、是以何之差支茂無之ニ付、右地面拝領之義、奉願候処、御許容被成下、御役人中御立会之上、六尺五寸棹を以、間数御改、杭木御打渡被成下、表絵図朱引之通、相違無之候、為後年裏書、仍而如件

文政十二丑年五月

拝領主　松本東馬（印）

証人　仰木隆慶（印）

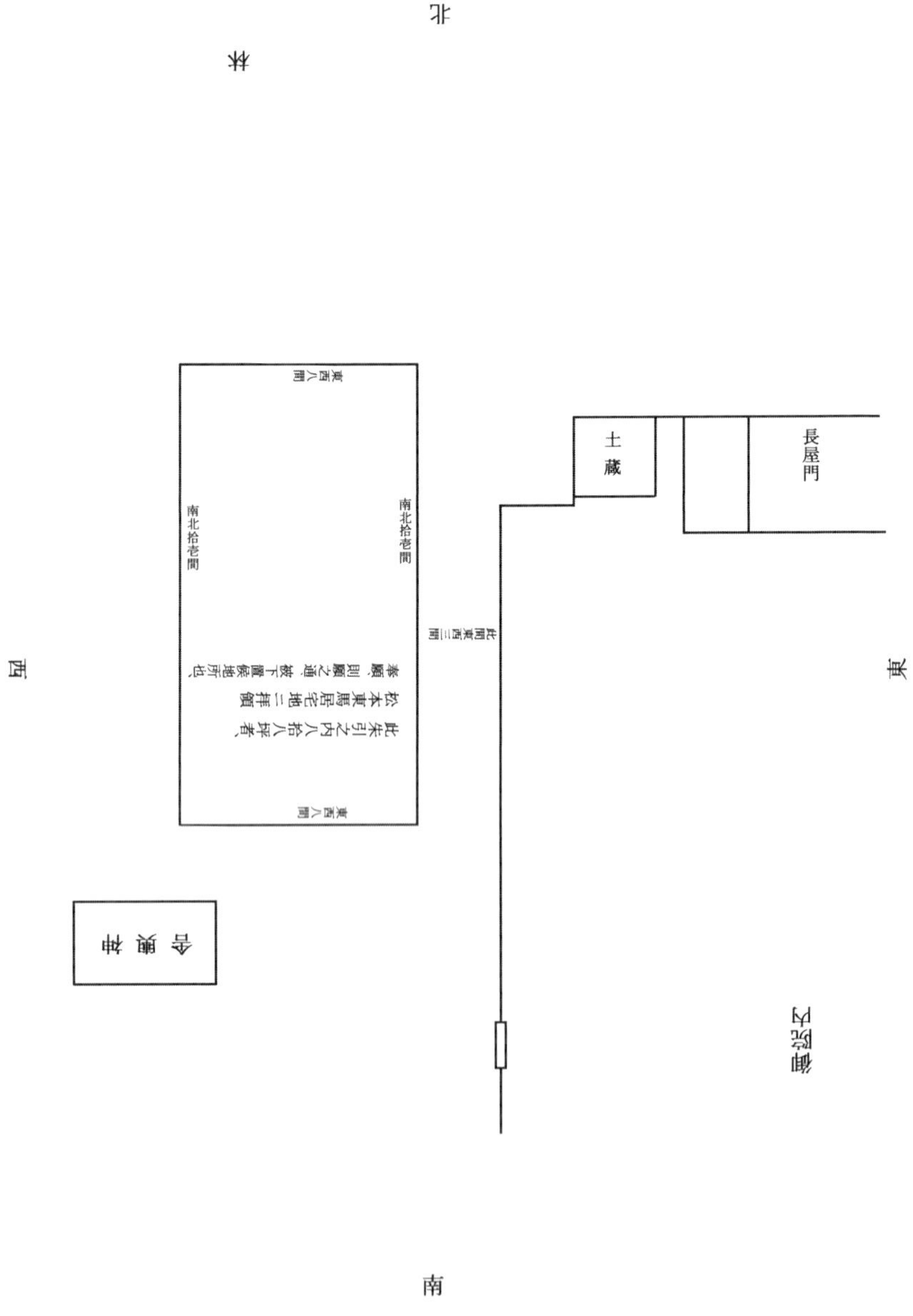
北
林
長屋門
土蔵
東
西
南
東西八間
南北拾壱間
南北拾壱間
東西八間
此間東西三間
此朱引之内八拾八坪者、
松本東馬居宅地ニ拝領
奉願、則願之通、被下置候地所也、

表絵図面之通、立会相改、永被下置候義、相違無之候、以上

社代
山本大蔵（印）

役人
嶋田左京（印）

三八四　知恩院年番信重院年貢米請取状（竪切紙）

知恩院領之内三ケ院年貢米之事

納米　三升五合

右、令皆済畢

文政十二丑年十月

年番
信重院
納所（印）

衆議座中
橋本町
林下町
元吉町
末吉町
富永町

三八五　衆議座中町々年貢銀請取状

（端裏書）
「天保七申年十二月御勘定之節壱貫五百目御下ケ銀ニ相成候事」

証

一銀三貫目也

右者来寅年年貢先納之儀、及示談候処、年貢納銀之内町々ゟ割合出銀、書面之銀高先納被致、慥ニ受取処相違無之候、然ル上者来寅年年貢相納候節、右三貫目者差引ニ而可被相納候、仍而如件

文政十二丑年十二月十三日

衆議座中（印）（抹消）
橋本町
林下町
元吉町
末吉町
富永町

清本町

今衆儀座中

三八六　宝光院納所年貢米請取状（竪切紙）

清本町
右町々役者

祇園社領年貢米之事
納
合　北林　弐斗七升弐合弐勺六才
今衆儀座中弁
吉兵衛
右皆済如件
文政十二丑年十二月　宝光院納所（印）

三八七　宝光院納所年貢米請取状（竪切紙）

祇園社領年貢米之事
納
合　安井　弐斗七升弐合弐勺弐才
今
七右衛門

右皆済如件

文政十二丑年十二月　宝光院納所（印）

三八八　西梅坊年貢米請取状（竪切紙）

今門前町

祇園社領之内西梅坊年貢米之支

納　　　　　　　　　　　今門前町庄屋弁

合四斗九升六合壱勺　　　弥太郎

右皆済如件

文政十二己丑年十二月　西梅坊（印）

三八九　西梅坊年貢米請取状（竪切紙）

今門前町

祇園社領之内西梅坊年貢米之支

納　　　　　　　　　　　今門前町庄屋弁

合四斗九升五合壱夕　　　弥太郎

右皆済如件

文政十二己丑年十二月　　西梅坊（印）

三九〇　西梅坊年貢米請取状（竪切紙）

今門前町

祇園社領之内西梅坊年貢米之叓

納　　　　　　　　今門前町庄屋弁

合　弐斗七升七合　　弥太郎

右皆済如件

文政十二己丑年十二月　　西梅坊（印）

三九一　西梅坊年貢米請取状（竪切紙）

今門前町

祇園社領之内西梅坊年貢米之事

納　　　　　　　　今門前町庄屋弁

合　九升九合壱夕　　惣納

右皆済如件

文政十二己丑年十二月　西梅坊（印）

三九二　四坊組年貢米請取状（竪切紙）

祇園社領之内四坊組年貢米之㕝

今祇園廻り

納　弐升七合

合

右皆済如件

文政十二己丑年十二月　四坊組（印）

今祇園廻り
庄屋弁

三九三　新坊年貢米請取状（竪切紙）

祇園御社領之内新坊領年貢米之事

祇園廻り

納

合　壱升四合六夕壱才

祇園廻り
庄屋

南馬場先

右坊納所如件
文政十二己丑年十二月　新（印）

三九四　狛平治納米請取状（竪切紙）

皆済手形之事
納米　六升五合
南馬場先
元名寿伯
右者、家領之内、両清井町建家奉願候付、御社用ゟ被下之、慥ニ拝受候処、如件
文政十二己丑年十二月
平之進分
狛平次（印）

三九五　竹坊年貢米請取状（竪切紙）

納　祇園社領年貢米之事

南馬場先

合九升弐合七夕御社用納計り口
庄屋弁
右皆済如件　竹坊（印）
文政十二年丑十二月

三九六　上田助之進社用米請取状（竪切紙）

皆済手形之事
納米弐斗三升四合
南馬場先
甚助
右者家領之内、東西清井町建家奉願候付、御社用ゟ被下之、慥ニ奉拝受候
處、如件
文政十二己丑年十二月
上田助之進（印）

三九七　上田瀬平年貢米請取状（竪切紙）

納　祇園社領年貢米之事

合　五斗七升弐合九夕六才
右皆済、依而如件
文政十二丑十二月　上田瀬平（印）
今林御中弁
庄次郎

三九八　上田瀬平進社用米請取状（竪切紙）

皆済手形之事

納米
三斗四夕　南馬場先　元名寿林
壱斗弐升弐合弐才　同　次郎左衛門
合四斗弐升弐合四夕弐才
右者家領之内両清井町建家奉願候ニ付、御社用ゟ被下之、慥ニ拝受候処、如件
文政十二丑年十二月　上田瀬平（印）

三九九　一社惣代粟田御殿年頭八朔出礼願書写（続紙）

（包紙ウハ書カ）
「粟田御殿年頭八朔出礼相勤候ひかへ也
文政十二己丑年十二月相改　　　　　　　」

奉差上一札之事

一当社并拙僧共一統、従往古深御由緒御座候ニ付、此度
神前江中門・回廊御寄附被成下度旨奉願上候処、則願之通、
御許容被成下、一統難有仕合奉存候、右ニ付、以後尚更御親敷可仕候、然ル上
者、向後毎年頭御礼為昆布料金三百疋、
新宮様江金弐百疋、御重役中江金百疋ツヽ、進上可申候、為八朔御礼右同様
相勤可申候、仮令社内人躰相替候共、御由緒之儀者段々申送り、決而無懈怠
相務可申候、仍為後日、奉差上候一札如件

一社惣代
――
年月日　　実名印
――

粟田御殿役
人中

今林御中

実名印

〃社〃務〃執〃行
〃〃
〃実〃名〃印

粟田
御殿
御役人中

四〇〇　上田年貢米請取状（竪切紙）

納　祇園社領年貢米之事

合　四升三合九夕弐才

右皆済、仍如件

文政十二年丑十二月　上田（印）

今林御中

丞

今林御中

今林御中

四〇一　上田年貢米請取状（竪切紙）

納　祇園社領年貢米之事

合　六合九夕六才

右皆済、仍如件

文政十二年丑十二月　上田（印）

今林御中
孫太郎

四〇二　上田年貢米請取状（竪切紙）

納　祇園社領年貢米之事

合六升壱合八夕

右皆済、仍如件

文政十二年丑十二月

上田（印）

今林御中
みこ

今林御中

今林御中

四〇三　上田年貢米請取状（竪切紙）

納　祇園社領年貢米之事

合三斗壱升六合七夕八才

右皆済、仍如件

文政十二年丑十二月

上田（印）

今林御中
与三次郎

四〇四　上田年貢米請取状（竪切紙）

納　祇園社領年貢米之事

合三斗七升壱合八夕六才

右皆済、仍如件

文政十二年丑十二月

上田（印）

今林御中
与三郎

上河原

建仁寺妙喜
庵

四〇五　上河原地子請取状（竪切紙）

奉請取覚

米合壱斗壱升弐合

銀　五拾五匁

右者引米所持之地面的場貸附置候処、東清井町為建家、右地面差上候ニ付、
此地子御社用ゟ被下之、慥ニ奉請取、如件

文政十二丑年十二月

上河原（印）

四〇六　建仁寺妙喜庵地子年貢米請取状（竪切紙）

納建仁寺妙喜庵領地子年貢米之事

定壱斗七升六合七夕六才

祇園役者弁

右皆済如件　文政十二年丑十二月（印）

建仁寺大統
院
祇園林中

四〇七　建仁寺大統院地子年貢請取状（竪切紙）

納建仁寺大統院領地子年貢米之事
定弐斗四合
右皆済如件　文政十二年丑十二月　（印）
祇園林中弁

四〇八　竹坊年貢米請取状（竪切紙）

納　祇園社領年貢米之事
合九斗弐合七夕
御社用納斗り口
庄屋弁
右皆済、如件　竹坊（印）
文政十三年寅十二月

南馬場先

今祇園廻り

四〇九　上田助之進社用米請取状（竪切紙）

皆済手形之事

南馬場先
甚助

納米弐斗三升四合
右者家領之内、東西清井建家奉願候ニ付、御社用ゟ被下之、慥ニ奉納受候處、如件
文政十三年庚寅十二月　上田助之進（印）

四一〇　四坊年貢米請取状（竪切紙）

祇園社領之内四坊年貢米之𢎭

今祇園廻り
庄屋弁

納合弐升七合
右皆済如件
文政十三庚寅年十二月　四坊組（印）

南馬場先

今衆儀座中

四一一　上田瀬平進社用米請取状（竪切紙）

皆済手形之事

納米　三斗四夕

南馬場先
元名
寿林

壱斗弐升弐合弐才

同
次郎左衛門

合四斗弐升弐合四夕弐才

右者家領之内両清井町建家奉願候ニ付、御社用ゟ被下之、慥拝受候處、如件

文政十三寅年十二月

上田瀬平（印）

四一二　宝光院納所年貢米請取状（竪切紙）

祇園社領年貢米之事

北林

納合弐斗七升弐合弐夕六才

今衆儀座中弁
吉兵衛

今祇園廻り

南馬場先

右皆済如件

文政十三寅年十二月　　宝光院納所（印）

四一三　藤岡年貢米請取状（竪切紙）

納

祇園社領年貢米之事

合壱斗七升三合七夕

右皆済、仍如件

文政十三庚寅年十二月

藤岡（印）

今祇園廻り
庄屋

四一四　植田喜内社用米請取状（竪切紙）

納

皆済手形之事

米壱斗六升七合

南馬場先
寿伯

右者、家領之内、両清井町建家奉願候ニ付、御社用ゟ被下之、慥拝受候

今林御中

今衆儀御中

処、如件
文政十三庚寅年十二月　植田喜内（印）

四一五　上田左内年貢米請取状（竪切紙）

安井
納　祇園社領年貢米之事
合三斗壱升六合七夕四才
今衆儀御中弁
与惣次郎
右皆済、如件
文政十三庚寅年十二月
上田左内（印）

四一六　上田瀬平年貢米請取状（竪切紙）

納　祇園社領年貢米之事
合五斗七升弐合九夕六才
今林御中弁
庄次郎

右皆済、仍而如件

文政十三寅年十二月　　上田瀬平（花押）（印）

四一七　宝光院納所年貢米請取状（竪切紙）

納　祇園社領年貢米之事

安井

合弐斗七升弐合弐夕弐才　　今庄屋幸龍弁
　　　　　　　　　　　　　七右衛門

右皆済如件

文政十三寅年十二月　　宝光院納所（印）

四一八　上田左内年貢米請取状（竪切紙）

安井

納　祇園社領年貢米之事

合三斗七升壱合八夕六才
今衆儀御座中弁
与三郎

右皆済、仍如件

文政十三庚寅年十二月　上田左内（印）

今衆儀御座
中

四一九　上田左内年貢米請取状（竪切紙）

祇園社領年貢米之事

安井

納
合四弁三合九夕弐才
今衆儀御座中弁
丞

右皆済、仍如件

文政十三庚寅年十二月　上田左内（印）

今衆儀御座
中

四二〇　西梅坊年貢米請取状（竪切紙）

祇園社領之内、西梅坊領年貢米之叓
今門前町庄屋弁
惣納

納
合九升九合九夕壱才

今門前町

祇園廻り

今門前町

右皆済如件

文政十三庚寅年十二月　西梅坊（印）

四二一　新坊領年貢米請取状（竪切紙）

納　祇園社領之内、新坊領年貢米之事

合壱升四合六夕壱才

右坊納所如件

文政十三庚寅年十二月　新（印）

祇園廻り
庄屋

四二二　山本年貢米請取状（竪切紙）

納　祇園社領年貢米之事

合七斗五升九合四夕

今門前町庄屋弁

今衆儀御座
中

安井ノ口丞

右皆済如件

文政十三寅年十二月　山本（印）

四二三　上田年貢米請取状（竪切紙）

祇園社領七人組年貢米之事

納

合壱斗七合四夕

今衆儀御座中弁（ママ）

三良左衛門

右皆済、仍如件

文政十三庚寅年十二月　上田（印）

四二四　上田左内年貢米請取状（竪切紙）

北林

今衆儀御座
中

今門前町

祇園社領年貢米之事

納

合壱斗六升五合九夕四才

右皆済、仍如件

文政十三庚寅年十二月　上田左内（印）

今衆儀御中弁
三右衛門

四二五　西梅坊年貢米請取状（竪切紙）

祇園社領之内、西梅坊年貢米之支

納

合弐斗七升七合

右皆済如件

文政十三庚寅年十二月　西梅坊（印）

今門前町庄屋弁
弥太郎

四二六　西梅坊年貢米請取状（竪切紙）

祇園社領之内、西梅坊年貢米之支

今門前町

上河原

納
合四斗九升五合壱夕
右皆済如件
文政十三庚寅年十二月　西梅坊（印）
今門前町庄屋弁
弥太郎

四二七　上河原社用米請取状（竪切紙）

奉請取覚
米壱斗壱升弐合
合銀五拾五匁
右者引米所持之地面的場貸附置候処、東清井町為建家右地面差上候ニ付、此地子御社用ゟ被下之、慥ニ奉請取如件
文政十三寅年十二月　上河原（印）

四二八　西梅坊年貢米請取状（竪切紙）

祇園社領之内、西梅坊年貢米之吏

今門前町

今衆儀御座
中

納
合四斗九升六合壱夕
右皆済如件
文政十三庚寅年十二月　西梅坊（印）
今門前町庄屋弁
弥太郎

四二九　上田左内年貢米請取状（竪切紙）

安井
祇園社領年貢米之事
納
合六合九夕六才
右皆済、仍如件
文政十三庚寅年十二月
上田左内（印）
今衆儀御座中弁
弥太郎

四三〇　上田左内年貢米請取状（竪切紙）

祇園社領年貢米之事

今衆儀御座
中

南馬場先

納
合六升壱合八夕
右皆済、仍如件
文政十三庚寅年十二月
上田左内（印）
今衆儀御座中弁
みこ

四三一　狛平次社用米請取状（竪切紙）

皆済手形之事
南馬場先
元名
寿伯
納米合六升五合
右者家領之内、両清井町建家奉願候ニ付、御社用ゟ被下之、慥ニ拝受
候處、如件
文政十三寅年十二月
平之進分預
狛平次（印）

四三二　三條台庄屋太左衛門庄屋退役願書

（端裏書）
「三條台庄屋太左衛門退役相願、跡役作兵衛相勤度旨、双方ゟ願出候、仍而天保二卯年十一月十一日聞済申渡ス、」

乍恐奉願上口上書

私義、

一御陰を以、是迄庄屋役相勤来り候処、近比病身ニ相成、役儀難相勤候ニ付、退役之儀御願申上候、尤後役之儀者、百性作兵衛与申仁ニ為相勤可申候、何卒願之通御聞届被成下候ハヽ、難有仕合ニ可奉存候、以上

天保二年
　卯十月
三條台
庄屋太左衛門（印）
百姓作兵衛（印）

祇園様御社領
　御役人中様

四三三　嶋年貢米請取状（竪切紙）

祇園社領年貢米之事
納
合壱斗〇八合三夕三才
右皆済如件
天保四巳年十二月　嶋（印）
今万屋わさ弁
又兵衛

四三四　門前町年寄代治郎右衛門等人足寄場渡世相続請書写（続紙）

御請書

一私儀、下八軒ニ而人足寄場渡世仕罷在候処、元来右渡世之義、御門前町ニ而者前々ゟ西之辻ニ相限り候旨、去ル文政十一子年九月被仰渡候儀者奉承知候、依而私義、渡世相止メ可申之処、外ニ覚へ候商売も無之、且他所ニ而者不用勝成商売ニ而、何共可仕様無之、必至難渋之趣御願申上、上八軒・下八軒

上八軒・下七軒ニテノ人足寄場渡世ヲ許可ス

之儀者裏町同様之儀ニ付、何卒此侭御指置被成下度段、御願奉申上候処、被為聞召分、右西の辻惣代源助江茂御理解被成下■同人義得心之上、上八軒・下七軒ニ而右渡世御差免被成下、御厚恩之程難有仕合奉存候、然上者、御門前町ニ而上八軒・下八軒之外表通り幷ニ膳所裏抔江決而立入申間敷候、勿論右之趣下方之者共江茂兼々為申聞、右西の辻指障りニ相成候義、一切為致申間敷候趣、御請書奉差上置候処、近年猥ニ相成候ニ付、猶又此度右之趣被仰付、奉承知候、依之為後年、御請書奉差上候、以上

天保五午歳十月

御門前町
沢屋　大吉　印
家主
丹波屋儀兵衛印
代　印

前書之通、去ル文政十一子年九月沢屋大吉渡世筋之儀ニ付奉願上候処、御憐愍之御沙汰被成下、則大吉ゟ前書御請書奉差シ上候上者、町役ゟ茂心を付、上八軒・下八軒之外表通り幷膳所裏共人足為差入申間敷候、其外西の辻寄場

差障り相成候義、一切為致申間敷候、且又右之趣、上八軒・下八軒裏借屋ニ至迄申通、大吉之外他所ゟ寄場人足為雇入申間敷候旨、先役者奥印仕置候処、近年猥ニ相成候間、此度相改、右奥印書仕候様被仰付、奉畏入候、依之奥印仕候、以上

御門前町
年寄代治郎右衛門印

御社代様

四三五　藤井主膳新沽券状改願書

一札

一此度新沽券状相改候処、前以　御本社へ御届申上、御許容之上相改可申之処、勝手不存、其儀不及候段、奉被　御聞恐入候、何分前文之通、心得違仕候段、御聞済被成下候様、奉願入候、以上

天保五年
午十月

藤井主膳（印）

利足ノ上納猶豫ヲ認ム

衆儀御座中

御社代中

四三六　狛平治利足上納猶豫願請書（竪切紙）

（端裏書）「狛平治」

一札

一銀五拾弐匁五分也（当午年分利足）

右者御利足上納可仕筈之処、難渋ニ付御猶豫御願申上候処、御聞届ケ成被下難有奉存候、然ル上者、来七月御勘定之節、無相違、急度上納可仕候、為念御請書、仍如件

天保五午年

十二月十四日　狛平治（印）

衆儀御座中

利足等ノ上納猶豫ヲ認ム

衆儀御座中

四三七　樋口縫殿利足幷利滞銀上納猶豫願請書

（包紙ウハ書）
「御請書　樋口縫殿」

一札

一銀四百五拾匁　去子年ゟ昨巳年迄之利滞

一同七拾弐匁　当午年分御利足

右御利足幷利滞銀今日上納可仕筈之処、難渋ニ付、当午年分七拾弐匁者、来ル廿八日ニ無相違上納仕、残り利滞四百五拾匁者、来ル未年中ニ上納仕度由、御猶豫奉願上候処、御聞届被成下、難有奉存候、然ル上者、当午年七拾弐匁者、当廿八日ニ無相違上納可仕候、利滞四百五拾匁者、来未年中ニ急度上納可仕候、為念御受書、仍而如件

天保五午年

十二月十四日　樋口縫殿（印）

衆儀御座中

四三八　藤井掃部等願書取下願書

奉願口上書

一御旅所藤井主膳心得違之儀有之候ニ付、親類連判を以御願奉申上候儀御座候得共、段々示談仕、何事茂相分り候ニ付、何卒先達而差上置候願書御下ケ被成下候様、奉願上候、此段御取扱被成下候ハヽ、難有仕合可奉存候、以上

天保六年未四月

藤井掃部（印）

故主膳弟
同　熊四郎（印）

故主膳娘
赤嶋熊四郎
妻　まん（印）

親類惣代
近江屋源兵衛（印）

祇園社
御社代御中

大和右京

衆儀御座中

前書之通御聞済被成下候ハヽ難有仕合可奉存候、以上

大和右京（印）

御社代御中

四三九　上田紀太郎上納銀断書

一銀百八拾目

右者此度可上納仕候処、無拠御断奉申上候処、御聞届ヶ被下、有難奉存候、然ル上者、来ル極月御勘定之節ニ急度上納可奉申上候、為後日、依而如件

天保六未年

七月九日

上田紀太郎（印）

衆儀御座中

衆議御座中

四四〇　樋口縫殿利足並利滞銀上納猶豫願請書

奉願御請書之支

一銀四百五拾目　右者去ル子年ゟ天保四巳年迄御利足滞

一同七拾弐匁　旧冬午年分御利足

右之合銀、今九日中御勘定所江上納可仕之処、利息難渋ニ付、当暮迄御猶豫御歎願申上候処、御聞届被成下、難有仕合奉存候、然ル上者、来ル十二月迄ニ急度上納可仕候、仍而御請書如件

天保六乙未年七月　樋口縫殿（印）

衆議御座中

四四一　宝光院上納銀猶豫願請書

一札之事

一銀百廿四匁三分

右者、去ル丑年分除地上納不納ニ付、当未冬皆済可致之處、無拠差支御座候ニ付、
御猶豫相願候處、御聞済被下忝存候、然ル上者、来ル申三月無相違上納可致候、
若其節等閑相成申候ハヽ、来ル申極月拙院広小路頂戴之内ニ而御引去り可
被成候、其節一言之申分無御座候、為後証、依如件

天保六未十二月十三日　　　　宝光院（印）

衆儀御座中

衆儀御座中

四四二　祇園社役者植田喜内差上物御尋書写

天保八丁酉年九月廿七日、御月番東　梶野土佐守様（良材）御役所へ役者植田喜内
持参いたし候書付、左之通上ケ置被成候事、

紙ハ　京都町奉行月番

奉伺口上書

此度松平讃岐守様・酒井左衛門尉様・松平隠岐守様御上京ニ付当社ゟ社

務執行宝寿院幷社僧惣代社僧壱人罷出申度、此段奉伺候、以上

天保八酉年九月廿七日

祇園社役者
植田喜内

御奉行所

口上書

一此度松平讃岐守様・酒井左衛門尉様・松平隠岐守様御上京ニ付差上ケ物之儀、御尋ニ御座候

一御札

社務執行
宝寿院

一御札
御洗米

社務惣代
社僧

右之通、差上申候、以上

酉
九月廿七日

祇園社役者
植田喜内

近例

文化十四丑年九月
松平讃岐守様
同十五寅年正月
井伊掃部頭様
文政八酉年五月
松平肥後守様
右御上使之節、罷出申候、以上
文政五年三月
松平讃岐守様
同年同月
酒井左衛門尉様
同十亥年五月
井伊掃部頭様
同年八月
松平越中守様
文政十一子年五月
酒井雅楽頭様
右御上使之節、公事出入有之候ニ付罷出不申候、以上
右之通、〆弐通

徳川家慶社領安堵ノ朱印ヲ與フ

四四三　徳川家慶朱印状

(端裏下貼紙)「宝寿院」

祇園社領山城国愛宕郡祇園廻之内、九拾四石六斗餘、岡崎村之内、五斗餘、千本廻之内、五石四斗余、天部村之内、弐斗余、葛野郡中堂寺村之内、六石五斗余、西院村之内、八石八斗余、五條橋下西側六斗余、三條台之内、四石九斗余、紀伊郡東九條村之内、拾八石弐斗余、都合百四拾石事、如先規、社家中収納并門前・境内諸役等免除、依当家先判之例、永不可有相違之状、如件

天保十年九月十一日

(徳川家慶)(朱印)

四四四　社代役代植田喜内人足寄場渡世聞届書写(続紙)

別紙書

西の辻人足寄場ノ惣代ヲ勤ム

記

一西の辻人足寄場之儀者、従往古地頭方江致立入、御社用向相勤来候由緒を以、於御門前町中町人共雇人足之儀、其寄場ニ相限り候旨、先年ゟ申渡置有之、則惣代之儀も是迄壱人ニ而相勤来候処、自今者両人ニ而相勤申度段、連印を以願出候ニ付、右願之通聞済遣候、然ル上者、両人共先規仕来通、堅相守、御社用向者不申及、渡世向等賃銭高直ニ不致、都而先方差支不相成様、精々心を付可申候、此度惣代両人ニ相成候ニ付而者、双方規定取締茂致候段、申出聞置候、然上者、弥以心得違無之様、正路誠直ニ渡世可致者也

天保十二歳辛丑七月

祇園社
社代役代
植田喜内

西の辻惣代
吉五郎江

大和橋料

院内へ上納ノ茶屋株冥加銀

四四五　松本将監等銀子借用状

一札

一此度御院内無拠要用ニ付、銀子借り入相成候而、御調印御頼被成、尤引充之儀者、大和橋料壱貫八百四十一匁五分祇園町年貢拾六石余差入有之、庄屋元右衛門ゟ直々可相渡約定ニ御座候、且清井町茂連印被仰付候処、万一前段引充物滞、町内江難儀相掛り候節如何ニ付、同丁ゟ　御社用江上納有之候年貢并御院内江上納之茶屋株冥加銀等万一右弐口之引充差滞候節者、直々可相渡旨、同町江為念書付遣度候ニ付、右年貢名目書入之儀、御頼ニ相成候処、是又御承知ニ相成候ニ付、万一差滞候節其儀ヲ申立、清井町ゟ　御社用江上納不仕候ハ、、例年御院内江御渡銀之内ニ而御引去ニ相成候共、其節聊申分無之候、為念一札如件

天保十二丑年十一月

御院内
松本将曹（印）
嶋田済一郎（印）

衆議御座中

粟田御殿へノ礼禄ヲ定ム

廻廊再建

衆議御座中

（裏書）「表書之通相違無之候

社務（印）」

四四六　祇園社衆儀座中掛り東梅坊等粟田御殿年頭八朔出礼願書（続紙）

（端裏書）「天保十三寅年廻廊御礼禄致減少願之節差上候願書之下案」

（挟込紙）「御願御聞済被成下候ハヽ、以後御礼録（禄）之義者年々無遅滞急度相納可申猶又社頭勝手向立直り候時節も有之候ハヽ、其節者先年御約定申上候通相勤可申之間願（ママ）―」

（挟込紙）「連判中御壱人―」

（挟込紙）「年」

奉願口上書

一当社廻廊御再建御由緒有之候ニ付、当　御殿江永々年頭并八朔御礼相勤可申様、先輩之者共御約定申上置候所、其後中絶ニ相成恐入候、右者全御礼

録（緑）多分相懸り申候故、時節柄旁以相滞候儀ニ付、右様之次第ニ相成候而ハ深
恐入候儀ニ付、此度相改御願申上候儀、左之通

栗田御殿ヘノ御礼物ヲ定ム

一御上江御昆布料金百五拾疋献上可仕事
一御懸り役四家様ヘ金五拾疋も差上申度、但右之通、年頭之節差上ヶ、八朔之節
者名札ニ而御礼申上度候事
一是迄御礼中絶之間、目録滞之分者御用捨相願申度、尤当年分者、先年通之振
合ニ而御礼相勤可申候
右之通ニ而御願申上候、左候得者、御礼も永続可仕与奉存候ニ付、何卒前文之
始末御聞届被成下、願之通御許容被成下候ハヽ、難有可奉存候、以上

衆議座中掛リ

天保十三年寅九月

祇園社
衆議座中
掛り
東梅坊（印）
新　坊（印）
仰木隆慶（印）
植田喜内（印）

粟田御殿役人中

粟田御殿
御役人中

四四七　上田城之進金子借用状

粟田御殿ヨリノ借入銀

（端裏書）「天保十三寅年粟田ゟ借入レ銀之内願ニ付、御貸附証文本紙城之進分」

証

一金三歩也

右者此度無拠就要用、奉拝借候処実正也、返上納之儀者、来卯年三月廿五日限、急度上納可仕候、為後日証札、仍如件

天保十三寅年
十月廿九日　　上田城之進（印）

衆儀御座中

衆儀御座中

四四八　祇園社衆議座中東梅坊等御用銀借用状写

粟田御殿ノ祠堂銀ヲ借用ス

（端裏書）
「天保十三寅年粟田御殿ゟ御借入レ証文改り候節之本紙扣、但御証文なし」

奉拝借御用銀之事

合銀九貫目也　御利足月九朱宛

右者　粟田御殿御祠堂銀之内、今度当社無拠入用ニ付奉拝借候処、実正明白也、返納之儀者当社門前境内新地六町ゟ例年二月九日相納候間、口銀都合三貫七百七拾匁之内を以、元利之内江弐貫目ツヽ拝借銀高皆済ニ相成候迄、無相違急度返納可仕候、右間口銀取立之節、御立会被成下御引取相成候而も申分無御座候、尤右拝借之儀者、当社入用ニ付拝借仕候義ニ候得者、仮令連印之者相替候共、跡役之者引受、無相違返納可仕候、且又臨時御入用之節者、何時候ニ而も皆上納可仕候、前文返納方間口銀是迄外方江引充ニ差入置候儀無御座候、為後日証文、仍而如件

天保十三年寅十月

祇園社
衆議座中
東梅坊

衆議座中

藤井主膳

新坊
仰木信慶
植田喜内
庄屋
井筒屋元左衛門
社務執行
宝寿院

粟田御殿
御役人御中

四四九　藤井主膳等御旅所仮本殿建立願書

「（端裏書）
祇園御旅所
神主　藤井主膳
弘化三午年壬五月廿四日
宮仕　大和右京」

奉願口上書

祇園御旅所
主膳

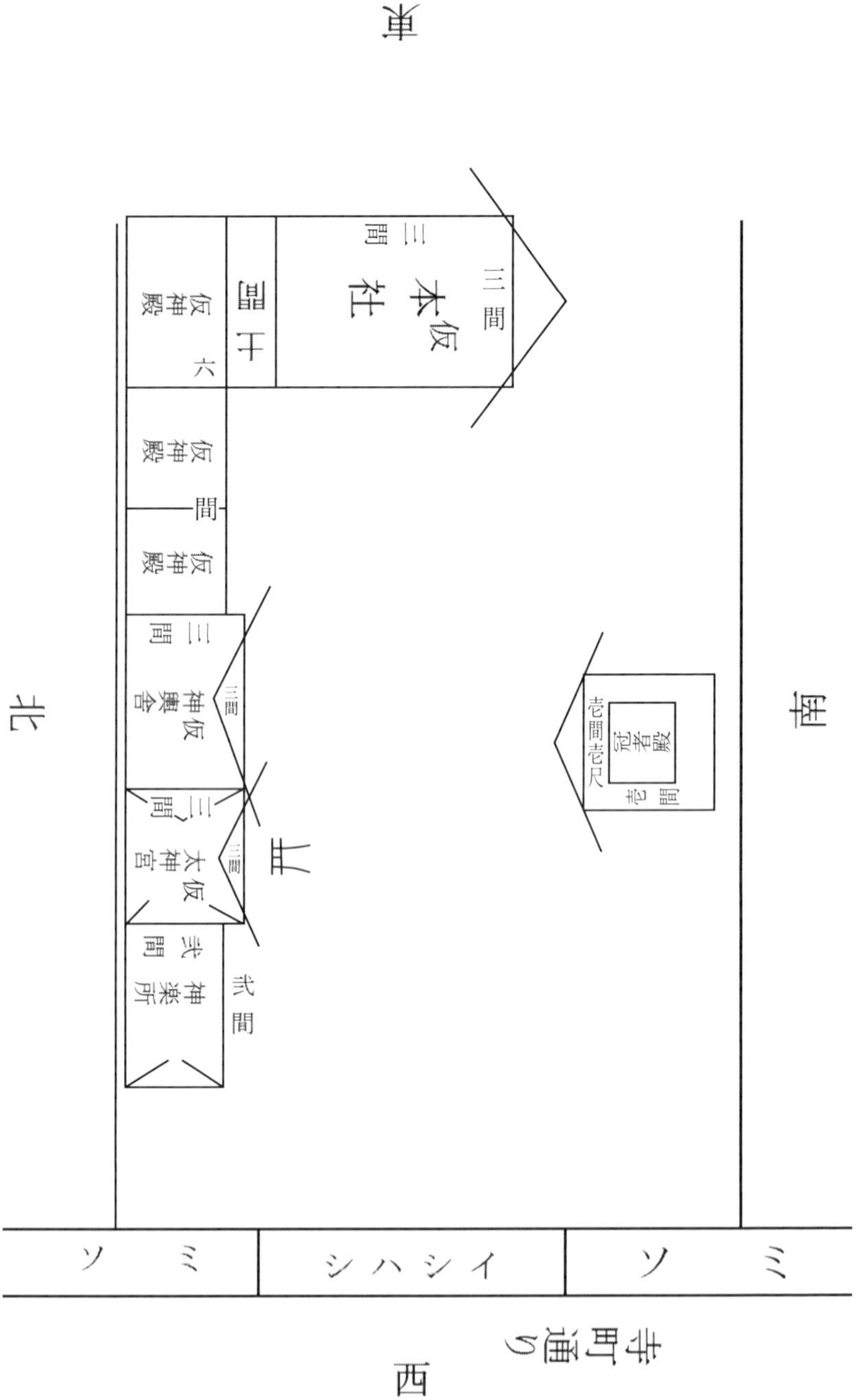
東
西
南
北
寺町通り
ミゾ
イシハシ
ミゾ
仮本社
三間
仮神殿
仮神殿
仮神殿
仮神輿舎
三間
仮太神宮
三間
神楽所
弐間
弐間
壱間壱尺

（絵図アリ）

右者、祇園御旅所本社幷神殿・神輿舎・太神宮・神楽所・冠者殿社共、当十九日夜焼失仕候ニ付、当分之処、取葺屋根堀込柱薄壁付手軽之仮建物取建申度、朱引絵図ニ記、奉願上候、尤御旅所限之儀ニ而他之差障等一切無御座候間、右之儀　御許容被成下候ハヽ、難有奉存候、以上

弘化三午年壬五月廿四日

祇園御旅所
神主
藤井主膳
宮仕
大和右京

御奉行様

御旅所ノ仮本殿建立ヲ願ヒ出ル

藤井主膳

大和右京

四五〇　藤井主膳等御旅所規定請書（袋綴）

藤井主膳等

御旅所ノ規定ノ遵守ヲ誓フ

（表紙）
「奉差上規定一札」

奉差上規定一札

一御旅所幷藤井家之儀ニ付、私共是迄不束之儀共有之、御旅所一社一人之様

御旅所ハ祇園社ノ末社

心得違仕、

御本社御社法不相守、別而当年五月右御旅所類焼之節も当惑仕、神宝等無謂場所江相運ひ、御本社を麁略ニ仕、　御社務様御下知不相用候ニ付、其段御願立ニ相成、於

御奉行所ニ茂厚蒙御利解、心得違之段、奉恐入候、仍之以来心得違無之様、左之通規定一札奉差上候

一御公儀様御法度者不申及、　御社法堅相守可申事

一御旅所之儀者祇園社末社ニ而、則享和三年　御公儀様江奉書上候通、　御本社ニ附属仕候儀ニ付、殿舎共敷地幷藤井家之儀、

御社務様奉請御支配候儀、以来忘却仕間敷事

一御旅所ニおゐて先々仕来通、神式麁略仕間敷、就中御神事之節者、猶更御太切之儀ニ付、御下知太切相守可申候事

一御旅所敷地支配之儀者、先々ゟ藤井家江被仰付候得共、御旅所社地之儀ニ付、自分持地抔と心得違仕間敷候事

一藤井家名相続之節者、以書付奉願上、蒙御許容、

大和家ハ藤井家ヨリ次席

御社務様江御礼相勤候上、神式万端麁略無之様、御請書奉差上、一社中廻勤
仕候先格ニ付、以来迚も同様相心得可申候事
但、養子相続之節者、親類書差添可奉願上候、其外諸縁談之儀者、一々御伺
可申上候
一御旅所敷地内在来御建物幷自宅修覆等之儀者、一々御届可申上候、尤新規
品替り之儀者御伺申上、御許容之上、万端取計可仕候、聊一己之了簡を以、取
計仕間敷事
一他行仕度節者、一夜泊りたり共、御届申上、猶又帰宅次第御届可申上候事
一諸式日幷暑寒共　御社務様幷諸御役人方江御礼・御見廻相勤、御社務
様江不敬無之様可仕候事
一御社役・御社用向、且附属筋之儀ニ付、
御社務様御用之節者、早速罷出、被仰渡之趣、等閑ニ相心得申間敷候事
一大和家之儀者、従往古、宮仕役相勤候家筋之儀ニ而、敷地支配ニ不抱、藤井家
ゟ次席ニ者候得共、藤井家家来筋抔と心得違仕間敷候事
一御旅所社役人之儀者、藤井・大和両家ニ而、別而御無人之儀故、相互ニ睦間

敷申合、万端取計可仕儀者勿論、何れニ而茂其主幼少ニ候ハヽ、心添仕、正路誠直ニ相勤可申事

一御旅所諸建物之内ニおゐて奉納ニ事寄せ席貸同様之儀、堅仕間敷候、尤御湯神楽其外何事ニよらす、臨時奉納物有之節者、一々御届可申上候事

但し右ニ付収納物之儀者、藤井家江収納いたし、夫々先格通配当可仕候事

氏地諸勧化ハ行ハズ

一氏地諸勧化之儀、是迄猥ニ相成御座候ニ付、氏子町々之人気も不宜、右者全御本社大御修覆之差支ニも相成候儀候間、以来勧化等仕度節者、御社務様江御伺申上、御許容之上、正路ニ巡行可仕候事

右之條々堅相守可申候、其外不寄何事、御社務様御下知大切ニ相守可申候、尤私先祖之儀者、寛文十二年社中宝光院ゟ御社務様江奉願上、御請書差上、初而御旅所宮守被　仰付之儀ニ付、右趣意永ク忘却仕間敷候、万一此後心得違之儀も御座候ハヽ、如何様被　仰付候共、一言之歎願申上間敷候、仍而規定書付奉差上候、以上

藤井主膳
藤井熊四郎

大和助徳ヲ御旅所宮仕職ニ補任ス

弘化三年十月

御旅所
藤井主膳（印）

従弟
同　熊四郎（印）

御社務様

四五一　社務御旅所宮仕職補任状

祇園社

御旅所宮仕職之事

大和右京助徳男

右所任此職也者、社役・社用宜守古例、怠慢於無之者、先規之通、御旅所隔月番仕并太神宮社諸収納物・御神事中収納物等永々相違無之候条、聊対社務不可存疎意、若於不儀之子細有之者、急度可申付者也、仍而如件

弘化三年十一月　社務（花押）

四五二　大和右京御旅所宮仕役請書

御請書

御旅所宮仕役之儀者、御本社宮仕衆ニ准シ入座得度仕、神役可相勤筈ニ御座候処、私相続被　仰付候後、種々差支之儀御座候而、未入座得度不仕ニ付、蒙御察当奉恐入候、右者全御神役ニ差支之儀ニ付、急々御願申上、入座得度可仕候、且又此度藤井大和差継一条も御座ニ付、以来混雑之儀無之様御補任状頂戴被　仰付、難有仕合奉存候、尤右者入座得度仕候上、頂戴可被　仰付御品揃之儀ニ付、以来其意味忘却仕間敷候、仍之御請書奉差上候、以上

弘化三午年十一月

御旅所宮仕
大和右京（印）

御社務様

四五三　因幡堂薬王院等南御旅所規定請書（袋綴）

（表紙表題）
「規定書　」

因幡堂薬王院等南御旅所ノ規定ノ遵守ヲ誓フ

南御旅所ハ元和年中ヨリ薬王院ノ兼帯

規定書

一北御旅所之儀、兼而　御社法不相守先規、古格等取崩シ、心得違之儀等有之候付、此度御本社ゟ御申立ニ相成候處、段々御取調之上、都而古例仕来通被　仰付、尤両御旅所共、全祇園社之御旅所ニ而、末社之儀ニ付、奉請御支配候儀相違無之間、以来一統心得違混雑等無之候様、規定致置候様、於御奉行所被　仰渡候付、夫々御断被申候上、規定書奉差上ニ付、猶又南　御旅所之儀も後年ニ至、心得違混雑之儀無之様、被入御念候段承知仕候、依而左之通規定仕、一札奉差上候

一御公儀様御法度之儀者不申及、　御社法堅相守可申候事

一南御旅所之儀者、元和年中ゟ当院兼帯罷在候へ共、全祇園社之御旅所ニ而、末社之儀ニ付、都而御本社御支配之儀忘却仕間敷候事

一殿舎建物等之儀、有来り修覆之儀、夫々御届可申上候、且又新規品替り之儀者、是又御伺申上、取計可申候事

一南御旅所敷地支配之儀者、諸建物雨落チ限之儀ニ而、惣敷地支配之儀者、藤井家江被仰付置候儀ニ付、右地境品替り之儀、藤井家江示談之上、取計可申候事

一御神事ニ付、新規品替り之儀有之節者、可伺儀者相伺、可届儀者御届申上、取計可仕候、尤六月
御神事中者別而御太切之御品柄も奉願候儀ニ付、御下知太切相守、麁略之儀無之様、相心得可申候事

　但、御神事中、御神式等弥古例厳重ニ相守、講中召仕等迄、麁略無之様、可申聞候事

氏地勧化

一御旅所諸建物修覆ニ付、氏地勧化等之儀、是迄猥ニ相成、銘々無申合、自侭ニ取計致候付、氏地一統之気請も不宜、自然与勧物等薄ク相成候道理ニ付、以来右諸勧化等之儀者、銘々申合御伺申上、正路ニ取計可申候事

一御旅所建物之儀者、元来　御造営被　成下候御場所柄ニ付、席貸同様之儀者勿論、都而商売ニ似寄之儀者、決而為致間敷候事

右之通、規定仕候上者、永々相違無御座候、尤御旅所者南北与相別れ有之候

因幡堂薬王院

得共、元一体之御旅所之儀ニ付、双方共何事ニ不寄、和順ニ申談、不都合無之様取計可申候、且又　御本社江伺届等有之節者、都而書付を以可申出候、依之後年為心得違無之、奉差上規定書如件

弘化三午年十一月

因幡堂
薬王院（印）

役者
福善（印）

御社務様

藤井・大和ノ御旅所宮守本社内陣拝礼ノ條目遵守ヲ誓フ

四五四　藤井吉兼本社内陣拝礼差免条目請書（袋綴）

「（表紙）
條目　」

條目

一御旅所社人之儀者、従古来　御本社内陣拝礼不相成候処、此度格別之存寄を以、内陣拝礼差免之間、　御社恩奉仰、以来月々朔日并ニ五節句等本社宮仕案内を以、拝礼可仕候事

一藤井・大和両家之儀者、是迄本社神楽役末席ニ候処、此度古例・古格可相守趣請書も差出候儀ニ付、於本社ニも旧記・古格を糺、藤井家之儀者、以来本願次席、大和家之儀者、本社宮仕次席ニ申付候間、後々席順之儀、混雑無之様可致候事

但、嫡子たり共、相続願不相済もの幷庶子等之儀者、無席之儀ニ付心得違致間敷事

一御本社者勿論、社務家幷一社中其外境内向、近火非常等之儀、万一有之候節者、早速駈付可申候事

一年頭出礼之儀者、両家とも正月二日出礼可致候、且又五月廿日吉府(符)入ニ付、神事為申合、両家とも社務家江出勤致、万事無滞様可申談事

一宮本一社中之儀者、　御本社御印頂戴罷在候間、御旅所社人之儀も元来一社中ニ而不外成事ニ付、此度御印頂戴被　仰付候間、以来両家とも燈灯其外とも巴崩シ合印シ相用可申事

一御旅所敷地支配之儀者、都而藤井家江申付、万事取計仕来候得共、品替り等之儀者、不都合之儀無之様、相互ニ申談、社務江伺之上、取計可申事

一何事ニよらす一己之了簡を以取計候而者、彼是混雑之儀も可有之哉ニ付、以来篤与熟談之上、可届出儀者届出、可伺出儀者可伺出事
但、家事内緒向之儀者、別段之事ニ候条、心得違致間敷候、尤右申談之節、無謂故障申立、差妨致間敷候、万一熟談難整儀も有之候ハヽ、混雑無之様、其篇社代迄可申出事
一御神殿・御神輿前等者勿論、神殿詰所之儀も神事取扱候場所柄之儀ニ付、都而麁略之儀有之候而者、自ら　神威も薄ク相成、奉恐入、且者外見も有之儀ニ付、両家とも略服ニ而出勤等致間敷候、就中御神事等之節者、神服着用仕、厳重ニ相勤可申事
但、仮令無人ニ付、親類又者召仕之者等雑用ニ相仕候共、御場所柄之儀、篤与申聞、麁略之儀無之様、袴着用為致可申事
弘化三午年
十一月
社務
右之通此度格別之思召を以、後年ニ至心得違為無之被　仰下、難有奉承知候、以上

藤井主膳
大和右京

藤井・大和ノ両宮守御旅所規定ノ遵守ヲ誓フ

御旅所宮守
藤井主膳（吉兼）（印）
同　宮仕
大和右京（印）

四五五　藤井吉兼等御旅所規定取替書（袋綴）

「（表紙）規定書　」

規定一札

一御本社月番之儀者、先格之通、正・三・五・七・九・十一藤井家、二・四・六・八・十・十二大和家収納分、閏月有之候ハヽ上十五日者藤井家、下十五日者大和家収納分之儀、以来混雑無之様可致候、尤御番請取渡之儀者、夜正九ツ時神殿於詰所ニ厳重ニ請取渡可致候事

但、六月分大和家収納月ニ者候得共、七日朝ゟ十四日神輿御出輿迄之賽物者神事諸入用として前々ゟ藤井家収納分ニ候事、且又御神供米下行幷御湯立祝儀等古格通候事

大和家ハ藤井家ノ次席

一御神事供奉行列之儀者、古例仕来通治定候上者、双方申分無之候、尤以来品替り之儀者、前以申談、差支不相成様、諸事取計可申候事

一藤井家之儀者宮守職、大和家之儀者宮仕職と相分り有之、大和家之儀者藤井家次席之儀ニ而双方申分無之候事

一大政所称号之儀、神札其外何事ニ而も相用ひ候節者、以来肩書可致候事

一社役・神用向申談候節者、神殿詰所江早速両家出勤可致候事

一御旅所修覆勧化等之儀、両家申談、御本社江御伺申上、御許容之上、両家名前ニ而正路ニ致巡行、聊私欲ヶ間敷無之様、厳重ニ取計可申候事

一御旅所御本社幷諸建物神宝等、両家申合守護仕候儀ニ付、以来何事も和順ニ申談取計可致候事

一御神輿前御膳之儀者、是迄仕来通ニ而、正面江者藤井家、西之面江大和家ゟ奉献備候得共、自然差支候節者、不都合ニ無之様申合、献備可仕候事

一太神宮社之儀者、大和一家之御預り宮ニ候得共、品替之儀者以来何事ニよらす差支有無示談之上、取計可申事

藤井主膳
藤井熊四郎
大和右京

一宮仕家之儀者、得度之上、相勤可申役前ニ候得共、自然有髪ニ而相勤候節者、役前ニ相替儀無之候得共、席之儀差別可有之事

一住所之儀者、是迄太神宮社内ニ住居罷在候得共、召使之儀ニ付、金蓮寺境内借請、右太神宮社内ゟ往来入口可致事

但、右者、差掛り社地ニ可然場所無之ニ付不取敢右之通示談いたし候へ共、後年ニ至、可然場所出来候ハヽ、双方熟談之上取極可申事

右之通、熟談相整候上者、右ケ條ニ相洩候儀ニ而も、以来諸事混雑之儀無之様、水魚之交を以、和順ニ可申談候、尤幼少之もの致相続候節歟、又者後家ニ而相続等之節ニ而も、相互ニ　御社法古格太切ニ相守、正路ニ万端心添いたし、我意之取計無之、両家永続之儀専一ニ相心得可申候、万一相違之儀も有之候ハヽ、双方存寄不申立、　御本社江相伺、取極可申候、仍而為取替置、規定書如件

弘化三午年十一月　　藤井主膳（吉兼）（印）
同熊四郎（印）
大和右京（印）

藤井吉兼等
取替規定書
ヲ提出ス

藤井主膳
藤井熊四郎
大和右京

四五六　藤井吉兼等取替規定書請書

奉差上口上書

一私共是迄種々心得違之儀有之、混雑之儀等御願申上候付、此度　御奉行所江御願立ニ相成候段、奉恐入候、仍之段々御取調被成下候付、別紙之通、規定為取替仕候付、以来混雑之儀無之様可仕候、然ル上者、双方共外ニ御願可申上筋無御座候、仍而規定書写奉入御高覧候間、此段御聞済被成下候ハヽ、難有可奉存候、以上

弘化三午年十一月

藤井主膳（吉兼）（印）
同　熊四郎（印）
大和右京（印）

御社務様

藤井吉兼ヲ御旅所宮守職ニ補任ス

大和助徳ヲ御旅所宮守職ニ補任ス

四五七　社務御旅所宮守職補任状土代（袋綴）

本紙中奉書
祇園社

御旅所宮守職之事

藤井主膳吉兼男

右所任此職也者、社役・神用宜守古例、怠慢於無之者、先規之通、御旅所隔月番仕并　神輿渡　御中諸収納物等仕来割符之通、其外敷地支配収納等之儀、永々相違無之候条、聊対社務不可存疎意、若於不儀之子細有之者、急度可申付者也、仍而如件

弘化三午年　社務（花押影）

十一月

本紙中奉書
祇園社

御旅所宮仕職之事

大和右京助徳男

右所任此職也者、社役・神用宜守古例、怠慢於無之者、先規之通、御旅所隔月番仕并太神宮社諸収納物・御神事中収納物等、永々相違無之候条、聊対社務不可存疎意、若於不儀之子細有之者、急度可申付者也、仍而如件

弘化三午年　社務（花押影）
十一月

四五八　藤井修理家名相続請書

御請書

一私義、此度願之通、家名相続被　仰付、難有奉存候、依之昨午年奉差上候規定御請書之通、弥堅相守可申候、万一相違之儀も御座候ハヽ、如何様被　仰付候共、一言之歎願申上間敷候、仍而御請書奉差上候、以上

御旅所宮守

弘化四寅年六月五日　藤井修理（印）

御社代御中

四五九　祇園社役者植田喜内檜吹替願書

（端裏書）
「西
　　檜吹替修覆御願　　　　　祇園社
八　此分出来見分相済」

（絵図アリ）

右、墨引絵図之通、両社地ニ諸建物在来候処、本社此外所々之破損候付、修覆之義、去ル未年五月十九日西　御役所江奉願、御許容被成下候内、副絵図井戸屋形之儀者、建物其儘屋根柿葺ニ仕、朱引之場所江引移申度旨奉願、引移ニ所懸り候処、殊之外損強、其上不勝手之儀茂御座候付、此度梁七尺三寸五分、桁行壱丈壱尺弐寸ニ而、升形相用、彫物等仕、破風・懸魚・釣屋根・柿葺ニ仕引移、建直申度奉願上候、尤御制禁之作事等不仕、境内限之儀ニ而、何方江茂差障無御座候間、何卒右願之通御許容被成下候ハヽ、難有可奉存候、以上

四五九　祇園社役者植田喜内檜吹替願書

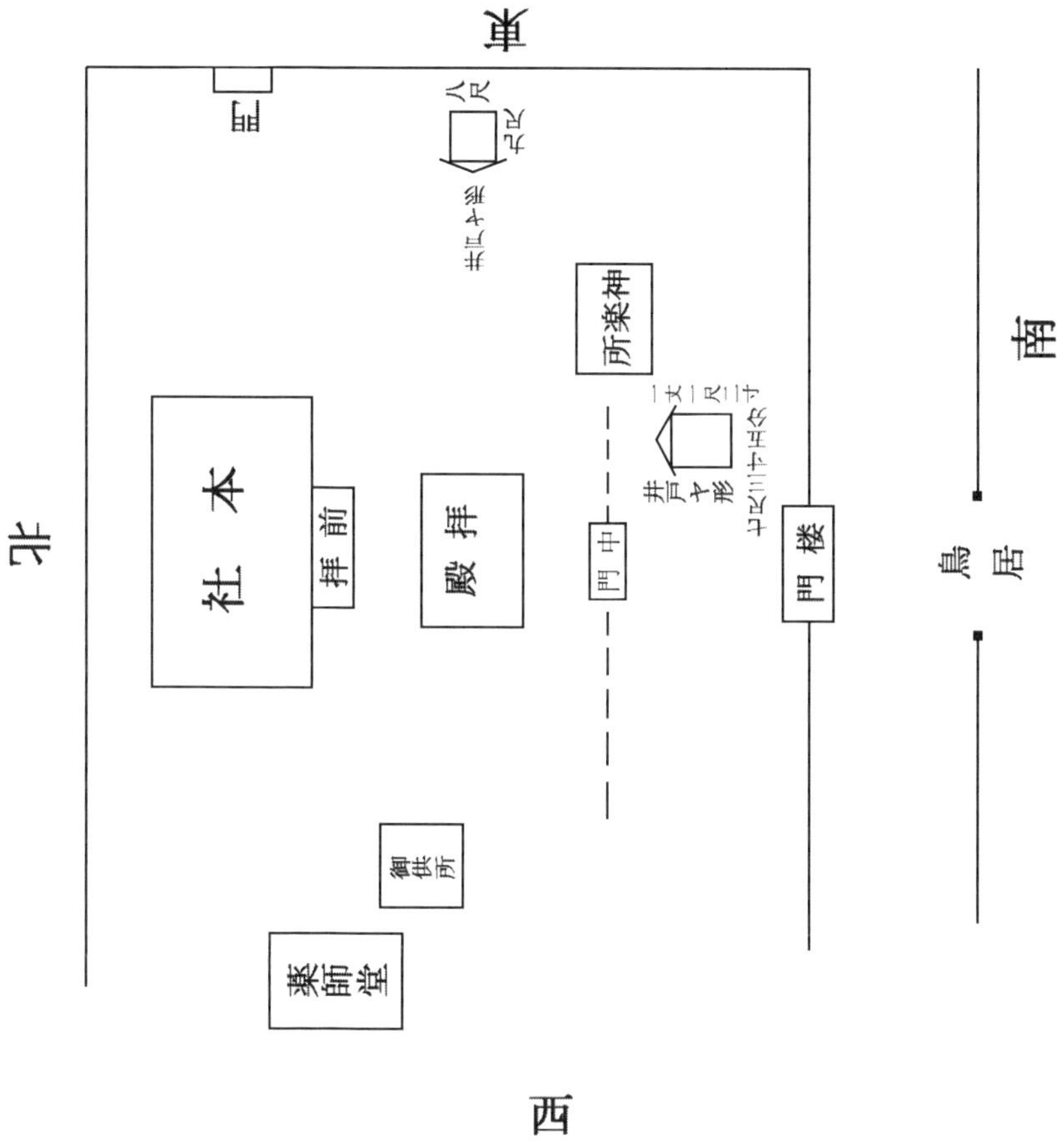

粟田御殿役
人中

嘉永三戌年五月十八日

祇園社役者
植田喜内（印）

御奉行所

四六〇　祇園社務宝寿院粟田御殿御宝預り請書

口上覚

此度当院江
其御殿御院宝御預相成候而茂社務辺差支之儀無之哉、御尋之趣承知仕候、於
社務辺、差支之儀無御座候、御旧縁茂御座候当院之儀御座候得者、御院宝御預
り被成下候ハヽ難有、早速御請可申上候、仍此段御返答申上候、以上

嘉永三戌年十一月

祇園社務
宝寿院

粟田御殿

御役人中

清井町

四六一　新坊法盛等勘定帳（袋綴）

嘉永五壬子年

七月十一日役銀先納

高三貫七百〇七匁〇三り内

正納り高
一銀三貫五百廿三匁〇三厘

正納り高
一同四百三拾壱匁弐分七匁

右者、清井町夫役銀上納

但、前年十二月ニ納来り候処、延納相願、依之当七月上納ニ相成

〆三貫九百五拾四匁三分

出之分

本願

一金弐朱
　代七匁九分五厘
右、御勘定席会尺本願江被下之
一百文
　代壱匁
右、本願下男江心付被下之
一銀四匁三分
右、銀見江祝儀被下之
一弐百文
　代弐匁
右、銀見江酒代被下之
一三百文
　代三匁
右者、伊八・源次郎・源七江弁当料被下之
一四百文

代四匁
右、伊八・源次郎・源七酒手被下之
一九匁壱分
右、当日紙・炭・茶入用
一壱匁二分
右、昼支度之節、酒壱升代
一拾六匁
右、当日昼支度雑用、
〆四拾八匁九分五厘
差引残テ
三貫九百〇五匁三分五厘

立合
新　坊
所労不参　法盛

山本主馬
憲良（印）
藤岡出雲
則俊（印）
植田喜内
勝繁（印）
狛　平次
吉久（印）

右

四六二　藤井修理養悴貰受願書

口上書

一今度東御奉行様組大嶋勝五郎孫力蔵と申者、主計と相改、私養悴ニ貰ひ受度奉存候ニ付、則親類書相添、此段奉伺上候、御聞済被成下候ハ、難有可

大嶋勝五郎孫力蔵ヲ養子ニ貰ヒ受ク

藤井修理

徳川家定社領安堵ノ朱印ヲ與フ

奉存候、以上

嘉永五子年八月

藤井修理（印）

御社代御中

四六三　徳川家定朱印状

（包装ウハ書）
「（貼紙）
「温恭院様御朱印」

京都
祇園社　社家中

」

祇園社領山城国愛宕郡祇園廻之内九拾四石六斗餘、岡崎村之内五斗餘、千本廻之内五石四斗餘、天部村之内弐斗餘、葛野郡中堂寺村之内六石五斗餘、西院村之内八石八斗餘、五條橋下西側六斗餘、三條台之内四石九斗餘、紀伊郡東九條村之内拾八石弐斗餘、都合百四拾石事、如先規社家中収納幷門前境内諸役等免除、依当家先判之例、永不可有相違之状如件

安政二年九月十一日

（徳川家定）
（朱印）

利足等ノ年賦ヲ願ヒ出ル

衆儀御座中

四六四　上田左内定式利足年賦願書

奉願上口上書

一例年御勘定之節、御定式御利足夫々上納仕候儀者勿論之儀ニ御座候処、私方兼而大借難渋之上、近年物入打続、此比ニ而者実ニ必至難渋仕候儀ニ付、誠ニ以恐入奉願上兼候儀ニ御座得共、当年分御定式御利足幷大嶋利等者上納仕、年賦之儀、元銀壱貫五百拾九匁四分七り九毛九（ママ）、右ヲ拾五ヶ年賦、上納壱ヶ年ニ銀百弐拾七匁九分七り宛上納仕候処、当時差引残銀高壱貫八拾七匁六分五り五毛、右ヲ当年ゟ弐拾ヶ年賦ニ上納仕度、其外前文之通り上納仕候間、右願之通御聞済被成下度、難渋之次第ニ付何卒御救与被為　思召、御聞済被成下候ハヽ、難有仕合ニ奉存候、以上

安政二卯年十二月

上田左内（印）

衆儀御座中

四六五　東九條村庄屋藤右衛門川普請願書

乍恐奉願上口上書

一御家領東九条村加茂川筋水除普請之儀、前々ゟ隔年奉願上、入用銀御下ケ被成下、頂戴仕罷在候処、去ル安政三辰年川浚御普請ニ而御高蔭を以、堤も大丈夫ニ水行も宜敷相成、難有仕合奉存候、然ル処、其後出水之節々格別之損所も出来不申候ニ付、隔年之普請も御願不申上罷在候処、当春以来所々相損し、猶又先比ゟ霖雨降続キ存外危急之破損所々出来、暫時も等閑ニ難捨置御座候ニ付、自然堤切等及出来候而者不容易、川浚御普請之御趣意之程も奉恐入、尤百姓共一同誠ニ以、途方を(ママ)御儀ニ付、何共歎ヶ敷奉存候間、以前之通当年ゟ隔年普請仕、入用銀御下ケ被成下候様、此段奉願上候、右ハ前々ゟ仕来之儀ニハ御座候得共、右川浚御普請之後、水行損所之有無等相見合罷在、両度延年仕候儀ニ付、尚又当年ゟ以前之通、隔年普請仕度、此段御届奉申上候、以上

東九條村

万延元申年五月

東九条村
庄屋藤右衛門（印）

祇園様（ママ）
御役人中様

徳川家茂社領安堵ノ朱印ヲ與フ

四六六　徳川家茂朱印状

（包装ウハ書）
「（貼紙）
「家茂殿本紙」」

京都
祇園社領

社家中」

祇園社領山城国愛宕郡祇園廻之内九拾四石六斗餘、岡崎村之内五斗餘、千本廻之内五石四斗餘、天部村之内弐斗餘、葛野郡中堂寺村之内六石五斗餘、西院村之内八石八斗餘、五條橋下西側六斗餘、三條台之内四石九斗餘、紀伊郡東九條村之内拾八石弐斗餘、都合百四拾石事、如先規、社家中収納幷門前境内諸役等免除、依当家先判之例、永不可有相違之状、如件

万延元年九月十一日

（徳川家茂）
（朱印）

四六七　三條台庄屋長兵衛凶作御救米願書

三條台庄屋凶作ニ付救米ノ下附ヲ願ヒ出ル

乍恐奉願口上書

一当村稲作之儀者、五月植付候ゟ雨天続ニ而生立不宜候所、ケ成ニ天気ニ相成、追々生立、相応之事ニ存罷在候所、去ル七月十二日大風雨ニ而吹荒し候得共、其節者格別之障り茂無御座候与存罷在候所、兎角時候不宜、其上稲株細め枯穂夥敷、実入無数、此節ニ相成、御上納無覚束趣、小前之もの共申立候ニ付、無拠役前之者両三人立合下見仕候所、存外之凶作ニ而、去ル天保七申年与同様ニ相見へ、実ニ近年之凶作相続、困窮之百性共候故、行末難計与奉存候間、不得止事、不顧恐多、此段御願奉申上候、何卒当年之義者格別之御憐愍ヲ以、御救米可被成下候様、乍恐此段御願奉申上候、右願之趣、御聞届可被成下候ハヽ、百姓一同難在仕合ニ可奉存候、以上

天保七年ト同様ノ凶作

万延元

三条台

申年九月

庄屋長兵衛（印）

祇園様御社領
御役人中様

四六八　中堂寺村庄屋伊兵衛等凶作御救引願書

中堂寺村庄屋凶作ニ付救米ノ下附ヲ願ヒ出ル

（端裏ウハ書）
「上」

乍恐御歎願奉申上候

一当村当年作柄之義、春以来降雨打続、長湿ニ而麦・菜種其外雑毛作生立方甚以不宜、麦作者別而之凶作、湿腐皆無同様之義、百姓第一之手当夫食を失ひ、取続難成歎ヶ敷次第、当惑至極ニ付、村役共種々心配申談、村内ニ而融通を以、為取凌候得とも、中々以行届不申、難渋仕罷在候、然処、稲作立毛之儀、植付時節長々雨降続、生立方悪敷心配仕候処、漸土用前ゟ照掛ヶ候付、生立柄少し者見直し可成之年柄ニ相心得居候処、以前長湿ニ而一体稲株張不申、薄

七月ノ大風雨

廿五年ノ凶作ニ同ジ

立毛之上、七月十一日夕方ゟ翌日迄之大風雨大荒ニ而、一円吹倒与風痛強、立毛花盛穂孕之時節ニ而歎ヶ敷次第ニ相成、百姓共途方ニ暮罷在、其上稲節虫付等ニ而、枯穂夥敷追々苅取候處、案外之違作籾升目無数摺上ヶ候得者、不熟ニ而米怔（ママ）劣砕打粉米多ク取、実纔ニ相成、御年貢上納難相調ひ年柄、百姓共当惑悲歎罷在、迚も取凌難成候間、御年貢御用捨引御憐愍御歎申上呉候様、村役江一同歎出、下作人共者立毛不苅取、地主江引取呉、相当之屎代・修理手間代呉候様抔と申立候者も在之、難渋之儀者尤ニ候得とも、左様相成ニ而者、村方惑乱混雑及大変ニ付、精々理解申宥、取続方種々勘考工夫罷在候得とも、近来凶作続、困窮仕佶（詰）候上ニ而、他借融通之手便も尽果可仕様無御座、心痛罷在候、依之恐多御願ニ奉存候得共、為御救ひ、格別ニ御用捨引被下置候様、不得止事奉願上候、当年之儀者、廿五ヶ年已前申年同様之大凶作ニ付御救ひ引不奉縋候ハ而者潰百姓出来、歎ヶ敷年柄ニ御座候間、何卒前段難渋之次第、深ク御憐察出格之御勘弁之御沙汰被成下、御救ひ引被下置候ハヽ、百姓共露命を凌、広太之　御仁恵如何計難有仕合可奉存候、以上

御下

城州葛野郡中堂寺村
庄屋伊兵衛（印）
年寄欠
百姓惣代源助（印）

万延元申年十月

御地頭所様
御役人中様

四六九　千本廻り庄屋茂兵衛等御救米願書

千本廻リ庄屋凶作ニ付救米ノ下附ヲ願ヒ出ル

乍恐奉願上候口上書

一　私共儀者、御領内之畑百姓共ニ而御座候、御蔭を以、永続罷在難有仕合奉存候、然ル処、当年御上納手当仕候菜・大根蒔付置候処、相応之出来仕候処、時候悪敷候故哉、俄ニ地熱ニ而虫付赤葉ニ相成、夫ゟ情（精）力を尽シ、虫払等日々ニ相掛り手

入心配仕候処、出来悪敷候ニ付、御太切成御上納麁略ニ者不仕候得共、何分手当薄ク、以誠百性共一統心配難渋仕候、何卒当年之儀、格別之御救米頂戴仕度奉願上候、右様御願申上義者、甚以恐多義ニ御座候得共、御憐愍を以、願之趣御聞済被為成下候ハヽ、愚知(智)無古(辛)之百性共一統ニ難有仕合奉存候、以上

万延元申年十月

千本廻り
庄屋茂兵衛（印）
年寄三右衛門（印）
惣代善蔵（印）

祇園御社
御役人中様

四七〇　祇園社役人狛平次等三條台召上地所絵図幷同裏書

三條台ノ畑地ヲ酒井若狭守ニ下ス

建仁寺役者

南禅寺役者

表絵図之通、祇園社領・建仁寺領・南禅寺領城州葛野郡三条台之内畑地ニ而弐千百坪余、今度酒井若狭守殿江被下候付、六尺五寸棹を以、間数・坪数改之、無相違御渡申候、以上

万延元申年十二月十五日

祇園社役人
狛平次　印

建仁寺役者
普光庵　印

南禅寺役者
真珠軒　印

右之通、無相違請取申候、以上

関出雲守組与力
山田廉之助　印

原伊与守組与力
桐橋伝之助　印

四七〇　祇園社役人狛平次等三条台召上地所絵図

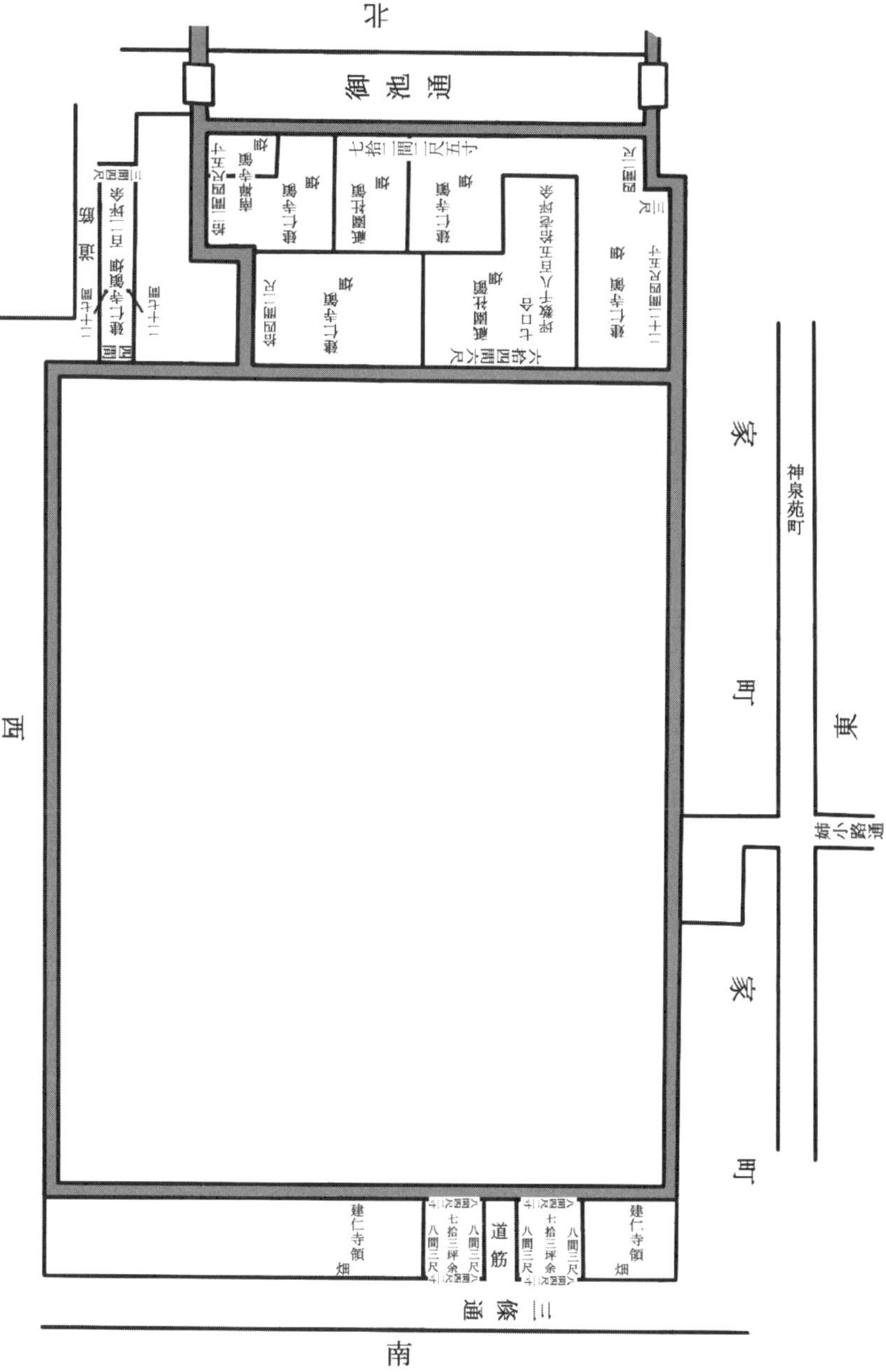

中井小膳棟梁
塚本松之助　印

（貼紙）
「万延元申年十二月十五日
城州葛野郡三條台之内、
畑地ニ而召上候地所裏書絵図」

四七一　東九條村庄屋藤右衛門等凶作年貢赦免願書

東九條村庄屋凶作ニ付年貢ノ赦免ヲ願ヒ出ル

乍恐奉歎願口上書

私共一統

一御地頭様御陰を以、百性業ニ而是迄相続仕、難有仕合奉存候、然ル処ニ近年凶作之年柄打続、米穀高直而已ニ而、百性一統困窮仕、御年貢御上納も難相立候ニ付、親類者勿論、他借仕、是迄御上納皆済仕来候処、当春以来降雨打続、不順之時候ニ而、五月麦・菜種等者前々無之大凶作、其餘一体不作ニ付甚当惑心痛罷在候、且当村之儀者、専雑毛作致し候ニ付、奉御高免受候儀御座候処、雨天続ニ付、都而青物難生立甚心配、漸と手入仕候処、去ル七月十三日

大凶作

七月ノ大風

雨

天保七年ノ飢饉ヨリ弥増ノ難渋

夕より翌日ニ至大風雨ニ而芋・烏（唐カ）芋・茄子等一円吹荒し相痛候ニ付、大不作と相成、其餘青物等者初秋以来照続候上、不順ニ而、田畑とも青物類生育致し兼、其上虫付等ニ而甚心配罷在候処、直段相当ニ売捌候得共、凶作之儀ニ付百性手元ニ而者売上ヶ不足之手勘定と相成、御年貢手当ニ過分不足仕、尚又稲作之儀者可成ニ出来候様見込候処、穂孕最中之時節、前同様大風雨ニ而一円吹荒し相痛候得共、吹倒候立毛も無之候付、為差障りニも難相成と存候処、苅上ヶ前ニ至り、追々枯穂不熟等夥敷相見得候ニ付、甚当惑仕、当年之儀者御検見奉願上呉候様申立候得共、御定免之村方ニ付、右様御願申上候茂恐多難仕旨種々理解申聞置、既ニ此節苅上ヶ臼引仕候処、存外之不作升目無数以之外異作ニ御座候ニ付、誠ニ当惑至極、訳而近来凶作続、難渋押逼り罷在候上、当年之儀者格別之凶作ニ而、去ル天保七申年飢饉之節とハ弥増之難渋、第一百性夫食手当ニ仕候当五月作者前文之仕合ニ而、百性夫食ニ必至と困窮仕、既ニ麦種等迄失ひ候様之次第柄ニ付、秋作取入候ハヽ取凌も可仕様存居候処、是又凶作ニ付取続難相成、其上諸式品々大高直ニ付、来ル酉年麦・菜種取入候迄之凌方手立も無之、必至と難渋差迫り、忽食用差支及

米穀ハ高直

飢餲可申者出来候様相成行候儀と歎ヶ敷奉存候、然ル処、最早御上納時節ニ
相成、当立毛前段之始末、米穀者追々高直ニ付、当御年貢如何可仕候而御上
納可仕哉と途方暮当惑仕候、右ニ付恐多御願御座候得共、来酉年麦・菜種
取入候迄、百性一統取続出来候様、御憐愍を以、当今御赦被為　成下候様奉
願上候、何卒前顕之趣、被為　聞召分、長々困窮仕候百性共へ御救之御一助、
格別之御仁恵を以、御聞届被為　成下候様、伏而奉歎願候、左も無御座候而
者、当冬者勿論、来春ゟ之仕付難出来、必至と難渋ニ差迫り渡世も難相成、実ニ
百性存亡之時節ニ相成、何共歎ヶ敷奉存候、依之不顧恐多、不得止事此段奉
願上候、唯々
御地頭様御救を以、相続仕候ゟ外ニ少茂手立無御座、何分前書之始末被為
聞召分、極々難渋之年柄相違無御座候故、格別之御憐愍を以、御聞済被為
成下候ハヽ、百性一統相続仕、広太之御慈悲と冥加至極、如何計難有仕合
可奉存候、以上

万延元申年　月　　東九条村

庄屋藤右衛門（印）

百性惣代
七左衛門（印）

祇園社様
御役人中様

四七二　元吉町年寄吉兵衛町内家屋敷譲渡願書

乍恐奉願上候

一当町内菱屋妙次良（郎）家屋敷壱ヶ所

此度父近江屋利兵衛相譲り申度旨、町内江申出候ニ付、町中一統談之上、差支無御座候間、此段御窺奉申上候、右之通、御聞済被成下候様、御奉願申上候、

以上

文久元酉十一月廿三日

御境内元吉町
年寄吉兵衛（印）

御社代様

玉垣内ノ掃除

四七三　境内掃除請書雛形（袋綴）

御請書

一　私共五人義、

此度　御社内玉垣内御掃除之儀、被　仰付、奉畏候、尤正五九月者日々掃除仕、間月者五日目毎ニ仕、其余臨時被　仰付候節々聊違背不仕念入掃除可仕候、右之外御用非常之節者早速駈附可申候、其外小宮廻り御順見場所掃除等之儀、勿論心得居候、依之右之簾を以、其日限り渡世筋出店之儀、御社内御免被成下、手広ニ五人限渡世可致旨被　仰渡、難有仕合奉存候、万一不都合御座候節ハ御差留ニ相成候共、一言之歎願致間敷候、為後日御請書奉差上置候、以上

文久弐年戌正月　　何之町
　　　　　　　　何之誰印

祇園御社
御役者中様

四七四　元吉町年寄佐兵衛町内家屋敷譲渡願書

乍恐願書

一当町内井上屋みち所持家屋敷壱ヶ所、此度孫米三良(郎)江譲り渡し申度候ニ付、此段御窺奉申上候、已上

右之通、御聞済可成下候様、奉願上候、已上

文久弐年
戌四月十二日

御鏡(境)内元吉町
年寄　佐兵衛　(印)

御社代様

四七五　宿禰講中惣代万屋治郎右衛門等林廻り樹木奉納願書（続紙）

乍恐奉願上口上書

樹木ノ奉納ヲ願ヒ出ル

一当御社御林廻り東西之辺共、近年樹木多分老木ニ相成、又者風折等致、追々木之間透ニ相成候ニ付、如已前御林御神木繁茂相成候ハヽ、自ら御神慮ニも相叶可申哉与兼而志願之処、此度有信之者共申合、先ッ年限十ヶ年与相定メ、年々樹木奉納仕度、尤右樹木植付場所之儀者、其節々御差図ヲ請奉納仕度、且又右ニ付而者見苦敷場所者掃除等も為致度奉存候、然ル処北御林之内先年加茂川筋御浚之節、土砂運送場之儀者、兎角樹木者居付兼候哉ニ奉存候得共、是迄之侭ニ御座候得者、自ら塵芥等溜り、悪敷草抔も生繁り見苦敷奉存候ニ付、右場所之内東西廿五間南北三拾間之所、右年限中為助成与私共江拝借奉願上、年々大相撲小相撲等興行為仕候而、毎年聊為御年貢米壱石宛上納仕度奉存候、尤私共講中之儀者、相撲ニ付而者、従往古由緒罷在候儀ニ付、諸事私共引受、急度取締仕候而、我怪（儘）不束成事共無之様取計可仕候間、右願之通、御免被成下候ハヽ、見苦敷所自然掃除等も出来、精々樹木奉納仕候而、御林追々繁茂ニも相成候得者、兼而私共志願も相立、且相撲方之者共も一同難有可奉存候ニ付、何卒右両様御聞済之程、偏ニ奉願上候、以上

宿禰講中

弁財天町

林ノ地面ヲ借受ケ勧進相撲ヲ行フ

文久二戌年五月十四日

宿禰講中（印）

惣代

御門前町

万屋治郎右衛門（印）

大和大路弁財天丁

井筒屋亦兵衛（印）

御地頭様

四七六　宿禰講中惣代万屋治郎右衛門等林相撲場拝借願書（袋綴）

御請書

一此度宿禰講中与相唱候有信之者申合、御社廻り且御社内始東西御林等樹木も木間透ニ相成、老木茂多分之義ニ付、相応之樹木追々ニ植付、御林等繁茂為致、且又掃除等も為行届度奉存候ニ付、東西廿五間、南北東之方ニ而廿三間、西之方ニ而芥場限三拾七間、此坪数凡七百五拾坪之御地面十ヶ年限拝

宿禰講中
弁財天町

借仕、為年貢米壱石宛宿禰講中ゟ年々御社納可仕段奉願上候処、出格之思召ヲ以、願之通御聞済被為成下、難有仕合奉存候、右場所江年々奉納之勧進相撲、時宜ヲ以相催申度奉存候間、其節者宜様御差図奉願上候
一前書申上候御社内廻り東西御林等樹木植付繁茂致候様、平常心掛ケ是迄与者一極目立候様、掃除等迄も為行届可申候、自然御願立通与不都合之事共御座候ハヽ、年限ニ不拘場所御取上ケ被成候共、聊申分無御座候、万事御差図ニ為相任、私共引受違背仕間敷候、依之御請書奉差上置候、以上

文久二戌年五月廿六日

宿禰講中（印）
惣代
御門前町
万屋治郎右衛門（印）
大和大路弁財天町
井筒屋又兵衛（印）

祇園御社

御地頭様

（付箋）
「北林相撲場願書」

四七七　祇園社中植田喜内屋敷売払請書

口上之覚

一此度私所持抱屋鋪壱ヶ所、祇園町南側ニ罷有候処、右家質銀談出入ニ付、故障ニ相成、既公訴ニ相成候処、兼而右家屋敷売払、銀子済方可仕心得ニ而、町役中江も売払之義頼込罷有候義ニ御座候、然ル上者、毛頭家内向一向和熟仕売払之義ニ付、彼是申出候者少シ茂無御座候、依之御尋ニ付此段申上候、以上

文久二壬戌年七月

祇園社中
植田喜内

右者（ママ）月死去仕跡
家名相続人
植田豊三郎（印）

母　とみ（印）

御役人中

妻　きぬ（印）

四七八　宿禰講中惣代井筒屋又兵衛等相撲興行願書

（袋綴）

乍恐口上覚

林地デノ相撲興行ヲ願ヒ出ル

一御林地ニ而此度相撲興行仕度段奉願上候処、御聞済ニ相成、則　御地頭様御奥印ヲ以　御役所様願済ニ相成、難有仕合ニ奉存候、然ル処、頭取共ゟ申出候者、先年御林地ニ而相撲興行奉願上候節、　御地頭様御役人様且御社中

木戸口通札

様江木戸口通札差上置、右札ヲ以場所被遊御出入候処、右通札ニ付紛敷義も相見江候哉、内間疑心を生、混雑仕義も御座候ニ付、自然対　御地頭様江不束之義共御座候而者、弥奉恐入候義与心痛罷在候処、元来　御役所様御役人様且　御地頭様御役人様方場所江御越之義、勿論之事ニ而、通札抔ヲ以

頭取

御出入被遊候筋ニ無御座、全ク是迄頭取共心得違ニ而不都合之次第与奉存

宿禰講中

候間、相改此度興行仕候ニ付者、　御地頭様御役人様ハ不及申、御坊方様且御社中様方御見物ニ御入来之義ハ、以来木戸口ヘ御出向之者差出置、場所江御案内奉申上候様仕候得者、対　御地頭様江不束之義無御座、且者内間之者共不敬不仕心得方ニも相成候様奉存候付、前書之趣奉願上呉候様、頭取共ゟ私共江頼談仕候ニ付、此段奉申上候、何卒右願之通被　仰付候ハヽ、私共ニおいて難有奉存候、以上

文久二戌年八月

宿禰講中惣代
井筒屋又兵衛（印）
万屋治郎右衛門（印）

御地頭様

聖護院ヨリ銀ヲ借用ス

四七九　祇園社一社中勘定所銀預書（続紙）

奉預御銀之事

合銀五貫目也　御利足月壱分之定

右者　当社無拠要用之儀ニ付、

御殿御修覆御用銀之内、書面之銀高連判を以、慥ニ奉預候処、実正明白ニ御座候、則為引当

当本社賽物　毎年九月分

右之通差入置申候、返上納之儀者、右前月晦日銀壱貫目宛、当年ゟ皆済迄年々返上可仕候、御利足之儀者六ヶ月目毎ニ廿五日限り無相違上納可仕候、万一壱度ニ而茂及遅滞候ハヽ、毎年九月朔日ゟ本社江御出張、御直々御取立被成下候而茂、一言之儀申上間敷候、自然連印之内品替之儀有之候ハヽ、無違背跡役之もの江為引請可申候、為後日銀子奉預証文、依而如件

文久二年戌閏八月

祇園社一社中
勘定所（印）

同所衆議座中
社代々兼役者
狛　平次（印）
上田数馬（印）

一社惣代
宝光院（印）

前書之通、相違無御座、仍致奥印候、以上

祇園社務
宝光院（印）

聖護院宮様
御貸附
御役所

聖護院宮貸附役所

四八〇　社内渡世人心得申渡書（袋綴）

東北林ノ渡世人社内掃除等申渡シノ遵守ヲ誓フ

申渡書

一御社内且東北御林之内ニ而渡世罷在候煮売屋・茶店・弓屋等ニ至迄、都而御支配ニ而有之候処、中ニハ請持人又者小屋持人有之、夫ゟ借請渡世罷在候者も有之候ニ付而者、支配筋混雑致候ニ付、心得違有之間敷候、且又前々ゟ申渡有之　御社内掃除之義、内外常店中申合掃除可致之処、近来猥ニ相成り、中ニ者持主・借り主等茂相代り、不心得之族も有之ニ付、此度猶又掃除之義。急度相改申渡候間、毎日早朝之内、夫々請持場所江罷出、入念掃除可致候、右ニ付為惣肝煎平野屋庄吉、為下肝煎田中屋長九郎江申付置間、左様相心得差図可請候、若自侭不法之族於有之者、早

速可申出候、急度可申付方有之ニ付、申渡之趣違背申間敷候、以上

右之通被　仰渡候趣、奉畏候、以上

文久二戌年十二月

藤屋又次郎（印）
東屋とく（印）
山形屋つる（印）
京屋へん（印）
高嶌屋はる（印）
美濃屋もと（印）
矢嶌屋源助（印）
栗中（ママ）屋与兵衛（印）
森田喜三郎（印）
淡路屋清兵衛（印）
加賀屋久七（印）
大津屋源治郎（印）

伊勢屋嘉助　㊞
丹波屋庄吉　㊞
大文字屋巳之助　㊞
丹波屋清次郎　㊞
亀屋鉄次郎　㊞
八百屋熊吉
松嶋屋鶴吉　㊞
田中屋長九郎　㊞
十文字屋常吉　㊞
宇次（治）屋彦兵衛　㊞
但馬屋五兵衛　㊞
桝屋喜八　㊞
近江屋専吉　㊞
伊勢屋りき　㊞
近江屋伊助　㊞

平野屋庄兵衛　(印)
尾張屋友八　(印)

前書之通、夫々江被仰渡之趣承知仕候、銘々共ゟ茂精々気を付可申候、自然
借り主付替之節者、早速申出調印為致可申候

宝光院
竹坊
山本司馬
松本将曹　(印)
正福院
松原銀七　(印)
亀屋藤兵衛　(印)
津国屋九兵衛　(印)
水口屋源七　(印)
奥田屋伊八　(印)

東北林ノ渡世人等社内掃除等ノ遵守ヲ誓フ

御勘定所

申渡書

一御社内且東北御林之内ニ而渡世罷在候煮売屋・茶店・弓屋等ニ至迄都而御支配ニ而有之候処、中ニ者請持人又者小屋持人有之、夫ゟ借請渡世罷在候者も有之ニ付而者、支配筋混雑いたし候ニ付、心得違有之間敷候、且又前々ゟ申渡有之候御社内掃除之義、内外常店中申合セ可致掃除之処、近来猥ニ相成、中ニハ持主・借り主等茂相代り、不心得之族も有之ニ付、此度猶又掃除之義急度相改申渡候間、毎日早朝之内、夫々受持場所江罷出、入念掃除可致候、右ニ付為惣肝煎平野屋庄吉、為下肝煎田中屋長九郎江申付置間、左様相心得差図を可受候、若自侭不法之族有之ニおゐて者、早速可申出候、急度申付方有之ニ付、申渡之趣違背申間敷候、以上

右之通被　仰渡候趣、奉畏候、以上

文久二戌年十二月

乍肝煎
平野屋庄兵衛（印）

（ママ）（印）
大津屋源次郎（印）
伊勢屋嘉助（印）
丹波屋庄吉（印）
八百屋熊吉
丹波屋清次郎（印）
亀屋鉄次郎（印）
松嶋屋鶴吉（印）
乍下肝煎
田中屋長兵衛（印）
十文字屋常吉（印）
宇治屋彦兵衛（印）
但馬屋五兵衛（印）
桝屋喜八（印）
藤屋亦次郎（印）
東屋とく（印）

山形屋つる　（印）
京屋へん　（印）
高嶋屋はる　（印）
美濃屋もと　（印）
矢嶋屋源助　（印）
栗屋与兵衛　（印）
森田喜三郎　（印）
あわし屋清兵衛　（印）
加賀屋久七　（印）
大文字屋巳之助　（印）
近江屋専吉　（印）
伊勢屋りき　（印）
近江屋伊助　（印）
尾張屋友八　（印）

前書之通、夫々江被仰渡之趣承知仕候、銘々共ゟも精々気を付可申候、自然

日小屋
弓屋

借り主付替之節者、早速申出調印為致可申候

宝光院
竹坊
山本司馬
松本将曹（印）
正福院事
松原銀七（印）
亀屋藤兵衛（印）
津国屋九兵衛（印）
水口屋源七（印）
奥田屋伊八（印）

御勘定所

御渡書

一此度御社内外日小屋・弓屋等ニ至迄、御社内掃除被　仰付候ニ付而者、私義

日小屋
弓屋

右惣肝煎之儀被仰付、奉畏候、正路誠直ニ取締仕、聊我侭権威ヶ間敷振舞仕
間敷候、且又　御社御用之節者、品ニ寄御差図を以帯刀ニ而可相勤旨被仰
付、難有奉存候、決而右ニ付平日帯刀仕間敷候、依之御請書差上候、以上

文久二戌年十二月　平野屋庄吉（印）

御勘定所

御請書

一此度御社内外日小屋・弓屋等ニ至迄、御社内掃除之義、被　仰付候ニ付而
者、私義下肝煎被　仰付、奉畏候、右ニ付為篝代毎月壱貫文宛御渡可被下旨
奉畏候、夫々江行き渡り候様、正路誠直ニ取計仕、聊権威ヶ間敷振舞仕間敷
候、依之御請書奉差上候、以上

文久二戌年十二月　田中屋長九郎（印）

御勘定所

四八一　因幡堂薬王院福善御旅所普請届書

一右当院兼帯所四條寺町南御旅所諸建物、墨引刎絵図之通、文政六未年二月御届奉申上、普請皆出来罷在候処、去ル弘化三午年五月不残類焼仕候ニ付、其節御届奉申上、堀込柱縄からみ屋根取葺ニ仕、薄壁ニ付手軽ニ仕置候処、追々及大破、最早難相保相成候ニ付、朱引絵図面類焼以前之通普請仕度、其内本社焼失以前者切妻流破風造ニ取建有之候処、此度者両妻入母屋造ニ取建申度、屋根以前之通、檜皮葺ニ仕、其余者惣躰屋根瓦葺ニ仕度、夫々朱引ニ記、御届奉申上候、以上

文久二壬戌年十二月

因幡堂執行
薬王院
役者
福善　（印）

祇園社
御社代中

四八一　因幡堂執行薬王院福善御旅所普請届書

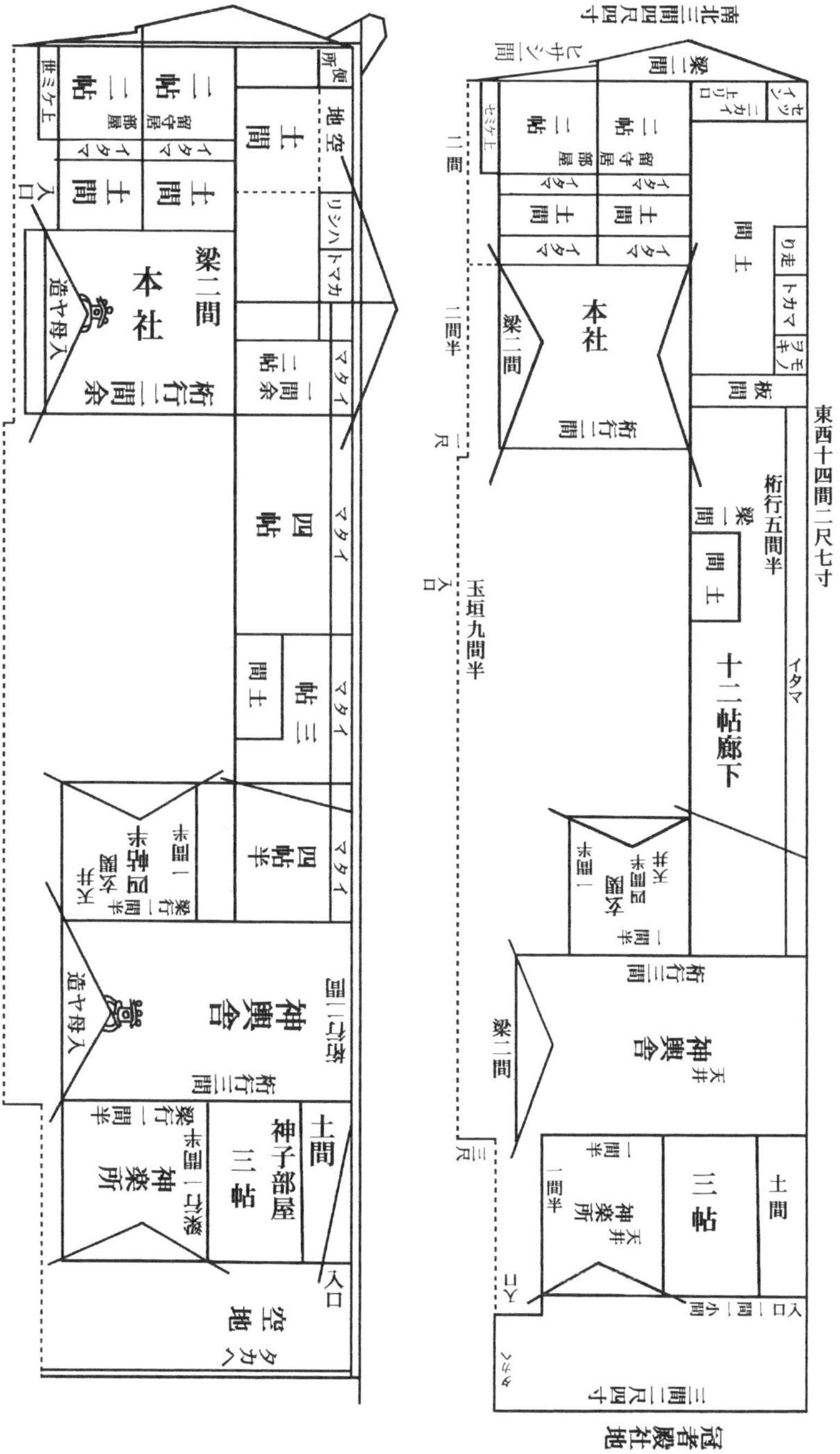

四八二　祇園御旅所三社大神宮社再建願書

（端裏書）
「上
　　東掛り
　　　草間列五郎殿
　　　寺田代蔵殿
　　　　　　　　祇園御旅所
　　　　　　　　　大政所宮仕
　　　　　　　　　　大和右京
　　　　　扣　」

奉願口上書

一祇園御旅所三社太神宮社梁行三間・桁行三間、私所持ニ而墨引絵図之通建物有来り候処、先月十四日類焼仕候付、此度間数等如元取葺屋根ニ而手軽之仮建物仕度、朱引ニ記奉願上候、尤御制禁之作事等不仕、何方ゟも差支之儀無御座候間、何卒御許容被成下候ハヽ、難有可奉存候、以上

　　　　　　　　祇園御旅所
　　　　　　　　　大政所宮仕
文久三亥年二月廿三日
　　　　　　　　　　大和右京

御奉行様

御旅所普請願書
文久三年正月ニ類焼ス

大和右京

四八三　牧野忠恭禁制写

（包紙ウハ書）
「祇園社境内」

禁制

祇園社境内

一伐採諸木、折取花枝事

附、刈下草攬取落葉事

一諸殺生事

一放飼牛馬事

右條々任先例堅被停止之訖、若於有違犯之族者、速可被處厳科者也、仍下知如件

文久三年二月

備前守源朝臣御書判（牧野忠恭）

今宮村神人

四八四　牧野忠恭今宮村神人等諸役免除下知状写

祇園社大宮駕輿丁摂津国今宮村神人等事、任先規諸役被免除之訖、弥守古例可専神役者也、仍下知如件

文久三年二月

備前守(牧野忠恭)源朝臣御書判

御旅所普請願書
文久三年正月ニ類焼ス

四八五　藤井修理御旅所類焼ニ付仮建物作事願書

(絵図アリ)

一当御旅所建物墨引剡絵図之通、有来候処、先月十四日夜不残類焼仕候ニ付、此度本社梁行弐間・桁行弐間、取葺屋根ニ而仮建物仕度奉願上候

一北之方神殿梁行弐間半・桁行六間、三ヶ所仕切屋根瓦葺ニ仕、間数等如元仮建物仕度、御輿舎梁行三間・桁行三間、神楽所梁行弐間・桁行弐間、西続ニ井戸屋形梁行五尺五寸・桁行七尺、右いつれも取葺屋根ニ而間数等如元

四八五　藤井修理御旅所類焼ニ付仮建物作事願書（絵図）

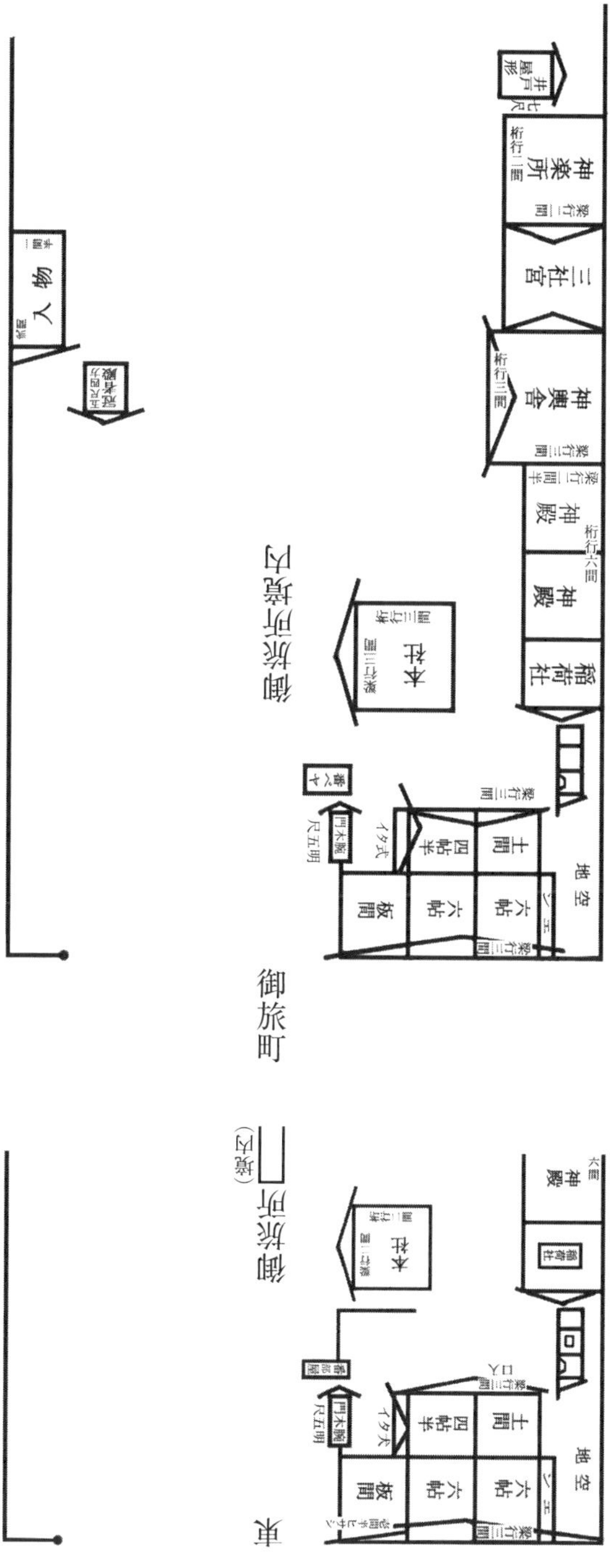

藤井修理

仮建物仕度奉願上候
一南之方冠者殿社五尺四方壱ヶ所并壱間半・弐間之物入壱ヶ所共、間数等
如元取葺屋根ニ而仮建物仕度奉願上候
一私居宅并表門番部屋東続ニ借屋（ママ）ヶ所共焼失以前之通、間数等如元、惣屋
根瓦葺ニ仕再建仕度、右何れも朱引絵図面ニ記奉願上候、尤境内限之儀ニ而、
他之差障毛頭無御座、御制禁之作事等決而仕間敷候間、何卒右之趣、
御許容被成下候ハヽ、難有可奉存候、以上

文久三亥年二月

祇園御旅所
藤井修理（印）

四八六　元吉町年寄佐兵衛町内家屋敷名前人変更願書

乍恐奉願上候
一当町内東屋吉兵衛此度死去ニ付、家屋鋪壱ヶ所、妻こう名前人ニ相成申度、
町中江申出候ニ付、町内一統談シ上、差支無御座候間、此段御窺奉申上候、右
之通御聞済被成下候様、御願申上候、以上

元吉町

文久三年
亥八月
御境内元吉町
年寄　佐兵衛（印）
御地頭
御社代様

四八七　元吉町年寄佐兵衛町内家屋敷譲渡願書

乍恐奉願上候

一当町内近江屋新助所持家屋鋪弐ヶ所、此度悴彦七事新助与改名仕、右家屋鋪相譲り申度候間、町中江申出候ニ付、町中一統談シ上、差支無御座候間、此段御窺奉申上候、右之通御聞済被成下候様、御願申上候、以上

文久三年
亥八月
御境内元吉町
年寄　佐兵衛（印）
御地頭
御社代様

元吉町

四八八　元吉町五人組清助年寄跡役願書

乍恐口上書

一当町内年寄吉兵衛死去ニ付、町中一統談之上、跡役伏見や佐兵衛為相勤申度候ニ付、此段御伺奉申上候、以上

一右之通御聞済被成下候様、奉願上候、以上

文久弐

戌年正月十九日

御鏡（境）内元吉町

五人組　清助（印）

御社代様

乍恐御改書

桝屋源蔵

右是迄年寄役相勤罷有候処、病気ニ付、退役仕度此段何卒御聞済被下成度、御願奉申上候、以上

文久三年
亥九月

御境内橋寺町
年寄源蔵（印）

上

橋寺町

四八九　元吉町年寄佐兵衛町内家屋鋪譲渡願書

乍恐願書

一当町内桔梗屋吉治良(郎)所持家屋鋪壱ケ所、此度勝手ニ付姉あさ事平野屋栄与改名仕、右家屋鋪相譲り渡申度候間、町中一統差支無御座候ニ付、此段御窺ひ奉申上候

右之通御聞済被成下候様御願奉申上候、已上

文久三年
亥十二月十三日

御境内元吉町
年寄佐兵衛（印）

御社代様

元吉町

四九〇　松平定敬今宮村神人等諸役免除下知状写

(包紙ウハ書)
「下知状　祇園社」

祇園社大宮駕輿丁摂津国今宮村神人等事、任先規諸役被免除之訖、弥守古例可専神役者也、仍下知如件

文久三年十二月

長門守越智宿禰(松平定敬)　御書判

今宮村神人

四九一　松平定敬禁制写

禁制

禁制

祇園社境内

一伐採諸木、折取花枝事

附、刈下草攪取落葉事

一諸殺生事
一放飼牛馬事
右条々、任先例堅被停止之訖、若於有違犯之族者、速可被処厳科者也、仍下知如件
文久三年十二月
長門守越智宿禰（松平定敬）　御書判

四九二　祇園社役者上田数馬薩州屯所引払届書

薩州屯所ヲ引キ払フ

口上書
一昨亥年十月当社内ニ薩州御屯所被　仰付候ニ付、本願・新坊等御用立罷有候処、当四月十六日引払ニ相成候趣、右屯所より御達有之候ニ付、此段御届奉申上候、以上
元治元年子四月十八日
祇園社役者
上田数馬（印）

御奉行所

四九三　将軍御目見ニ付覚書

東御役所ヨリノ召喚

元治元年甲子四月廿九日夜寅之刻呼状到来

祇園社
　社務執行
　　宝寿院

右明廿九日九ツ時、東御役所ニ御用之趣有之間、本人・付添人差添、
刻限無遅滞急度御出可有之候、以上
　但、先達御願有之候御目見江被　仰付候ニ付御達之義有之、其
　　御心得ニ而御出可有之候、以上
　四月廿八日　松尾左兵衛
　　右御役者中
右御召之趣、奉畏候、以上
　祇園社

狛平次印

一廿九日早朝御社務家申上候処、松本他国中ニ付直ニ御面談申上、今日ハ名代差出、明早朝ハ御出之旨承り、本願相頼遣候處留主、無拠藤岡相頼承知、付添数馬御印形預り、四ツ半時集会所ニ而相揃、支度被致候而、供壱人召連御役所へ被参候、尤　致斎御神事御祈ニ而ハ、明五月朔日未明迄ニ仕舞、明ケ六ツ時出門と相定御治定被成、御役所夜四ッ半時弥明朔日登城ニ相極り被仰渡候而引取、八ツ半時向ひ人四ッ時追掛見舞も壱人出候

祇園社務執行
宝寿院

右明朔日五半時二條御城江可罷出作法宜可相心得候

一独礼等相願候者も有之候得共、人数多、且者御在京中御間狭之儀ニも有之候間、御略式ニ而御礼被為　請候

但、御上洛拝礼之御心得ニ而可罷出候

四月廿九日

右之通書取被渡候

六町中

東御掛り
栗山正蔵殿
脇山源四郎殿
櫛橋元弥殿

今八ツ時、多分明朔日御礼ニ付其積りニ而用意諸事手操申来候、万事
御当職江御伺申、御差図取計候
弥朔日五半時御登城、人足方万屋半三へ申付、
献上物・巻数箱・二重操台・御笠天箱入、麻上下
帯刀ニ而壱人

侍
宰領　数馬　草り取　近習　傘
押　献上物　輿　沓　草取　合九籠
近習　箱

御見送り・御出迎等者役者中ニ而致候、
社中江者廻文ニ沙汰計り、出席ニ不及、翌二日各恐悦ニ御社務江可被出旨、集
会所より廻文出ス
御境内祇園町役ハ当人計り、朔日参詣も多人数之事故、道筋混雑不致様、御
先案内可致、余り権掛ケ間敷無之様申付候、尤内六町中者沙汰不申致、当町

計り恐悦ニ罷出可申由申渡ス、

今朝御近習常三郎御手当ニ極り有処、餘ニ断申出候ニ付、乍気之毒、定之丞出勤致呉候様被申出、平次承り候而本人倅江呼遣し申聞、御答可申上旨断置、直趣詰所より定之丞参、申聞セ差替ニ而麻上下袷着用参、御近習役相勤申候

付添宰領兼数馬御供侍壱人、草り取壱人、惣人数差配万屋半三郎、御供弁当其外見廻り平のや庄吉用人源七・長九郎御供ス

残り番　平次・左内

弁当仕出し方折膳六ツ、皮包十五

御当職之弁当御輿之中江入候、平庄受込申候

御帰院後も本膳弐十人前余、肴少々、御当職之御膳御次三人、酒三升

右之通用意出来、夫々申渡取締置

御名札拾枚用意候

祇園社
社務執行
宝寿院

二條城登城道筋

将軍御目見

一弥五月朔日七ツ時、人足入役中明六ツ時出席、御出門五ツ時
一万事取締用意方如前文
一登城御道筋四条通堀川西江、堀川上江、御城馬場江下乗橋ニ而御出駕登城
御帰院道筋下乗橋外ニ而御駕、夫ゟ西御奉行所御届相済、東御奉行所御届
相済、夫ゟ御池通堀川西江、堀川姉小路東江新町、新町六角通寺町江、寺町四条
南大門ゟ御入

（絵図アリ）

一首尾能相済候御届、東西御奉行所計り、御名札御口上ニ而御届、御所司代者
松平越中守（定敬）様未タ御初入御礼不申上候故不参
一将軍様（徳川家茂）御目見江之間者　松之間
一此度者御坊主等御頼ミ無之候処、右御玄関江御出ニ相成候処、招来同心申
候ニ者、御頼ミ御坊主有之候哉御尋候ニ付、不勝手存ニ付無之由申候処、左
様ニ候ハヽ、私ゟ宜敷取計可申由ニ而献上巻数等御当職ニ付添案内致呉
候

御玄関番
永瀬権作

四九三　将軍御目見ニ付覚書（絵図）

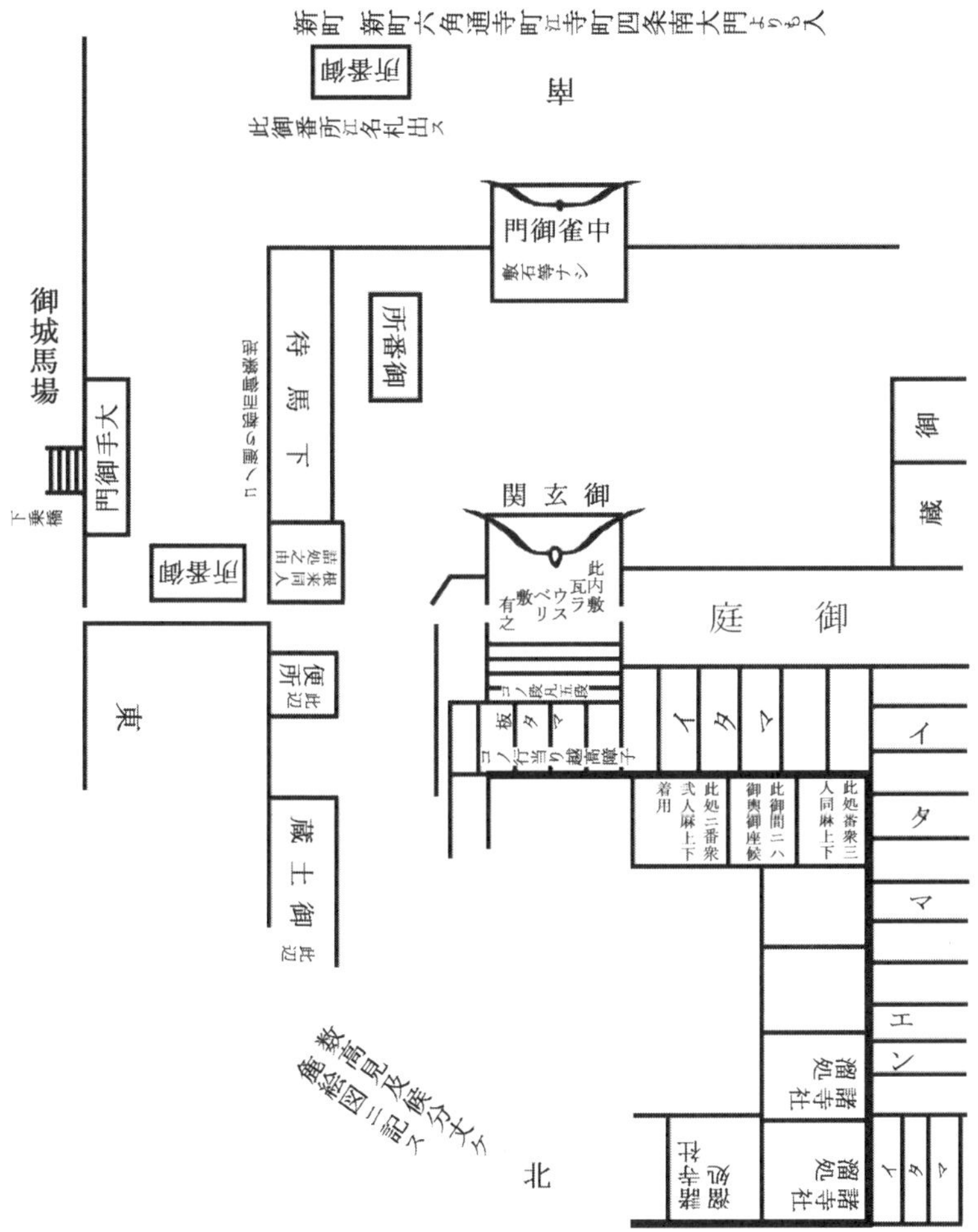

旅宿東堀川通丸太丁上ル
小松屋与兵衛方ニ両人共
同　松井金市

右両人手札ヲ出シ奥向御取扱も私共ゟ頼入候置申

御坊主旅宿室町通姉小路上ル
小田七右衛門方旅宿
伊坂（サカ）長貞

鈴木宗済

右取扱世話ニ相成候ニ付、翌日御当職より御談シニ而、夫々挨拶遣ス、御玄関番両人江百疋ツヽ、伊坂者御取扱致候ニ付同金百疋遣ス、鈴木ハ挨拶ニ参ル而已ニ付五拾疋遣ス

半三事
使　葛巻　斉

夫々請取持帰ル

四九四　清井町納屋彦作家屋鋪売渡願書（袋綴）

（表紙）
「

（追筆）
「中当番
五百　弐朱
御見番様へ
三百七十九匁一分
十四貫六百六十六匁　十二
百七十五匁　九分九り弐も」

上　　　　　　清井町」

（追筆）
「五月節句迄
〆九百五十八匁六り弐毛」

口上覚

一表口　　拾間三尺　　三軒役

一裏行　　拾七間

御年貢屋地子米壱石四斗弐升三合○

六才四毛

歩役銀　　四拾弐匁

一三斗弐升　　御林裏地御年貢

右家屋鋪壱ヶ所、私所持仕罷在候処、此度売渡申度奉存候、尤親類町分ニも何之差障無御座候、此段御聞済被成下候様奉願上候、以上

元治元子年五月

御境内清井町
売主　納屋彦作（印）

右家屋鋪壱ヶ所、此度私江買得仕度奉存候、御年貢屋地子米御定〆之通、年々

祇園町

無相違御社納可仕候、且名前改譲り等仕候節者、其段御届ケ可申上候、尤町分
仕来之義ハ急度相勤可申候、此段御聞済被成下候様奉願上候、已上

元治元子年五月

買得人 祇園町南側
万屋ゆき（印）

年寄欠ニ付
五人組 藤七（印）

惣代 茂助（印）

御社代様

相撲興行ヲ願ヒ出ル

四九五　宿禰講中惣代井筒屋又兵衛等相撲興行請書

御請書

一当月中旬ゟ晴天六日之間相撲興行仕度候ニ付、御頼申上候処、御聞済ニ相
成難有仕合ニ奉存候、右ニ付興行中第一火之元弥入念跡見廻り等可仕候、
且喧吪口論我雑之事とも無之様、且　御社務様始御社中様方江無礼等無
之様、精々気を付可申候、万一故障等有之候ハヽ、私共取鎮御厄介相掛申間

敷候、勿論以来迚茂急度相守、不束之事共無之様可仕候、自然違背仕候ハヽ、
何様ニ茂可被　仰付候、為後日御請書奉差上置候、以上

文久二戌年閏八月

宿禰講中惣代
井筒屋又兵衛（印）
万屋治郎右衛門（印）
相撲
頭取中（印）

祇園御社
御地頭様

就御尋口上書

一御林之内、私共拝借地ニ而相撲興行仕候節之廻礼方之義、就御尋左ニ、
一大相撲興行之節　但日限十日
上金千疋
御境内御役人様
金五百疋
御地頭御役人様
金千五百疋

小相撲

宿禰講中

但、中相撲御願之節ハ不抱日限、右半減ニ御座候

一小相撲興行之節一日分

上　金廿五疋

御境内御役人様
金廿五疋

御地頭御役人様
金五拾疋

一同断ニ而大坂方差加江候節一日分

上　金五拾疋

御境内御役人様
金廿五疋

御地頭御役人様
金百疋

外ニ
興行一日ニ付
金五拾疋つゝ　諸入用として私共請持ニ御座候

右之通、無相違廻礼仕候、就御尋此段奉申上候、以上

但袴料之義、是迄之通、日割ヲ以頭取中受持ニ御座候

元治元子年五月　宿禰講中

惣代

井筒屋又兵衛（印）
万屋治郎右衛門（印）

御地頭様

四九六　松井出羽守上河原主税義絶差免届書

其御社中上河原主税義、去ル天保十三年父故民部卿義絶被致之旨被申入置候處、此度親類共相談之上、右義絶差免申候、依而此段為念申入候、以上

元治元年
子九月　　　松井出羽守

祇園社
社役御中

四九七　新門前近江屋新助家屋敷売渡願書

口上覚

知恩院新門前西ノ町

一表口　四間
　裏行東ニ而拾五間
　　　西ニ而拾四間六尺　壱軒役
御年貢屋地子米四斗壱升〇七夕七才五毛
右家屋敷壱ケ所私シ所持仕罷在候処、此度尾張屋むめヘ売渡申度奉存候、尤親類町分ニおゐて何之差障り無御座候、此段御聞済被成下候様奉願上候、以上
　慶応元乙丑年五月十日
　　売主　知恩院新門前西ノ町　近江屋新助（印）

　右家屋敷壱ケ所私江此度買得仕度奉存候
御年貢屋地子米其外御定之通り年々無相違御上納可仕候、且又名前相改譲り等仕候節者急度其段早速御届ケ可申上候、尤町分仕来り之儀者急度相勤可申候、此段御聞済被成下候様奉願上候、以上
　慶応元乙丑年五月十日
　　買得人　尾張屋むめ（印）
　　年寄佐兵衛（印）

壱軒役

御社代様

五人組伝吉（印）

四九八　平野屋ゑい家屋敷売渡願書

口上覚

一表口　四間
裏行　拾四間六尺　　壱軒役

御年貢屋地子米四斗〇九合八夕七才

右家屋敷壱ケ所私シ所持仕罷在候処、此度松屋わさ江売渡申度奉存候、尤親類町分ニおいて何之差障り無御座候、此段御聞済被成下候様奉願上候、以上

慶応元乙丑年五月十日

売主　平野屋ゑい（印）

右家屋敷壱ケ所私江此度買得仕度奉存候

壱軒役

御年貢屋地子米其外御定之通り年々無相違御上納可仕候、且又名前相改
譲り等仕候節者急度其段早速御届ケ可申上候、尤町分仕来り之儀者急度
相勤可申候、此段御聞済被成下候様奉願上候、以上

慶応元乙丑年五月十日

買得人　松屋わさ（印）

年寄佐兵衛（印）

五人組伝吉（印）

御社代様

四九九　弁才天町大増屋りう家屋敷売渡願書

口上覚

一表口　三間

裏行　拾間五尺五寸

壱軒役

御年貢屋地子米弐斗壱升八合四夕三才三毛

右家屋敷壱ケ所私シ所持仕罷在候処、此度松屋善兵衛江売渡申度奉存候、

尤親類町分ニおゐて何之差障り無御座候、此段御聞済被成下候様奉願上候、以上

慶応元乙丑年五月十日

大和大路弁財天町
売主　大増屋りう（印）

右家屋敷壱ケ所私江此度買得仕度奉存候

御年貢屋地子米其外御定之通り年々無相違御上納可仕候、且又名前相改譲り等仕候節者其段早速御届ケ可申上候、尤町分仕来り之儀者急度相勤可申候、此段御聞済被成下候様奉願上候、以上

慶応元乙丑年五月十日

買得人　松屋善兵衛（印）
年寄佐兵衛（印）
五人組伝吉（印）

御社代様

壱軒役

五〇〇　桝屋庄七家屋敷売渡願書

口上覚

一表口　五間六尺

裏行東ニ而拾五間
　　西ニ而拾四間六尺　壱軒役

御年貢屋地子米六斗三升八合壱夕壱才五毛

右家屋敷壱ケ所町中持仕罷在候処、此度舛屋庄七江売渡申度奉存候、尤町分之者共ニおゐて何之差障り無御座候、此段御聞済被成下候様奉願上候、以上

慶応元乙丑年五月十日　　売主　町中持家

右家屋敷壱ケ所私江此度買得仕度奉存候

御年貢屋地子米其外御定之通り年々無相違御上納可仕候、且又名前相改譲り等仕候節者其段早速御届ケ可申上候、尤町分仕来り之儀者急度相勤可申候、此段御聞済被成下候様奉願上候、以上

慶応元乙丑年五月十日

買得人　桝屋庄七（印）
年寄佐兵衛（印）
五人組伝吉（印）

御社代様

五〇一　止宿同居人取調書差出触（袋綴）

口代

兼而帯刀人町人百性ニ不限止宿等致、且同居人等差置候儀、毎月取調、其筋江相断書差出シ来ル処、猶又此度別段取調方御沙汰有之候ニ付、当時御銘々別紙雛形之通、御下男下女ニ至迄御認御調印之上無間違御差出可被成候、已上

戊五月三日

役者中

手形

祇園社内歟町何側歟

一生国　何宗　何之何誰

何才

一同断　同　附弟何誰

何才

一同断　同　妻何誰

何才

一同断　同　娘何誰

何才

一生国　何宗　下男誰

何才

一生国　何宗　下女誰

何才

〆何人

右之通家内召仕ニ至迄取調、其外帯刀人百性同居等止宿之者一切無御座
候、此已後品替り有之候ハヽ、早速御断可申候、以上
文久――――日
　　　　　何誰印

西陣横大宮町会所・嶋原差配所・祇園町踊場

市中在人別為取締当分之内、西陣横大宮町会所・嶋原差配所・祇園町踊場ニ
出役之者罷有、日々他国ゟ入込人取調候間、町中者勿論近在之向々迄も日々
所役人軒別ニ取調、其所人別外之者出入之次第書付いたし、所役人印形いた
（附箋書）「刻限を以早々御順達可被成候、尤右書面届書明九日ゟ祇園町踊場江組寺ゟ取集刻
限無遅滞御持参可被成候、以上」

三條加茂川ヲ境目トス

し、組合取集メ、三条加茂川を境目ニいたし、夫々出張所江右書付毎夕七つ時
迄ニ持参可致候、尤宿屋幷ニ遊女茶屋之向、来客之者同様日々取調可申出候
但、市中近在寺院之向も同様日々取調、組寺等申合取集メ、本文出張所江
可申遣事

加茂川筋西手・東手ノ宿屋

一三条五条通加茂川筋ゟ西手之宿屋之分者、川東宿屋与一帳ニ仕立祇園町
踊場江持参可致候

右之通、早々持場限可申通事
閏五月八日
右之通、申触候様被仰出ニ付申進候間、其寺院之向々組合相立、順番取集メ等いたし、右刻限無遅滞祇園町踊場江持参可被成候、以上
（附箋書）「其寺々門前百姓家之向ニ者、其寺々ゟ役人心附、本文之趣申聞同様取調、同所江持参可被致候事」
閏五月八日　荻野祐七郎
右御触之趣承知仕候、以上
（附箋書）「卯上刻到来即刻書付を以順達ス、知恩院へ」

五〇二　東屋こう家屋敷売渡願書

乍恐奉願上候
一家屋鋪　壱ケ所
但し　半軒役

右家屋敷壱ケ所、此度売払申度候間、奉御願上候、尤親類縁者其外他之障り
毛頭無御座候
慶応元年
丑閏五月廿五日
売主　東屋こう（印）
右家屋鋪壱ケ所、此度私江買得仕度候間、此段宜敷奉御願上候、尤御年貢武（夫）
役銀其外是迄仕来之義者相勤可申候間、此段御聞済被成下候様奉願上候、
以上
慶応元年
買主　大武屋喜多（印）
丑閏五月廿五日
年寄　佐兵衛（印）
五人組伝吉（印）
御社代様

半軒役

五〇三　播磨屋うの家屋敷売渡願書

乍恐奉願上書

一家屋鋪　壱ケ所
但し　半軒役

右家屋鋪壱ケ所、此度売払申度候間、奉御願上候、尤親類縁者其外他之障り
毛頭無御座候

慶応元年
丑閏五月廿五日　売主　播磨屋うの（印）

右家屋鋪壱ケ所、此度私江買得仕度候間、此段宜敷奉御願上候、尤御年貢武（夫）
役銀其外是迄仕来之義者相勤可申候間、此段御聞済被成下候様奉願上候、
以上

慶応元年
丑閏五月廿五日　買主　小倉屋佐吉（印）
年寄　佐兵衛（印）

壱軒役

御社代様

五人組　伝吉（印）

五〇四　元吉町播磨屋うの地屋敷分割願書（続紙）

乍恐願書

一当町内播磨屋うの所持之地屋敷壱ケ所、此度勝手ニ付沽券状弐通ニ仕度候ニ付、左之通絵図面奉入御覧候

北側地屋敷壱ケ所　西隣尾張屋むめ　東隣白川筋限

壱軒役

表間口　五間

裏間口　五間半四寸

裏行　拾五間

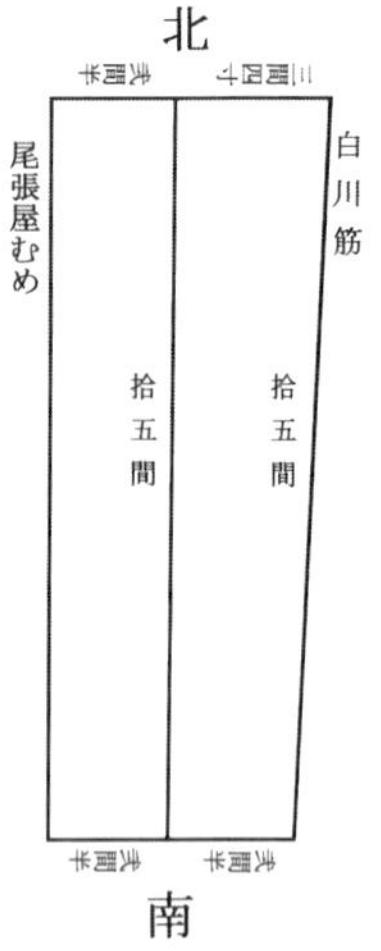

此度右之通ニ弐ツ割

西ニ而　表間口　弐間半　半軒役
　　　　裏行　　拾五間

東ニ而　表間口　弐間半
　　　　裏間口　三間四寸　半軒役
　　　　裏行　　拾五間

右之通ニ御聞済被成下候様御願奉申上候、以上

慶応元年
　丑閏五月

御境内元吉町
持　主　播磨屋うの（印）
年　寄　伏見屋左兵衛（印）
五人組　正木屋伝吉（印）

御社代様

人足寄場商売ノ独占ヲ願ヒ出ル
西の辻

五〇五　神吉屋新兵衛代源蔵等人足寄場商売願書

（包紙ウハ書）

「　　　　　　　　　　　西の辻
　　　　　　　　　　　　　神吉屋新兵衛
　上
　　慶応元年丑七月六日差出、同八日
　　御勘定席ニ披露、御社務宛江
　　伺、御沙汰之次第も有之候　　　西之辻　」

　乍恐奉願上候口上書

一祇園御地頭様御蔭ヲ以西の辻人足寄場之義者、従往古御致立（ママ）入候

一御社用ニ而相勤来候由緒ヲ以渡世仕居候処、此度祇園町北側ニ寄場開屋向様之店出来申候抔と噂承り候、町内ニ同商売出来候而者甚困り入申候間、従古来西の辻ニ相限り候様被仰渡御座候間、何卒御憐愍ヲ以右様之店出来不申候様御申付ケ被成下候ハヽ、重々難有仕合ニ奉存候、乍恐此段奉御願申上候

　慶応元丑年七月

　　　　　　　　　神吉屋新兵衛
　　　　　　　　　　代源蔵　（印）
　　　　　　　　　篠屋辰五郎　（印）

門前町

御地頭様

五〇六　門前町年寄喜右衛門等町内家屋敷売渡願書

乍恐口上覚

一北側平野屋やす所持家屋敷壱ヶ所壱軒之処、此度従弟近江屋嘉助江譲り渡シ申度候間、此段奉願上候、右之趣御聞届ケ被成下候ハヽ、難有奉存候、以上

慶応元丑年八月十二日

御門前町
年寄喜右衛門（印）
五人組彦右衛門（印）

御社代様

五〇七　門前町南側𢰝屋九郎次家屋敷売渡願書

乍憚口上覚

壱軒役

門前町南側

一　表口　三間三尺五寸

地尻ニ而三間半

裏行　拾六間五尺

御年貢弐斗九升五合

右家屋敷壱ケ所壱軒役、私所持仕罷在候処、此度木津屋竹之助江売渡申度奉存候、尤親類於町分ニ何之差障無御座候間、此段御聞済被　成下候様奉願候、以上

慶応元丑年十月十日

御門前町南側
売主　桝屋九郎次（印）

右家屋敷壱ケ所、此度私江買得仕度奉存候、御年貢屋地子米御定之通年々無相違御社納可仕候、且名前改譲等仕候節者、其段御届可申上候、尤町分仕来り之儀急度相勤可申候、此段御聞済被　成下候様奉願候、以上

慶応元丑年十月十日

木津屋竹之助（印）
年　寄治兵衛（印）
五人組元右衛門（印）

御社代様

五〇八　門前町年寄五人組役儀年限満了届願書

乍恐口上

去ル戌年十月御門前町年寄役幷五人組役奉蒙　仰、外聞旁難有仕合奉存候、万叓不調法成私共ニ御座候得共、是迄同役之以心添役儀相勤来候処、為被仰付候、年限相満候ニ付此段奉申上候間、可然御許可被成下候様、以連印御願奉申上候、以上

慶応元丑年十一月廿二日

御門前町
年寄治兵衛（印）
五人組元右衛門（印）
同　彦右衛門（印）
同　幸蔵（印）

御社代様

壱軒役

門前町南側

五〇九　門前町南側年寄治兵衛等町内家屋敷譲渡願書

乍恐口上覚

一南側山城屋宗兵衛所持家屋敷壱ケ所壱軒役之処、此度妻きみ江譲り渡申度候間、此段奉願上候、右之趣御聞届ケ被成下候ハヽ、難有奉存候、以上

慶応元丑年十二月朔日

御門前町南側
年寄治兵衛（印）
五人組幸蔵（印）

御社代様

五一〇　高嶋屋多右衛門二軒茶屋借地請書

（包紙表書）
「慶応元年
二軒茶屋　借地受書」

御請書

一此度　御宮御鳥居内西二軒茶店藤屋店従往古御地面拝借仕在来建物幷ニ附物等不残、双方示談之上、達之介ゟ私へ譲り請度段奉願上候処、御聞済ニ相成り難有仕合ニ奉存候、依之左之條々堅相守可申段被　仰渡奉畏候

一御公儀様御法度之趣、堅相守可申、且御地頭様御作法、是亦厳重ニ相守可申候事

一右御場所ニおいて博奕諸勝負等堅致間敷事

一火之元之儀、常々無油断念入可申事

一御地頭様関東表御出府、且六月・十二月両度御掃除、其外節分之夜　御本社御用等太切ニ相勤可申候事、臨時　御社用其外御社務様幷ニ御社中様方御定式御用等太切ニ相勤可申候事

一御社中様方御通行之節ニ聊無礼等無之様、下男下女ニ至迄常々厳重ニ可申附置候事

一両二軒茶屋之儀者、於　御社格別之御由緒も被為在候御儀ニ付、右店御地面等茂無年貢ニ而拝借被　仰付置候御趣意、聊忘脚(却)仕間敷事

市中ノ料理屋同様ノ心得

但シ、右拝借地ニ有之候立木、
御社之御立木ニ付枝打等茂御伺申上、御差図を請可申候事
一御鳥居内外幷神幸道床下等御場所掃除之儀、御定通日々掃除仕、聊見苦敷無之様可仕候事
一渡世筋之義も市中料理屋同様ニ相心得申間敷、在来之外品替り等、聊之事ニも御伺申上、御差図を請可申候事
一右小屋修覆其外品替り之義者御伺申上、御差図を請可申上候事
右之條々堅相守可申候、且又臨時其外共
御役人中様ゟ御沙汰之儀者、太切ニ相心得、厳重ニ相守可申候、前書品替り御頼御届ケ申上候節者、以書付御伺可申上候、此外ニも相譲り候儀も御伺可申上候、御差図之儀者違背仕間敷候、相違之儀御座候ハ、如何様ニ被為仰付候共、歎願仕間敷候、依而御請書奉差上候、以上

慶応元乙丑年十二月

岩上三条下ル
藤屋店譲り請主
高嶋屋多右衛門 (印)
請人 万屋亦七 (印)

譲り主 日野屋達之助（印）
請人 長尾屋仁兵衛（印）

御社代様

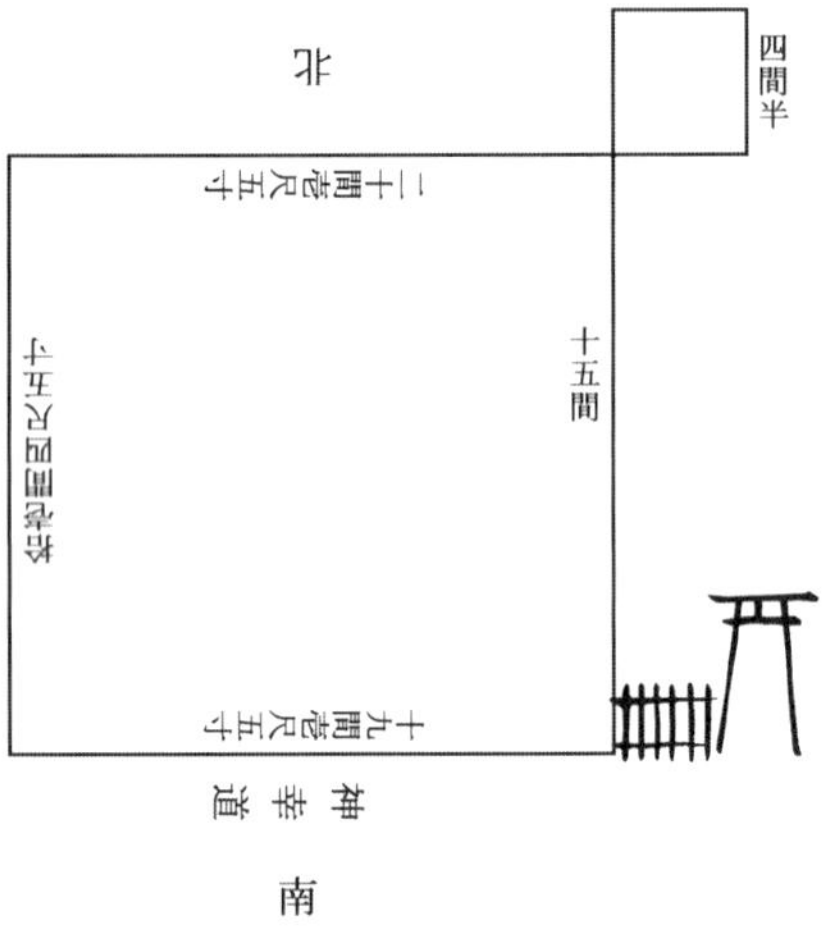

右之通　御社地奉拝借難有奉存候、尤無年貢ニ被差置候儀者、格別之由緒柄を以之義者、永忘脚（却）仕間敷候

壱軒役

門前町南側

岩上三条下ル町
藤尾店
譲り請主　高嶋屋多右衛門（印）
証人万屋又七（印）

五一一　門前町南側年寄治兵衛等町内家屋敷譲渡願書

乍憚口上覚

一南側津国屋ふさ所持家屋敷壱ケ所壱軒役之処、此度娘そへ江譲渡申度候間、此段奉願上候之趣御聞届可被成下候ハヽ、難有奉存候、以上

慶応弐寅年正月廿六日

御門前町南側
年寄　治兵衛（印）
五人組　幸蔵（印）

御社代様

壱軒役
門前町北側
買得人町中

五一二　門前町北側近江屋嘉助家屋敷売渡願書

乍憚口上覚

一表口　二間五尺
　裏行　八間
　御年貢壱斗七合九夕

右家屋敷壱ケ所壱軒役、私所持罷在候処、此度町中江売渡申度奉存候、尤親類町分ニおゐて何之差障無御座候間、此段御聞済被　成下候様奉願候、以上

慶応弐寅年正月廿六日

御門前町北側
売主近江屋嘉助（印）

右家屋敷壱ケ所、此度町中江買得仕度奉存候、御年貢屋地子米御定之通年々無相違御社納可仕候、且名前改譲り等仕候節者、其段御届ケ可申上候、尤町分仕来り之儀急度相勤可申候、此段御聞届被　成下候様奉願候、以上

慶応弐寅年正月廿六日

買得人町中

年寄　治兵衛（印）
五人組　幸蔵（印）

御社代様

五一三　門前町北側菱屋伊助家屋敷売渡願書

乍憚口上覚

一表口　四間壱尺八寸
裏行　町並溝限
御年貢七斗五升六合

右家屋敷壱ケ所壱軒役、私所持罷在候処、此度中村屋岩太郎江売渡申度奉存候、尤親類於町分ニおゐて何之差障無御座候間、此段御聞済被　成下候様奉願候、以上

慶応弐寅年正月廿六日

御門前町北側
売主菱屋伊助（印）

門前町北側

右家屋敷壱ヶ所、此度私江買得仕度奉存候、御年貢屋地子米御定之通年々無相違御社納可仕候、且名前改譲り等仕候節者、其段御届ヶ可申上候、尤町分仕来り之儀急度相勤可申候、此段御聞届被　成下候様奉願候、以上

慶応弐寅年正月廿六日

御門前町北側
買得人中村屋岩太郎（印）
年　寄　治兵衛（印）
五人組　幸蔵（印）

御社代様

五一四　神吉屋直治郎名前改ニ付願書

（包紙ウハ書）
「上
西之辻」

奉願上候

西之辻
名前人
神吉屋新兵衛

一祇園御地頭様

西之辻

右名前人此度相改て神吉屋直治郎相勤可申候、乍恐名前替之所、此段奉御願上候、以上

代人
八文字屋源蔵

慶応弐寅年二月十日

神吉屋直治郎（印）

相勤候代人
八文字屋源蔵（印）

御地頭
御社代様

五一五　門前町南側年寄治兵衛等町内家屋敷譲渡願書

乍憚口上覚

一南側竹屋十兵衛所持家屋敷壱ケ所壱軒役之処、此度悴幸太郎江譲り渡申度候間、此段奉願上候

壱軒役

右之趣御聞届可被成下候ハヽ、難有奉存候、以上

門前町南側

慶応弐寅年四月廿一日

御門前町南側
年寄治兵衛（印）
五人組元右衛門（印）

御社代様

五一六　門前町年寄治兵衛等町内家屋敷譲渡願書

乍恐口上覚

壱軒役

一北側井筒屋五作所持家屋敷壱ヶ所壱軒役之処、此度悴刀之助譲り渡之義申出候ニ付、此段奉願上候、何卒右之趣御聞届ケ被成下候ハヽ、難有奉存候、

以上

門前町

慶応弐寅年
十月十一日

御門前町
年寄治兵衛（印）
五人組幸蔵（印）

御社代様

富永町

壱軒役

五一七　富永町年寄定七町内大坂屋譲渡願書

乍恐口上書

母さき改
大坂屋常治郎

右之者来ル十四日之譲りニ罷出申度候間、何卒　御割印頂戴仕度候間、此段
御聞済被成下度、乍恐此段宜敷御願上奉申上候、以上

慶応二寅年十月

御境内富永町
年寄定七（印）

御社代様
御役者様

五一八　門前町年寄治兵衛等町内家屋敷譲渡願書

乍恐口上覚

一北側香煎屋庄七所持家屋敷壱ヶ所壱軒役之処、此度母や栄江譲り渡申度

候間、此段奉願上候、右之趣御聞届ケ被成下候ハヽ、難有奉存候、以上
慶応三卯年
四月十二日
御門前町
年寄　治兵衛（印）
五人組幸蔵（印）
御社代様

五一九　門前町年寄治兵衛等町内家屋敷譲渡願書

門前町
乍恐口上覚
一南側天満屋多兵衛所持家屋敷壱ヶ所壱軒半役之処、此度忰太吉事多兵衛
壱軒半役
譲り渡申度候間、此段奉願上候、右之趣御聞届ヶ被成下候ハヽ、難有仕合奉
存候、以上
慶応三卯年
四月十二日
御門前町
年寄　治兵衛（印）
五人組幸蔵（印）

壱軒役

境内富永町

御社代様

五二〇　境内富永町年寄定七等町内家屋敷譲渡願書

乍恐口上

一当町内南側八百屋いま所持家屋敷壱ヶ所壱軒役之処、此度兄彦太郎事相改五郎兵衛与申、譲渡之義申出候ニ付、此段奉願上候、右之趣御聞届ケ被下成候ハヽ、難有奉存候、以上

慶応三卯四月　日

御境内富永町
年寄　定七　（印）
五人組半兵衛　（印）

御社代様
御役者様

五二一　門前町年寄喜右衛門等町内家屋敷譲渡願書

乍恐口上覚

一北側大坂屋ちを所持家屋敷壱ヶ所壱軒役之処、此度従弟吉田屋ちゑ江譲り　壱軒役
渡申度候間、此段奉願上候、右之趣御聞届ヶ被成下候ハヽ、難有仕合奉存候、
以上

慶応三
卯年七月三日

御門前町　門前町
年寄　喜右衛門（印）
五人組彦右衛門（印）

御社代様

五二二　門前町年寄治兵衛等町内家屋敷譲渡願書

乍憚口上覚

一南側木津屋竹之助所持家屋敷壱ヶ所壱軒役之処、此度姪かつ江譲り渡申　壱軒役

門前町

壱軒役

度候間、此段奉願上候、右之趣御聞届ヶ被成下候ハヽ、難有奉存候、以上

慶応三卯年八月二日

御門前町
年寄　治兵衛（印）

五人組元右衛門（印）

御社代様

五二三　門前町北側近江屋小八家屋敷売渡願書

乍憚口上覚

一表口　三間壱尺

但地尻三間三尺五寸

裏行　北之方拾四間　南之方拾三間

御年貢屋地子米弐斗七升五合

右家屋敷壱ヶ所壱軒役、私所持罷在候処、此度油屋政七江売渡申度奉存候、尤親類町分ニおゐて何之差障無御座候間、此段御聞済被　成下候様奉願候、以上

門前町北側

門前町北側

御門前町北側

慶応三卯年八月八日

売主　近江屋小八（印）

右家屋敷壱ヶ所、此度私江買得仕度奉存候、御年貢屋地子米御定之通年々無相違御社納可仕候、且名前改譲り等仕候節者、其段御届可申上候、尤町分仕来之儀急度相勤可申候、此段御聞届被　成下候様奉願候、以上

御門前町北側

慶応三卯年八月八日

買得人油屋政七（印）

年寄　喜右衛門（印）

五人組彦右衛門（印）

御社代様

五二四　門前町年寄治兵衛等町内家屋敷譲渡願書

乍憚口上覚

半軒役

一南側近江屋きの所持家屋敷壱ヶ所半軒役之所、此度娘とら江譲り渡申度
候間、此段奉願上候、右之趣御聞届ヶ被成下候ハヽ、難有奉存候、以上

一北側近江屋とら所持家屋敷壱ヶ所壱軒役之処、此度妹つる江譲り渡申度
候間、此段奉願上候、右之趣御聞届ヶ被成下候ハヽ、難有奉存候、以上

門前町

慶応三卯年八月十一日

御門前町
年寄　治兵衛（印）

五人組元左衛門（印）

御社代様

五二五　元吉町年寄佐兵衛等沽券状作成願書

乍恐願書

沽券状三通

一当町内坂本屋伊之助所持之地屋鋪壱ヶ所、此度勝手ニ付沽券状三通ニ仕
度候ニ付、絵図面之義者跡ゟ奉入御覧候、此段御聞済被成下奉願上候

御境内元吉町

慶応三
卯八月

年　寄　佐兵衛（印）
五人組　伝吉（印）
同　　　孫七（印）

御社代様

五二六　橋本町年寄茂助町内家屋敷譲渡願書

乍恐口上

一　吉野屋為吉所持
　　家屋敷壱ケ所

右、此度母かめ江相譲り申度候間、此段御聞済被下成度奉願上候、以上

慶応三卯年八月

御境内橋本町
年寄　茂助（印）

御地頭様

壱軒役

五二七　境内坂本屋伊之助家屋敷売渡願書（続紙）

口上覚

一表口　拾三間
　裏行　拾四間六尺　壱軒役

右者三軒分割

東之方
一表口　四間　丹波屋まさ分
　裏行　拾四間六尺　三分三厘役

中之分
一表口　四間半　万屋ゆう分
　裏行　拾四間六尺　三分三厘役

西之分
一表口　四間半　大坂屋清治郎分
　裏行　拾四間六尺　三分三厘役

御年貢屋地子米壱石三斗三升七合〇五才三毛

三軒売渡ス

右地屋敷壱ヶ所、私之所持仕罷在候処、此度大坂屋清治良(郎)・万屋ゆう・丹波屋まさ、前書之通割沽券致仕候処、右三軒江売渡申度奉存候、尤親類町分ニおいて何之差障り無御座候、此段御聞済被成下候様奉願上候、已上

慶応三年
卯九月朔日

境内元吉町
御境内元吉町
売主　坂本屋伊之助（印）

右地屋敷壱ヶ所、三軒江此度買得仕度奉存候
御年貢屋地子米其外御定之通年々無相違御上納可仕候、且又名前相改譲り等仕候節者、其段早速御届ヶ可申上候、尤町分仕来り之儀者急度相勤可申候、此段御聞済被成下候様奉願上候、已上

慶応三年
卯九月朔日

境内元吉町
御境内元吉町
買得人　大坂屋清治良(郎)（印）
同　丹波屋まさ（印）
同　万屋ゆう（印）

年寄佐兵衛（印）
五人組伝吉（印）
同　孫七（印）

御社代様

五二八　因幡堂薬王院等少将井御旅所譲渡証書写（続紙）

南御旅所ヲ譲リ渡ス

（端裏書）
「南御旅所譲り請一札写

大和ゟ上候□」

永代譲り渡申証書之事

一四條寺町　祇園少将井天王御旅所社頭御除地

東西拾四間四尺七寸、南北三間四尺

文久三亥年再建

御本殿　壱宇

南御旅所ハ元和年中ヨリ因幡堂薬王院ノ兼帯

因幡堂薬王院

神輿舎
神楽所
玄関
廊下
宮守所

右南御旅所儀者元和年中ゟ当院兼帯罷在候処、今般当山本尊仮堂再建金子入用ニ付、金高五百五拾両与相定、貴殿江相譲り候処実正也、尤除地間数之侭且神具るい（類）・小宮等都而在来之侭令附属候条紛無之候

右者来辰年
禁裏様御厄歳ニ付往古ゟ之御例ヲ以御月詣御祈祷修行被仰出、至急ニ仮堂再営之場ニ立至り無拠前件之次第付、及後年後住之僧等聊異論申立間敷候、尤拙院限之兼帯所ニ而一山始他之差障り等決而無之候、依而為後証之永々譲渡証書連印如件

因幡堂執行

慶応三卯十二月

譲り主　薬王院　印

薬王院

因幡堂桃坊

大和筑前介

大和内蔵允ヲ南御旅所宮守ニ補任ス

証人附弟英　明　印

大和筑前介殿

前書之通、薬王院兼帯祇園南御旅所譲り渡候条、相違無之候、為後年奥印、依而如件

因幡堂

桃坊　印

前書之通、薬王院ゟ譲り状請取置申候、為後年奉入御高覧候、以上

大和筑前介（印）

五二九　社務南御旅所宮守職補任状写

祇園社

南御旅所宮守職之事

大和内蔵允

右所任此職也者、社役神用宜守古例怠慢於無之者、先規之通御旅所諸収納物

御神事中収納物等、永々相違無之候条、聊対社務不可及疎意、若於不儀之子細有之者、急度可申付者也、仍而如件

慶応三卯年十二月　社務（花押影）

五三〇　宝寿院南御旅所宮守職大和内蔵允補任届書

因幡堂類焼ス

口上書

一当社南御旅所之儀、是迄因幡堂執行薬王院兼帯守護罷在候処、先達而因幡堂類焼仕候ニ付追々諸堂再建仕度候ニ付而ハ無人ニ而兼帯守護難行届、神慮之程奉恐入候ニ付、此度同所北御旅所之内大和筑前介江附属仕度旨申出候ニ付、以来右南御旅所棚守之儀、大和筑前介悴同苗内蔵允を以守護為致候ニ付、此段御届申上候、以上

慶応三卯年十二月

祇園社務

宝寿院

速水修理亮殿

河端左馬権助殿
御奉行所

五三一　大和筑前介少将井南御旅所附属願書

（包紙ウハ書）「上
大和筑前介」

奉願上口上書

一祇園少将井天王御旅所是迄因幡堂執行薬王院兼帯守護罷在候処、同院儀此節本堂造営ニ取掛り、院内人少ニ而兼帯守護行届兼　神慮ノ程も恐多御座候ニ付、何れ江ニ而も付属仕度趣承知仕候ニ付、自然他より守護仕候様之儀ニ相成候而者、誠ニ以歎ヶ敷次第ニ乍恐奉存候間、此度私方江附属相成候様同院江示談行届候ニ付此段申上候、可然様御下知之程奉願上候、以上

慶応三卯年十二月　　大和筑前介（印）

御社役中様

南御旅所守護ヲ因幡堂薬王院ヨリ引キ継グ

大和筑前介

五三二　因幡堂薬王院少将井御旅所譲渡願書

（包紙ウハ書）
「因幡堂執行
　薬王院」

奉願上口上書

一四條寺町祇園少将井天王御旅所之儀者従元和年中当院兼帯守護罷在候処ニ、去ル子年当寺類焼仕候ニ付、当節本堂造営ニ取掛り罷在、此上再建所数ヶ所之儀ニ御座候処、院内人少ニ而、右御旅所兼帯守護行届兼、神慮之程恐多奉存候間、今般同所北御旅所大和筑前介江附属仕度示談仕候間、此段奉願上候、勿論他之差障無之候、右之趣御聞済被成下度奉願上候、以上

因幡堂執行

薬王院（印）

慶応三丁卯年十二月

祇園社

御社代中

少将井御旅所ハ元和年中ヨリ因幡堂薬王院ノ兼帯

因幡堂子年ニ焼失

因幡堂薬王院

五三三　大和内藏允南御旅所宮守職請書

御請書

一此度南御旅所宮守職被　仰付難有奉存候、依之
御社法御補任之趣堅相守可申候
一御本社御支配之儀者勿論、殿舎建物等之儀、有来修覆等、夫々御届可申上、尤
新規品替り、且氏地勧化等之儀者、一々相伺候上取計可仕候
一南御旅所敷地支配之儀者、諸建物雨落チ限之儀ニ而、惣敷地支配之儀者、藤
井家江被　仰付置候儀ニ而、右地境品替り候儀者藤井家江示談之上取計可
仕事
一御神事之節、遷　宮者御本社ゟ御取計可被成儀者勿論、御神事ニ付新規品
替之儀有之候ハヽ、一々相伺御神事中者別而御太切之御品柄も奉願候儀ニ付
御下知大切相守麁略之儀無之様相心得可申事
　但、御神事中御神式等弥古例厳重ニ相守、講中召仕等至迄麁略無之様可
　申聞事

一御旅所建物之儀者元来御造営被成下候御場所柄ニ付、席貸同様之儀者勿論、都而商売ニ似寄之儀者決而為致間敷事

右之通被　仰渡奉畏候、尤御旅所者南北相別れ有之候へ共、元一躰之御旅所之儀ニ付、双方共不寄何事和順ニ申談、不都合無之様取計可申候、尤右ヶ條ニ相洩候儀ニ而も元来御支配筋之儀者決而忘却仕間敷候、万一違背之儀有之候ハヽ、如何体被　仰付候共一言之歎願仕間敷候、依而御請書如件

慶応三卯年十二月

南御旅所宮守職

大和内蔵允（印）

御社務様

南御旅所宮守職大和内蔵允

五三四　建内祝臨時祭参向伺書（袋綴）

口上書

一当社臨時祭ニ付、是迄関東献馬与相唱、御馬一疋元所司代ゟ御式中引立ニ相成候、此儀当年以後如何之御振合ニ相成候哉、右者其節社中之者御案内等

臨時祭ニハ所司代ヨリ献馬アリ

可仕儀ニ付、此段奉伺候

一臨時祭ニ付、早朝幷御式後御社前江神饌供撤ニ付、右節々楽人中神饌楽奉奏之儀者

勅楽ニ附属之儀ニ付、社中ゟ案内次第被奏候様、執奏家ゟ右楽人中江被取極置候儀ニ御座候、右之次第ニ付楽人中被心得居候儀与奉存候得共、尚又楽人中江御達之儀奉願度奉存候

一臨時祭御当日御参向之御方々御休所之儀、是迄者執奏家ゟ差図も御座候而、左之通、社方ニ而相役置候

勅使　一ヶ所

別勅　曲所　一ヶ所

同断　一ヶ所

召人　勅楽々人　一ヶ所

舞人

倍従　〆廿七人　一ヶ所

人長
琴持
内蔵官人
同　史生　　一ヶ所
衛士
三催　　一ヶ所
御随身
引奉行　　一ヶ所
同下役
主殿寮
掃部寮　　一ヶ所
主殿司
執奏家　　一ヶ所

但し供廻り者社内茶店日小屋

右之通社内社家ニ而御休所相役候、且社家ニ而不足之分者二軒茶屋之内
等座敷仕切候而相役置、御茶・田葉粉盆等用意仕候、当年以後御模様如何

建内祝

御座候も自然是迄之通相役置候儀ニ御座候ハヽ、乍恐　何々御方々御参向与申儀承知仕候ハヽ、夫々御休所取極絵図等を以伺度奉存候、以上

慶応四辰年五月

祇園社

建内祝

神祇官

御役所

五三五　水戸綱條書状（折紙）

（附箋）
「水戸宰相

宝寿院末丸」

猶々先年養候礼申被越、念入事ニ候、以上

為肇暦之吉兆、美簡之趣、怡悦之至候、法躰弥無恙超歳、珍重之事候、頓首

水戸宰相

正月廿日

綱條（花押）

宝寿院末丸

大和勇

五三六　大和勇・母八重御旅所宮仕由緒返答書

就御尋口上書

一御旅所宮仕大和家之義者、去ル亥年二月迄私相続罷在候処、病身有之、御社役難相勤、其上従来大借ニ而取続等難出来候ニ付新類之内橋本源兵衛与申者江諸借財引受呉候様相頼候処、納得いたし呉候ニ付、大和家名相続等之儀迄、右源兵衛江相任候義ニ而、既去ル亥年左近養子仕候砌茂内分者源兵衛差図ニ而御頼申上候、尤此度左近破縁仕候義茂源兵衛ゟ破縁之趣申聞候ニ付、其旨左近江申達候上破縁仕候旨御届申上候仕合ニ御座候、右之手続ニ付向後大和家名相続之儀者、御社務様思召を以、何れ江被　仰付候共、於私少茂申分無御座候、御尋ニ付書付を以御答申上候、以上

丑三月五日　　大和勇（印）

御社代御中

母　八重（印）

只今印形失念仕候ニ付、早速取帰り罷出、調印可仕候、此段御断申上置候、

以上

五三七　宝寿院不調法和談願書案

先年山本大蔵与出入之砌、格別之思召を以御世話被成下候処、失礼之御請共申上違背仕候段、全心得違不調法之至甚恐入罷在候、然ル処今度出府仕候付、不存寄厚キ思召共を以御取計被仰付被下、外聞共難有仕合御厚恩之段難尽申上御座候、然ル上奉願候段者恐多奉存候得共、先年之不調法共何分御宥免被成下、御和談被成下候様幾重ニ茂奉願候、且又大塔院儀奉蒙御不通、其身者不及申上恐入罷在、日夜安心不仕候儀御座候、此上御厚恩ニ御不通御宥免被成下、御通路茂被成下候段見届候、老年之私儀安心仕度不顧恐、重々之御願申

上候、以上

三月廿六日　　宝寿院

御願書三通

酒井雅楽頭様江一通

酒井遠江守様江一通

酒井霊岳様江一通

五三八　山本主計等金子借用状（切紙）

（端裏書）
「寛政七年卯二月五日済　新坊ゟ」

覚

一金三両也

右之御用方返金預り置申候、御調達次第可致返納候、以上

山本主計（印）

本願

酉
四月廿五日　　東梅坊（印）
　　　　　　　松坊（印）
新坊殿

五三九　担賢書状（折紙）

貴簡忝拝見仕候、然ハ此度入院無滞相調ニ而太慶仕候、依之御祝儀見事之芳酒壱樽被送下、忝祝納仕候、猶貴面御礼可申上候、恐惶謹言

本願
五月十四日　　担賢
長谷川元右衛門様
松木正蔵様

祇園新地末吉町

遊女渡世

芝居番

祇園新地末吉町

五四〇　末吉町年寄茂七届書案

乍恐口上

祇園新地末吉町南側
京屋喜兵衛借家
遊女渡世
京屋梅治郎

此夜暮時過、帯刀人両人罷越候而、今日之芝居番ヲ相尋ニ参り候処、下女ふじ罷出何れ歟存不申由ヲ相答候処江、右梅治郎罷帰り候ヲ見テ、此者与申而前書之帯刀人両人梅治郎ヲ表へ連出、切付申候、其侭西江帰り申候、早速梅治郎ヲ内江連入、不取敢医師ヲ向へ段々療治仕服薬相用候得共、養生不相叶、終ニ同夜九ッ時比相果申候、此段御届奉申上候、以上

五月十八日

祇園新地末吉町
年寄　茂七

上

五四一　板倉勝重書状（折紙）

以上

伏見御すきや（数寄屋）之御用ニ候松之落葉卅表、ちり（塵）のましり（混）候ハぬ様ニいかにも
念を入、いつものことく早々調可被申候、為其申越候、以上

八月廿四日　伊賀守（板倉勝重）（黒印）

祇薗惣中

五四二　神龍院梵舜書状（折紙）

今度者就寿等儀、種々御馳走之段本意候、弥々執行へも始末被懸御目候様ニ
御奉公被下、御両人別而御取成尤可然候、恐惶頓首

神龍院

梵舜（花押）

九月三日

梅坊

松坊

御同宿中

竹乃輪

五四三　春然書状

（端裏ウハ書）
「（封墨引跡）御霊前御報」

竹乃輪送給候、毎事御懇慮候、昨日者早々御帰、残多存候、やねふきの事、廿二日に仕度候、其分頼入存候、旁此辺御次ニ待申候、かしこ

九　廿　　　春然

御旅所ハ至

五四四　祇園御旅所由緒届書控

（端裏書）
「扣　御旅所宮守之義　乍恐曲事指申候」

謹而口上書指上申候

祇園御旅所前々宮守之義、元祖助政以来彼是転変仕、僧俗之差別も無御座候

徳二年ニ祇園社ニ寄附セラル
嘉吉年中ヨリ再ビ執行支配ス

祇園社ハ両部神道

隆光
喜兵衛

由承及候、然るに　後小松院御宇至徳二年ニ御旅所を全ク祇園執行へ被御寄附候、其綸旨所持仕候、其後他ヘ渡シ申、又嘉吉年中ニ再執行より支配仕候事も御座候、将亦久米之助三代已前ハ妻体之法師支配仕候由ニ御座候、同御旅所之内少将井之宮寺ハ（旅宮ハ）、只今因幡堂之執行○（持）ニ而、平生法師相守居申候、殊更祇園社ハ元より両部之神道ニ而御座候故、法中として相勤申候然れハ（候ヘハ）只今御旅所宮守も、本社之流儀之通、社僧にても○（乍恐）苦敷御座有間敷候ハんか、尤六月両度御神事之砌、御旅所勤行之義ハ祇園竹坊相勤被申候ヘハ、宮守自分之行事とてハ無御座候

年号十月七日　　社代両印

御奉行様

五四五　長兵衛書状（折紙）

（ウハ書）
「（仰木）隆光
（臼井）喜兵衛　両所様　　長兵衛」

まいる　人々御中」

以上

先日者被懸御心ニ為花之代ト清銭五十疋被懸御意、忝奉存候、尤其刻以参上御礼可申処ニ、他所ニ罷居、延引仕候、先者為御礼一書申入候、皆〳〵仰（ママ）へ御心得候て可被下候、如何様以面上具ニ可申入候、恐惶謹言

神無月十八日　（花押）

五四六　祇園社役者中廻文（切紙）

口代

来ル十八日新嘗祭ニ付十七日夕七ッ時ゟ十九日朝四ッ時迄、小宮鰐口之緒夫々御預り之御方ゟ御上ヶ置可被成候、以上

丑

十一月十五日　役者中

宝光院様

竹坊万寿丸様
神福院様
西梅坊様
東梅坊富丸様
新坊石津丸様
松　坊様
山本陸奥守様
上河原主税様
本　願様
江戸丹後介様
藤岡伊豆様
仰木加賀介様
狛定之丞様
上田篤太郎様
植田英次郎様

藤井摂津守
大和筑前介

茶屋株御免
ノ冥加金

御旅所
藤井摂津介様
大和筑前介様

五四七　松尾左兵衛召喚状（切紙）

覚

廿六軒分　祇園社務
一銀六貫八百廿七匁　社代

右者茶屋株御免之冥加銀戊年分、来廿八日朝五ッ時西御役所ゟ上納被　仰付候間、夫々両替通ニ而右日限刻限無遅滞印形持参上納可有之候、以上

戌
十一月十六日　松尾左兵衛

家別収納物ハ山本・上河原両家ガ隔年ニ受納ス

五四八　新坊書状（切紙続紙）

（包紙ウハ書）
「辰年七月
　隆慶差出書」

（端裏ウハ書）
「中村左馬様　新坊」

山本願書之写御見セ致披見候、地代山本家とくと申義毎々役料与申聞候得与茂、兎角家徳と心得申義も前々之事存知無之、誠ニ家附之様ニ相成候、近年之振合ニ而ハ尤ニも存候也、役料急度証拠ハ

寛文十年

御公儀江社中家別収納物之書上之内、地代役料山本・上河原両家隔年ニ受納之趣有之候、

正徳カ享保之頃、上河原之先代役義をきらゐ、家領八石余之頂戴物も差上、自分預り之小宮散物納ニ而暮居候事哉、書見計ニ而年を送り、死去跡ハ下女壱人召遣之者ニ而、上河原家世話致居候、此老女長命ニ而八十八歳之賀拙者も覚へ申候、此間無住凡五十年宝暦之末、松坊二男主税（後ニ大隅守）養子相極、明和ニ至り

八幡ヨリ養子ヲ取ル

社代役相勤候、其砌役料等も改可申処、右主税与山本方主計（後陸奥守）ト云ハ従弟別而兄弟同様之育、親族中且又山本方ハ勝手不如意、上河原方ハ小金も有之、旁委改モ無之事哉、又三十年以前ニ者上河原死去、家督人躰無之、八幡より養子此世話人中川仁兵衛、養子道蔵ト云一両年も過、山本死去、此時上河原社代（道蔵改勘ケ由ト云）、山本方主計実子、友千雄幼年勝手向世話人中川仁兵衛、山本方借財ハ多、物入多、山本方へ地代収納ニ可致取計松坊順専へ中川仁兵衛相談ニ而、此時より山本附之物ニ相成歟、山本後見養子江州彦根ゟ世話人中川仁兵衛、山本養子采女年を経、右之役料之事、上河原勘ケ由モ毎々山本与争論モ有之様子なから、可改時節度々等閑ニ相成ト先家附ニモ致

社内ノ場銭領内ノ地所

御社内之場銭之事ニ候得ハ、領分之地所とハ相違之事其心得可有義ニ合点悪敷困り候事ニ候、猶右之年々御境内江届、万端御記録御見競可被成候、委細ハ面上可申述候、以上

十一月十七日

追而願書之内桜木を新坊植直し申付候と有之、拙者申付候義無之、併誰ニ申とハなく於寄進所桜奉納有之様子、何方ニそ植所ハ無之事哉、場所悪敷と申候ハ、

茶店ノタメニ桜木ヲ植フ

拙者兼々桜木ハ往来繁キ土地ハ育悪敷と承居候故、茶店之義ハ心付不申、唯花を惜申之義、茶店之為と相聞、扨々不寄存仕合御一笑可被下候、以上

五四九　祇園社役者中廻文（切紙）

口代

来ル十九日新嘗祭ニ付、今十八日夕七時ゟ廿日朝四時迄、小宮鰐口之緒夫々御預り之御方ゟ御上ケ置可被成候、以上

酉
十一月十八日朝

役者中

宝光院様
竹坊万寿丸様
神福院様
新坊石津丸様
西梅坊様
東梅坊富丸様

本願

藤井修理
大和右京

松坊様
上河原主税様
山本豊吉郎様
本願様
江戸蔵人様
藤岡伊豆様
仰木伊織様
岡永但見様
上田左内様
狛定丞（ママ）様
上田篤太郎様
植田豊三郎様

御旅所
藤井修理様
大和右京様

五五〇　宝寿院祐雅書状（折紙）

以上

山法度
山法度之事、可然様ニ可有談合候、我等内者之事者不申及候、誰々之内者成共、

衆中ノ談合
山盗人見付被申候ハ、、衆中之談合次第ニ可被行曲事候、恐々謹言

十一月十九日　　祐雅（花押）

山奉行衆中
山奉行

衆中へ

まいる

五五一　祇園社役者中廻文（切紙）

口代

新嘗祭
新嘗祭被行候ニ付、来ル廿三日夕七ッ時より廿五日朝四ッ時迄、小宮鰐口之緒

本願

夫々御預り之御方ゟ御上ヶ置可被成候、以上

亥十一月廿一日　　役者中

宝光院様
竹坊万寿丸様
神福院様
西梅坊様
東梅坊富丸様
新　坊様
松　坊様
上河原主税様
山本司馬様
本　願様
江戸式衛様
藤岡伊豆様
仰木伊織様

藤井修理
大和右京

きやら箱
大津

上田左内様
狛定之丞様
上田篤太郎様
植田英次郎様
　御旅所
藤井修理様
大和右京様

五五二　又四郎書状

以上

一筆申上候、先日御申被成候きやら（伽羅）箱ねたん（値段）きわめ（極）御あつけ被下ましく候
哉、晩程大津まて参申候、此度ハ御むやうニ可被成候や、承度一筆申入候、御こ
とつて被成候ハヽ、只今参預り可申候、　我等事御吟味申入候、恐惶謹言、

十二月六日

「(ウハ書)(封墨引)
大蔵様　又四郎」

衆儀御座中

五五三　中村左馬書状（折紙）

「(包紙ウハ書)
御境内
衆儀御座中　中村左馬」

今般御拝借銀之義ニ付被成御対談候処、御座中ニおいても格別ニ御取計被成上御満悦思召候、依為御挨拶美酒五斤、土佐奉書五束被成御贈候、御拝受可被成候、以上

十二月十三日　中村左馬

御境内

衆儀御座中

五五四　宝寿院書状（折紙）

大神供神事、今年我等忌中故、宝光院・神福院義思量有之、代役竹坊へ為勤候、然者　社内之作法如例年、不可有混乱候、已上

臘月念九　　宝寿院

社僧御中

五五五　祇園社林衆儀座中社官入一件訴状案（続紙）

（端裏書）「別紙

祇園社中

松坊

其外　」

乍恐別紙奉指上候覚

一本紙ニ奉願候新規之義ハ、此度ニ限り不申、既当八月宝寿院方幼稚之児有之、社官入之義申出し候、此義ハ先輩之児ゟ順々ニ社官入仕候事ニ而、作法

等多キ神事ニ而御座候間、去年ゟ相催申候事ニ御座候而、当年俄ニ申出、先輩之者を差置、俄ニ去八月児社官入可致由ニ付段々諫メ社法之趣を申聞候得共、聞入不申、終ニ自分物入を以自宅ニ於テ社官入之神事相勤申候、猶来ル未年ニ至、宝寿院児之順番ニ候間、此度物入之補順番年ニ受取申段、社僧共ゟ一札を取申候、是等之義も万一争論ニ及候義を恐入、無拠古来之社法乍欠も承知仕遣候、且又先月九日境内中江御免之茶屋株支配之義を、家来多賀要人ニ可申付由社代へ申聞得共、境内中支配之義ハ社代役前之義ニ付差支之断申入候処、宝寿院一分ニ而西

御役所へ御届申上候ニ付、於西

御役所社代共被　召出、宝寿院ゟ茶屋株支配多賀要人へ申付度由願出候、社代共差支無之哉御尋被為成候ニ付、社代役前ニ指支候義御返答書指上候ニ付、宝寿院願之義御貪（貪カ）着難被及旨被仰渡、宝寿院願書ハ下り候得共、此節ニ至り候而も、又々株支配之義、家来要人へ可申付旨、社代陸奥守江連印致候様案紙等相渡し于今催促申候、其上又々此度之新規之義申掛ヶ候、ケ様ニ度々新規之義出来仕候而ハ後々何様之事出来仕候も恐入、是迄平和ニ相

務申候社役人共一統ニ歎ケ敷奉存候ニ付、不得止乍恐奉願上候、以上

祇園社

林衆儀座中

卯十二月

三綱一﨟

松坊印

小綱一﨟

東梅坊印

社代

山本陸奥守印

同

上河原大隅守印

役者

仰木伊織印

同

狛平次印

一社中惣代　新坊印

同　上田左内印

同　上田瀬平印

御奉行所

五五六　社園社役者中廻文（切紙）

口代

一兼而帯刀人・百姓・町人等立入候者、且同居人等厳重ニ取調出入有無役場江
申出候様御沙汰有之義者、勿論之事御座候間、日々出入之義此上御銘々
能々御取調、男女ニ不限宗門ニ相洩れ候同居等無之様可被成御心得、右等
之儀、

御社務様ゟも猶又念入御沙汰申様被仰付候間、此段御心得迄得其意候、以上

申
十二月　役者中

宝光院様
竹坊万寿丸様
神福院様
新　坊様
西梅坊様
東梅坊富丸様
松　坊様
上河原主税様
山本豊吉郎様
本　願様
江戸蔵人様
藤岡伊豆様

藤井修理
大和右京

仰木伊織様
岡永但見様
上田左内様
狛定之丞様
上田篤太郎様
植田豊三郎様
御旅所
藤井修理様
大和右京様

五五七　大政所敷地一件訴状断簡

（前欠）

にて御座候間、証文出し候様に被為仰付可被下候、其上祇園之証文者定而執行所持可被申候、御尋被成可被下候、彼両人ハ執行より知行を取家来之

河原ハ大政所ノ敷地

河原芝居諸見物ノ札ハ大政所ノ前ニ立ツ

河原ノサハキハ祇園ノ長左衛門ガ行フ

河原ノ年寄

狂言つくし

河原敷地ヲ押領ス

者にて御座候、加様之敷地我屋敷と申押領仕候儀、以外之次第にて御座候、河原大政所之敷地たるによつて、河原芝居諸見物之札、大政所神前ニ昔より立申候御事

一右河原相さはき申候者ハ祇園之（今江）長左衛門と申者にて御座候、此者ハ此方之下知ニしたかひ候處ニ、唯今之両人之者ハ近年相さはき候内ニ、はや我まゝを仕、此方之申分承引不仕、何共迷惑仕候間、此敷地之儀、河原之年寄にも右相さはき申候長左衛門にも御尋被成可被下候御事

一去年狂言つくし六兵衛芝居屋敷之儀ニ付、未被　仰付も無之處ニ、芝居立させ可申との約束仕り、六兵衛方ゟ銀子拾五枚（山本）大蔵取申候、加様之不届者にて御座候御事

一右之大蔵・（上河原）熊之助河原敷地を押領可致ために、唯今者徳右衛門・加兵衛と申者に年中之

（後欠）

巨旦
蘇民将来
茅ノ輪

五五八　縁起断簡（前後欠）

（前欠）

曰、ねか（願）はくハ祈祷のつとめをしめせ、さうし（相師）答て、千人の大とく（徳）の法師をくつしやう（崛請）して、大般若の講とく（読）をしゆすること七日七夜せい（八）、もしや此難をのかれ（る）へきか、古たん（巨旦）大に悦て、則千人の法師請（しやう）して、大般若のかうとく（講読）を始、見るめ（目）かくはな（鼻）はしり（走）かへり（帰）て此由をそうもん（奏聞）す、天王八万四千のけんそく（眷属）にちよく（勅）して宣、古たん（巨旦）か家にゆひて悉つゐはつ（追伐）すへし、従類眷属まて、邪見の輩ハ末代のなやミ也、皆悉けころ（殺）すへしと云々、其時蘇民将来申てまうさく、彼古単（巨旦）かおと姫心高億（おく）也、是一人ゆる（許）しめくミ給へと天王に申奉る、天王重而曰、然者ちかや（茅）の輪を作、さくけん糸にて、蘇民将来の子孫なりと云札を付よ、此災難ハまぬかるへし、則はつかうせんとて古単か家を見る千人の法師ならひ（並）ゐ（居）て、大般若をとくしゆ（読誦）す、かの経六百巻ハ、くろかね四十余ちやう、六重のつゐしとなり、経の箱天蓋となる、更以入へき様もなし、是（こゝ）を以走（いそき）かへつて此旨をそうもん（奏聞）す、天王ちよく（勅）して宣、急かへつてかの所をめくり見へし、千人の法師の中に、かた（片）目にきす（疵）ある法師、飯（はん）酒にはう（飽）満して眠て経よます、時々おとろく（驚）といへとも文字にあたらす、いわれなき字をよむ（読）法師あるへし、その所よりミたれ入て、彼古単及けんそく（眷属）悉けころすへし、○其時則はしり（走）帰りてしゅん見するに、ちよくけん（勅言）のことし、これより入て、一人も残さすけころすへし訖（ママ）、今も末（まつ）代なりといへとも、古単か類におゐて皆はつせらるゝなり、まこと（誠）にけんとん（慳貪）はういつ（放逸）の者の、諸天三宝のはつ（罰）（を）とかうふるへきなり、しかるにそみん（蘇民）ハ□（ひ）□（ん）□（せ）□（ん）第一のものなりといへとも

（後欠）

五五九　芸者花口銭定請書案（折紙）

茶屋子方

芸者一人ニ付キ花口銭五百文宛ヲ

町々役々茶屋子方一統之者江被　仰渡已来之処、無難之御取捌キ被成下深難有奉存候、然ル上者双方申分無御座候、且已後当町店ニ於て芸者人数相増取扱仕候共、先々之通芸者壱人ニ付花口銭五百文宛月々八百屋店江聊無滞相渡可申旨厳敷被　仰渡、委細奉畏候、依之双方共少茂無違乱渡世出情（精）可仕、

月々相渡スベシ

茶屋ノ株料

将又上弁財天町茶屋中之義、当町店方計之取引ニ相成候上者、当町同様相心得聊依怙之沙汰無御座候様取扱可申、万一依怙之沙汰仕候節者如何躰之御咎被　仰附候共、一言之申分無御座候、且御地頭様月々御株料聊無遅滞上納可仕候、万一右被　仰渡候趣違背之筋出来候節者、如何躰被　仰付候共、一言之歎頼仕間敷候、依御請書連印ヲ以奉差上候、以上

花押・印章一覧（八坂神社文書）

本冊収録の文書に記されている花押と捺されている印判を選定の上、番号順に掲載した。

一(一)　若狭法眼幸兼

一(二)　比丘尼法円

一(三)　若狭幸増

二　朝円

三　細川頼之

四　松田貞秀

五　禅賢

七　日野資教

八(一)　教観

八(二)　行幸

八(三)　乗円

九　一色持範

一一　大見井郎

一四　伊勢貞親

一五　淵　喬

一六　有　良

二〇(一)　山本甚太郎

二〇(二)　今江三右衛門

二一　地蔵院寿宝

二二　本　阿

二三　円明坊兼慶

二四　宝明坊春彦

二五　飯尾之種

二六　飯尾清房

二七　飯尾清房

二八　飯尾清房

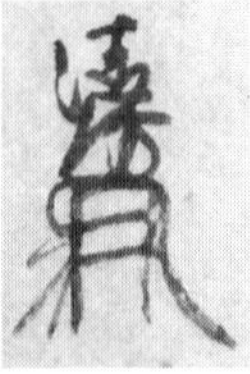
二九　飯尾清房

三〇　宝寿院玉寿

三一　聖室契祝

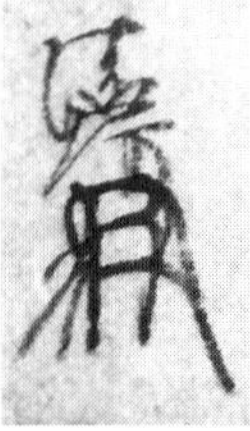
三二　飯尾清房

三三　清　頼

三五　地蔵院寿宝

三六　之運

三七　久阿弥

三八　宗慶

六九　山本勘左衛門

七〇　正庵

七一　意玉

七二(一)　喜右衛門尉

七二(二)　伝右衛門

七二(三)　新兵衛

七二(四)　次左右衛門

七二(五)　源蔵

七二(六)　新空

七二(七)　甚兵衛

七二(八)　喜介

七二(九)　きふさい

七二(一〇)　与市郎

七五(一)　鳥居小路経孝

七五(二)　芝某

七六　五郎左衛門

七七　板倉勝重

七八　今江来音

七九　法橋備中

八〇　本願代若狭

八一　上川原寿等

八二　仰木隆光

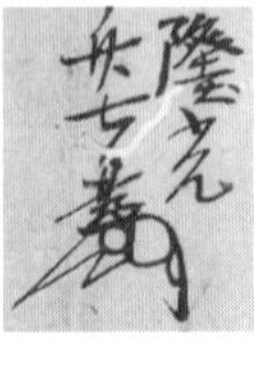

八三　山本安意

八四(一)　鵜兵衛

八四(二)　臼井喜兵衛

八四(三)　甚　忍

八四(四)　勘　忍

八四(五)　をかめ

八四(六)　喜五郎

八四(七)　をきく

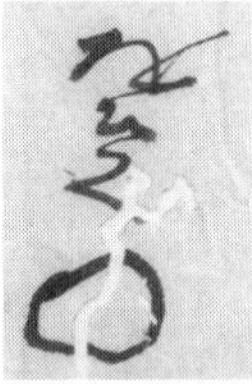

八五　狛忠久

八六　梅坊順秀

八九　連阿弥

九一　今江来音

九八　仰木隆光

一〇〇　今江来音

一〇一(一)　兵　庫

一〇一(二)　駿河

一〇一(三)　備前

一〇三　仰木隆光

一〇四(一)　祐信

一〇四(二)　勝左衛門

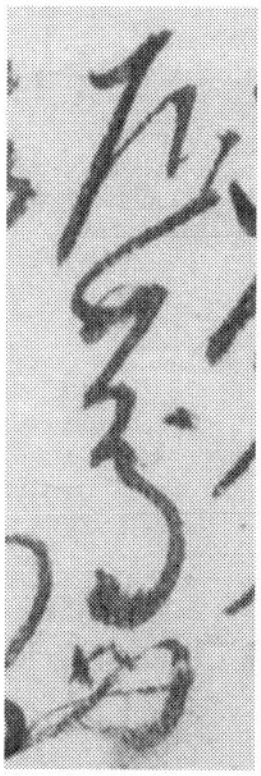
一〇四(三)　道慶

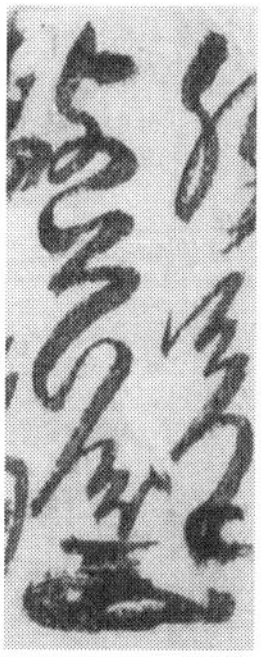
一〇四(四)　与兵衛

一〇四(五)　久兵衛

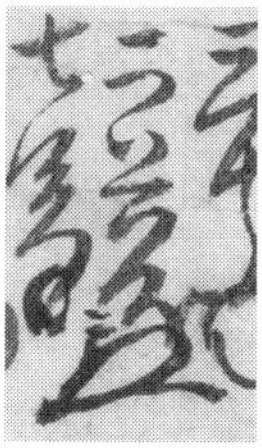
一〇四(六)　二兵衛

一〇五(一)　二兵衛

一〇五(二)　七兵衛

一〇五(三)　中衛門

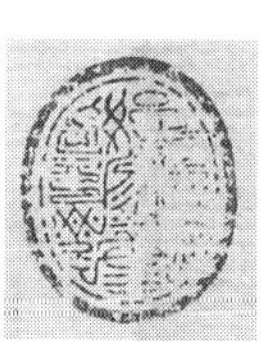
一〇七　徳川家康（花押）

一一〇　理右衛門

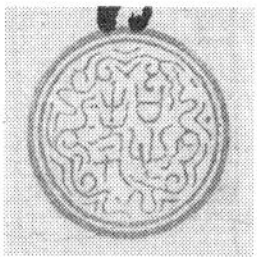
一一二　徳川秀忠（朱印）

一一三(一)　仰木隆光

一一三(二)　臼井喜兵衛

一一四(一)　仰木隆光

一一四(二)　臼井喜兵衛

一一五　板倉勝重

一一六　新坊定成

一一七　八右衛門
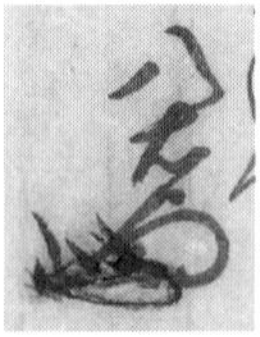

一一九(一)　勝左衛門
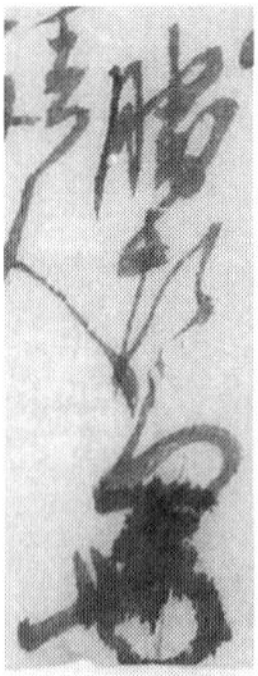

一一九(二)　茂左衛門

一二〇(一)　九右衛門

一二〇(二)　吉右衛門

一二一　徳右衛門
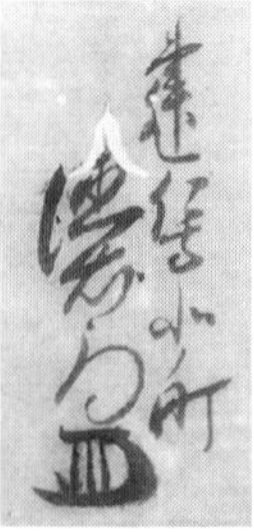

一二二　ふるかね屋七衛門

一二三(一)　八左衛門

一二三(二)　吉左衛門

一二三(三)　弥一

一二四(一)　吉左衛門

一二四(二)　市蔵

一二五　又右衛門

一二七　又右衛門

一二九　五郎介

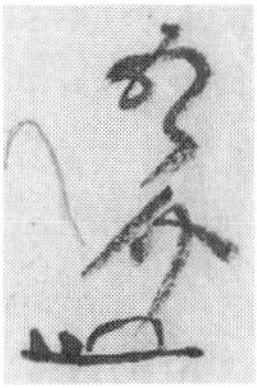

一三一（一）　与九郎

一三一（二）　弥右衛門尉

一三二　甚内

一三四（一）　吉衛門

一三四（二）　善左衛門

一三四（三）　二兵衛

一三四（四）　宗金

一三四（五）　太兵衛

一三四（六）　さ左衛門

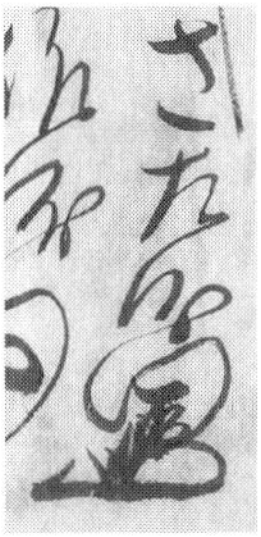

一三四（七）　与介

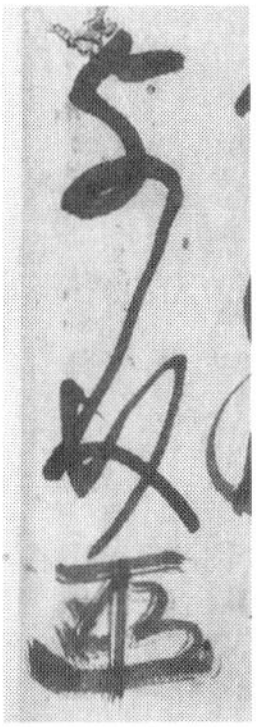

一三四（八）　茂左衛門

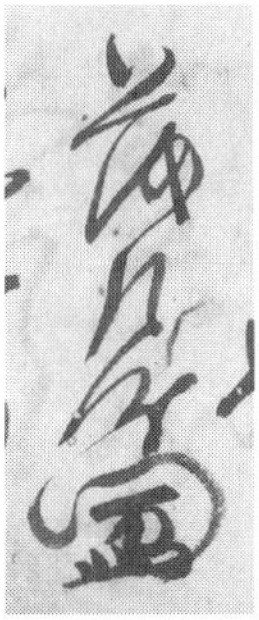

一三四（九）　与兵衛

一三四(一〇)　三介

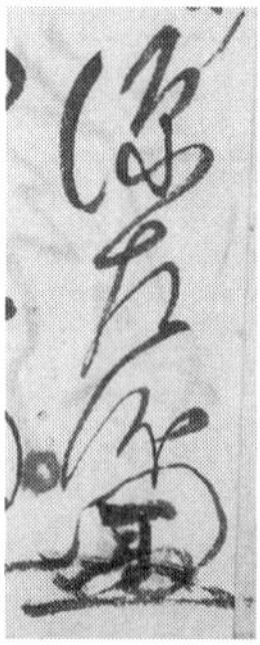
一三四(一一)　源左衛門

一三四(一二)　八左衛門

一三四(一三)　庄五郎

一三四(一四)　与左衛門

一三四(一五)　久兵衛

一三四(一六)　勘兵衛

一三四(一七)　久味

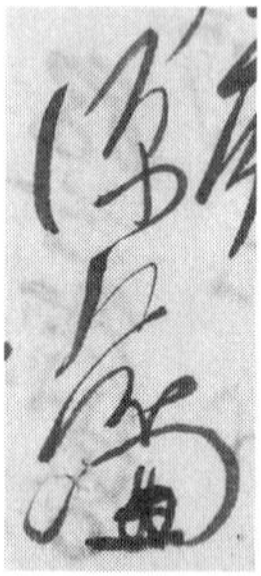
一三四(一八)　源左衛門

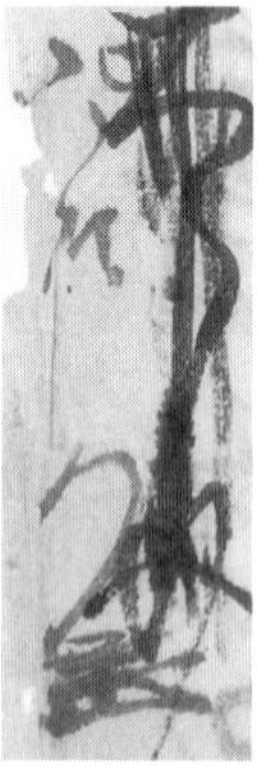
一三四(一九)　二左衛門

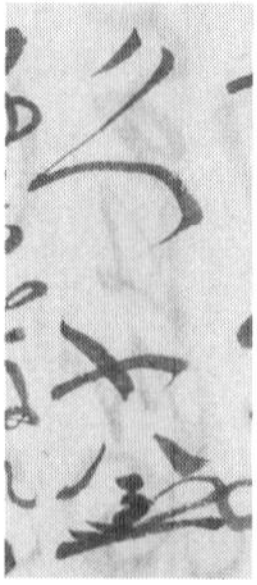
一三四(二〇)　久六

一三四(二一)　九右衛門尉

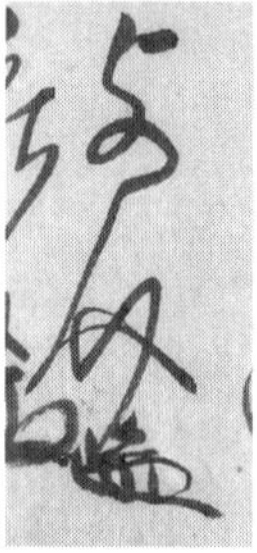
一三四(二二)　与介

一三四(二三)　庄介

一三四(二四)　八蔵

一三五(一)　仰木隆光

一三五(二)　臼井喜兵衛

一三九(一)　加左衛門

一三九(二)　吉右衛門

一四〇(一)　備中

一四〇(二)　二蔵

一四一(一)　五左衛門

一四一(二)　仁右衛門

一四一(三)　弥七

一四一(四)　勝五郎

一四一(五)　久三郎

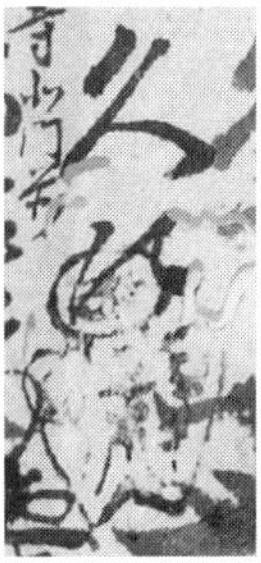
一四一(六)　久次郎

一四一(七)　与右衛門

一四二(一)　七郎衛門

一四二(二)　兵太郎

一四二(三)　五左衛門

一四二(四)　作衛門

一四二(五)　清三郎

一四二(六)　市介

一四二(七)　十左衛門

一四二(八)　五郎作

一四三　竹坊深祐

一四四(一)　神福院

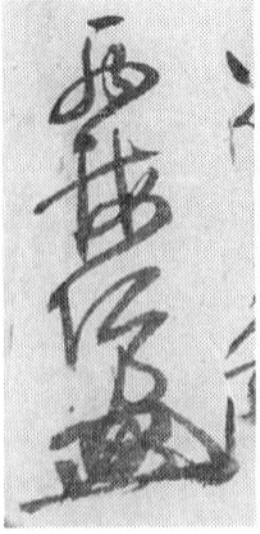
一四四(二)　西梅坊

一四四(三)　東梅坊

一四四(四)　本願

一四四(五)　今江来音

一四四(六)　勝七

一四八(一)　仰木隆光

一四八(二)　臼井定利

一五〇　意林庵素心

一五二　板倉重宗（黒印）

一五三(一)　経時

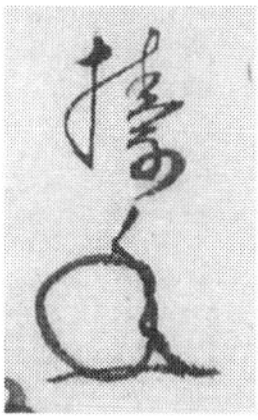
一五三(二)　擣年

一五三(三)　素貞

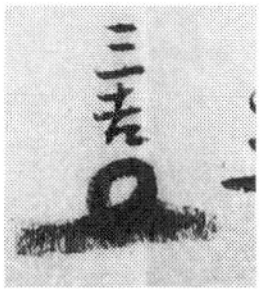
一五三(四)　三吉

一五三(五)　徳左衛門

一五三(六)　四郎兵衛

一五三(七)　五郎介

一五五　徳川家光（朱印）

一五六　茶屋喜平

一五九　甚四郎

一六五(一)　西迎庵受伝

一六五(二)　九助

一六五(三)　繁永

一六六　徳川家綱（朱印）

一七二　権右衛門

一七六　徳川綱吉（朱印）

一八五　徳川吉宗（朱印）

二〇七　長谷川元右衛門

二三五　長谷川元右衛門

二三九　徳川家重（朱印）

二五九　徳川家治（朱印）

四五七　社務（花押影）

四六三　徳川家定（朱印）

四六六　徳川家茂（朱印）

五二九　社務（花押影）

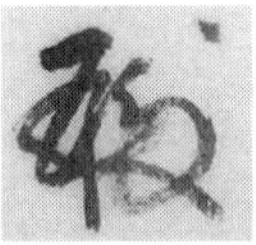

五四五　長兵衛

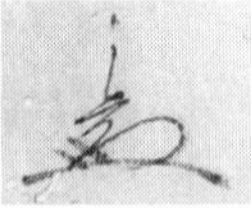

五五〇　宝寿院祐雅

新編 八坂神社文書（第一部）全二冊

平成二十六年三月三十日 初版発行

編　者　八坂神社文書編纂委員会

発行者　片岡敦

印　刷
製　本　亜細亜印刷株式会社

発行所　606-8204 京都市左京区田中下柳町八番地
株式会社 臨川書店
電話（〇七五）七二一－七一一一
郵便振替 京都〇一〇七〇－二－八〇〇

ISBN978-4-653-04087-3 C3021